谨以此书向埃莉诺·奥斯特罗姆（Elinor Ostrom）致敬！

本书研究和出版得到中国博士后科学基金特别资助（2014T70744）、国家社科基金青年项目（14CSH028）、教育部人文社会科学研究青年项目（13YJC810007）资助。

社 会 学 丛 书

Policies Operating Mechanism of Rural
Women's Participation in Village Governance
—— Based on Ostrom's IAD Framework

农村妇女参与村级治理的政策运行机制研究

——基于奥斯特罗姆的IAD框架

李 琴 著

中国社会科学出版社

图书在版编目(CIP)数据

农村妇女参与村级治理的政策运行机制研究：基于奥斯特罗姆的
IAD 框架 / 李琴著 . —北京：中国社会科学出版社，2015.12
ISBN 978-7-5161-7428-9

Ⅰ.①农⋯　Ⅱ.①李⋯　Ⅲ.①农村—妇女—参与管理—群众
自治—研究—中国　Ⅳ.①D638

中国版本图书馆 CIP 数据核字(2015)第 309475 号

出 版 人	赵剑英
责任编辑	冯春凤
责任校对	张爱华
责任印制	张雪娇

出　　版	中国社会科学出版社
社　　址	北京鼓楼西大街甲 158 号
邮　　编	100720
网　　址	http://www.csspw.cn
发 行 部	010 - 84083685
门 市 部	010 - 84029450
经　　销	新华书店及其他书店

印　　刷	北京君升印刷有限公司
装　　订	廊坊市广阳区广增装订厂
版　　次	2015 年 12 月第 1 版
印　　次	2015 年 12 月第 1 次印刷

开　　本	710×1000　1/16
印　　张	20.5
插　　页	2
字　　数	326 千字
定　　价	75.00 元

凡购买中国社会科学出版社图书,如有质量问题请与本社营销中心联系调换
电话:010 - 84083683

目　录

Abstract

Needless to say, rural women's participation in village governance is very important, and local governments' supporting policies are abundant. Based on fieldwork in Guangshui city in Hubei, Handan city in Hebei and Heyang county in Shanxi Province, supplemented with interviews of 50 female village cadres, this book seeks to answer the following questions: in the legal framework of the Organic Law of Villager Committees in 1998 and its revised version in 2010, what's the operating mechanism of rural women's participation in village governance and what are the actors' logics and strategies in the process of policy implementation?

Adopting Ostrom's IAD Framework, I categorize actors into three groups: State policies at the level of national policies, local governments at the level of implementation, and villages and individuals at the level of operation. In addition, in accordance with the two main lines of village elections and village governance, the situations of the village – level governance action can be divided into three types: election situation, governance situation and voting situation. I try tentatively to analyze the interactions between different actors in each situation, summarize ten logics at the level of implementation and three logics at the level of operation in election situation, six logics at the level of implementation and seven logics at the level of operation in governance situation, and three logics of voters in voting situation. Conclude that different policies supporting rural women's participation in village governance have different modes of interactions, but the differences are not random as actors have their own logics and strategies, and proportional representation is just the first step towards women's substantive political representation, which in turn depends on the establishment of diverse supports on the basic of "gender – friendly" political environment.

In accordance with the institutional analysis and development framework, the dissertation is divided into six chapters:

Chapter Ⅰ presents "Exogenous Variables of Policy Operation", which aims to analyze the institutional environmental of rural women's participation in village governance. Against the background of China's macro rual development, this chapter sorts out village governance structure in two dimensions, namely power structure and governance model, and tries to summarize the evolution of rural China's social structure as follows: the modernization of rural society, the atomization of village, the nuclearization family structure, the rationalization of reproductive behavior, and the fragmentation of rural women, all of which pave the way for the problems and development to be shown later in this book.

Chapter Ⅱ presents "Communal Attributes of Policy Operation". Rural women are the main actors in policy operation in this context, as they are either in voting situation or cadres in governance situation or candidates in election situation. The aim of policy is to encourage more rural women to participate in village governance and upgrade the quality and level of their participation. This chapter aims to analyze the characteristics of Chinese rural women in comparison to western countries.

Chapter Ⅲ presents "Rules – in – use of Policy Operation". Three sites of my fieldwork are introduced: as Township C in Guangshui City in Hubei Province, Township Y in Handan City in Hebei province and Township G in Heyang County, in Shanxi Province. I first theoretically analyze the model of the rules – in – use, and then describe the main policies supporting rural women's participation in village governance, which are the institutional bases of the following discussion.

Chapter Ⅳ presents "Action Situation of Policy Operation", which elaborates on my main arguments in this dissertation as a result of my seven years of research. This chapter is based on empirical research in three sites and tries to analyze the action situation in the three sites from the micro perspective rather than the macro perspective in the previous three chapters, and analyze election situation, voting situation, and governance situation in the three places during policy operation.

Chapter V presents "Interactions of Policy Operation", which is the core of this dissertation, it follows two logics when analyzing. One is Ostrom's theory, by which I classify social actors into three types: state policies at the level of national politics, local governments at the level of implementation, and villages and individuals at the level of operation. Another classification depends on three situations in village governance, namely, election situation, governance situation and voting situation. I argue that there is a relatively complete institutional design at the level of national politics in all three situations. And logics and strategies of villages and individuals are often directly subject to the implementation level's behavior, so the key difference of policy operating mechanism lies in local governments at the level of implementation. no matter what kind of villages, the way local governments promote rural women's participation in village governance is in a top - down manner, but there are still differences in attitudes and intensity. Q village in Hubei province is an example of the moderate level, and it demonstrates local governments' response to pressures from higher levels of governments. Y village in Hebei province is an example of low level and it demonstrates local governments' response to catch - up pressure in relation to its competitors. H village in Shanxi province is an example of high level, and it demonstrates local governments' positive and proactive response. Why different governments have different response mechanisms? It is related to exogenous variables, including political, economic, cultural and social factors that affect governments'response.

Chapter VI presents "Performance and Reflection of Policy Operation". The main measure of the policy performance is proportional representation, I argue that proportional representation is just the first step towards promoting rural women's participation in village governance, and a prerequisite for gender equality. The ultimate goal should be the substantive political representation, which depends on diverse supports in the "gender - friendly" political environment.

So how to build a diverse support system for rural women's participation in village governance? I propose the following four policy suggestions: Firstly, organizing women based on the faith in gender equality. Secondly, the "gender – friendly" political environment. Thirdly, local government policies and supporting programs. Fourthly, national policies.

In theory, a universal framework integrating a variety of theories to deal with specific problems, has been tried in this dissertation during the analysis. To be precise IAD framework and a number of other theories are used to explain and analyze rural women's participation in village governance, which is quite innovative in this field of research.

In practice, three cases from Hubei, Hebei and Shanxi provinces are selected in this dissertation, which are not only represent China's central, eastern and western regions respectively, but also middle, low and high levels of rural women's participation in village governance. The Guangshui city in Hubei province present nationwide medium level. Handan city in Hebei province examplifies low level because 80% villages don't have female cadres in village committees. "Heyang Model" is the most famous and successful model of rural women's participation in village governance in China, and exemplifies high level. These three levels also happen to reflect the changes and development trends of rural women's participation in village – level governance. A comparative study of the three cases are of significance for the practice of village governance.

Keywords: rural women, village governance, policy operating mechanism, Institutional Analysis and Development Framework

导　　论

一　问题提出

　　2011 年底，随着第八届村委会选举帷幕的全面拉开，2010 年 10 月 28 日通过的新修订的《村委会组织法》（以下简称《村组法》）关于村委会成员中应当有妇女成员、妇女村民代表应当占村民代表会议组成人员的三分之一以上等新规定格外引人注目，2011 年 5 月 4 日《中国妇女报》发表了《村委会成员中至少有一名妇女纳入新一轮村"两委"换届重要任务》的报道指出："民政部门进一步完善'专职专选'的有效办法，努力提高妇女成员比例，为农村妇女参与村委会工作创造更加有利的条件，确保妇女村民代表比例达到三分之一以上，村委会成员中至少有一名妇女，特别是村'两委'女性正职比例不断提高。[①]"有些地方更是提出或者实现了"村村都有女村官[②]"的目标，2014 年 11 月 3 日《中国妇女报》报道山东省蒙阴县女性进村委会（居委会）比例达到100%，并且村妇代会主任（社区妇联主席）进"两委"达到100%[③]……，纵而观之，支持农村妇女参与村级治理的相关政策一直都有，从原《村组法》中指出的是"妇女应当有适当的名额"到新《村组法》"村委会成员中应当有妇女成员"，此等"比例"政策制定的目标和预期结果是什么？这种制度安排产生的理论渊源和逻辑起点是什么？在实践中会有怎样的产出和效果？其理论构想与实践逻辑是否

---

　　① 2011 年 5 月 4 日《中国妇女报》，《村委会成员中至少有一名妇女纳入新一轮村"两委"换届重要任务》。http://acwf. people. com. cn/GB/14549135. html。

　　② 2011 年 3 月 31 日《青岛日报》，《莱西：村村都有女村官》。http://www. xingbie. org/ne-wsdetail. asp? id = 2566。

　　③ 2014 年 11 月 3 日《中国妇女报》A1 综合新闻版。

存在冲突，存在怎样的差距？影响政策运行的因素有哪些？整个政策运行过程有着怎样的机制？运行机制中存在哪些问题？

在此分析逻辑下，本书试图回答这样一个问题：在《村组法》（1998）以及新《村组法》（2010）的政策进入下，农村妇女参与村级治理有怎样的运行机制，在政策运行过程中，各主体有着怎样的逻辑和策略？具体而言有如下问题群：

问题群一：农村妇女参与村级治理的政策运行有哪些外生变量？村级治理的制度环境如何？在农民工进城、农业女性化的历史关节点上，妇女参与村级治理有着怎样的特点？

问题群二：村级选举中支持妇女参与的政策有哪些？有着怎样的应用规则？其制度设计目标是什么？实施效果怎样？政策目标与政策绩效是否一致？如否，问题在哪儿？原因为何？如何对现有制度进行性别视角的反思？

问题群三：村级治理的主体有哪些？不同主体的行为逻辑是什么？行动策略是什么？社会性别视角下的差异如何？在村级治理中，性别与性别意识有着怎样的相关性抑或悖论？有性别意识是否就有性别代表性？什么是性别代表性？性别代表性受哪些因素的影响，受哪些条件的制约？有性别意识是不是就有性别代表能力？什么是性别代表能力？有性别意识和性别代表能力，有没有性别代表意愿？什么是性别代表意愿，受什么影响和限制？种种问题中暗含着怎样的逻辑？

问题群四：乡土社会规则作用下的行动情境是怎样的？行动情境作用下的村级治理结果是怎样的？社会性别、制度规则和村级治理有着怎样的作用模式？现有村级治理政策运行机制存在怎样的规律？

对于这些问题的解答无法放在一个静态的政策层面去解读，而需要在政策运行的整个过程中探其究竟。在后文中笔者将以上问题群作为章节需要解答的核心问题，进行一一阐述。

二　文献综述

无数学界泰斗告诫我们做研究偷不得半点懒，回顾自身的选题过程，这是一种心智历练，是一种对体力、智力和耐力的三重考验，难忘夜不能寐的焦灼、灵感闪现的狂喜和提笔的小心翼翼；这是一次珍贵的转型机会，一篇出色的博士论文可以实现从求学到从教的华丽转身；这也是一个郑重的自我交代，凝结了自己青春岁月和求学经历的心血，笔者倍加珍惜这个机会，所以更加小心翼翼、如履薄冰。正因如此，选题的时候选择了自己硕博期间熟悉的研究领域：农村妇女参与村级治理。

从农村妇女参与村级治理的实践操作而言，大致经历了三个阶段的发展。第一阶段是制度建设，包括政策法规、制度安排等，旨在为农村妇女提供总体政治框架下的性别平等参与机会和平台；第二阶段是组织建设，包括正式组织、准正式组织、非正式组织等，旨在整合处于"碎片化""离散状态"下的农村妇女；第三阶段是能力建设，包括人力资源开发、培训等，旨在提升妇女参与公共治理的能力与质量。在此三个阶段的实践推动下，涉及如下三个主要方面的研究：制度研究、组织研究、个案研究。

（一）农村妇女参与村级治理的制度研究

关于支持农村妇女参与村级治理的制度研究，学者们从公共政策、选举制度、治理机制、支持网络等方面进行了渐进性的探索。

从公共政策来说，从政策制定到政策执行都与政策目标相距甚远。究其原因，有学者认为是主导政策制定及执行太突出工具理性而忽略价值理性①、政策的价值目标认识模糊以及政策制定及执行的主体性别结构失衡等（刘筱红 2005）。也有学者根据"政策失败理论"将其原因归为统治者的偏好和有限理性、意识形态刚性、官僚政治以及参与个体的成本与收益核算等（韩玲梅 2011，黄祖辉 2011）。

从选举制度来说，有学者对具有代表性的六种选举模式，即梨树模式、塘沽模式、湖南模式、迁西模式、磐安模式和广水模式进行了比较分析（李琴 2010，卓惠萍 2010）。

从治理机制来说，有学者通过对村庄的个案研究探讨村级治理的机制

---

① 参见刘筱红：《支持农村妇女当选村委会成员的公共政策分析》，《华中师范大学学报（人文社会科学版）》2005 年第 2 期。

运作及其效果（董江爱 2010）。

从支持网络来说，有学者从"整体政府"的视角构建了农村妇女参与乡村治理的支持网络，提出了政府在这个网络中处于纲领性位置，它既是领导者、更是服务者，既是催化剂、又是监督人，既是召集者、又是协调人，政府在网络中扮演多元的角色，起着其他组织难以替代的作用（刘筱红 2010）。

多数学者都承认政府在整合妇女资源、组织妇女参与乡村治理中负有重要责任，认为政府必须赋予农村妇女以真实和个体的主体性①，建构一个"横向"的妇女力量整合机制，使农村妇女能够参与到党和国家的政治体系中，建立起国家与农村妇女的纵向联系②（潘萍 2006，刘筱红 2007）。

（二）农村妇女参与村级治理的组织研究

关于农村妇女参与村级治理的组织研究，学者们从农村妇女参与村民自治的组织资源、农村妇女组织功能的异化等角度进行了分析研究（刘筱红 2002，陈琼 2008，过军 2008），深刻分析、揭示了农村妇女组织的弱化及在村民自治中的参与无力状况。不少的学者还关注到包括妇联在内的 NGO 组织对农村妇女参与乡村治理的推动作用，认为妇女 NGO 可以通过进行性别意识教育、协助经济发展、推动成立组织等方式提高农村妇女的组织水平和参与意识③，农村妇女民间组织的出现可以帮助妇女在现有体制内谋求更大发展空间（陈琼 2009，肖百灵 2006，徐宇珊 2006，王凤仙等 2007）。

（三）农村妇女参与村级治理的个案研究

关于村庄的个案研究相当丰富，廖林燕（2008）、时树菁（2008）、刘文玉（2008）、陈琼（2008）等分别观察和研究了云南边区白族、河南南阳、甘肃中川、湖北广水等地的选举过程，对农村妇女参与村委会选举

---

① 参见潘萍：《试论村民自治中的妇女参与》，《浙江学刊》2007 年第 6 期。

② 参见潘萍：《村民自治制度中的农村妇女参与》，《妇女研究论丛》2008 年第 1 期。

③ 参见徐宇珊：《妇女 NGO 与农村妇女参与意识》，《中华女子学院学报》2006 年第 3 期。

的制度创新及参选行为进行了分析，认为国家支持农村妇女参与乡村治理的政策，"在输入村庄社会的过程中，会遭到不同程度的抵制①"；支持性政策并没有改变男性主导村庄权力结构的局势，还加深了两性隔离②。为此，"制定政策应该充分尊重村庄妇女公共参与三级链分层现状，使政策的保护性力量在这个链条上出现增量式发展；应该建立有效的配套机制，改变两性场域不对等分割状况，实现性别和谐式参与③"。国外也有类似研究，如加拿大学者朱爱岚（2004）和宝森（2004）在个案研究的基础上分析了中国村级权力结构中的社会性别，他们的研究仔细而深入，特别注意用数据来说明事实，值得国内同行借鉴。

关于村级女干部的个案研究也不少，金一虹（2002）通过对 50 个农村女干部的个案研究，分析了她们的成长背景、规律以及面临的问题，较早开始了对农村女性管理者的研究。陈琼（2005）以女村干部与政府的关系、女村干部与男村干部的关系、女村干部与村民的关系为变量，考察三个变量之间的组合关系，并对女村官地位进行了分类④。高修娟（2011）通过一个妇女主任的个案研究揭示了村落文化中的性别规范。笔者以湖北省广水市 C 乡的两位女村官为分析对象，分析了村委会选举中社会资本的影响因素（李琴 2010），并通过对女村官的"去女性化"现象分析，说明了性别意识和性别代表性是多种因素共同作用的结果（李琴 2011）。这些研究开启了学术界对女村干部和性别领导力的关注。

总之，近十年来，有关农村妇女参与村级治理的研究有了很大的进步，但这些研究主要关注的是妇女"问题"，对农村妇女参与村级治理的政策运行机制还缺乏系统的研究。

---

① 参见陈琼：《保护性政策与妇女公共参与——湖北广水 H 村"性别两票制"选举试验观察与思考》，《妇女研究论丛》2008 年第 1 期。

② 同上。

③ 同上。

④ 参见陈琼、刘筱红：《村庄权力系统中女村官地位的类型分析——基于江西三个村的实证调查》，《云南行政学院学报》2005 年第 2 期。

三　分析框架:制度分析与发展框架

在国外,对制度分析与发展框架(简称 IAD 框架)的系统阐释最早见于 20 世纪 80 年代初,1982 年 Kiser 和奥斯特罗姆发表了《行动的三个世界:制度方法的元理论集成》,试图去发展一个综合了多种学科的普适性框架。制度分析与发展框架作为一个关于规则、自然和物质条件以及共同体属性如何影响行动情境以及结果产出的通用框架,其适用性和实用性已被广泛证明。作为第一位获得诺贝尔经济学奖的女性学者,奥斯特罗姆近 30 年来一直不断更新和完善这个既可用于研究静态的制度安排,也可用来研究新规则和新技术不断出现的动态制度安排的制度分析与发展框架,当笔者读到奥斯特罗姆在 2011 年 2 月对制度分析与发展框架最新发展时,难掩内心喜悦,顿感豁然开朗,也随即定下此框架为笔者毕业论文的分析根基。待笔者 2012 年 6 月 12 日顺利通过博士毕业答辩之时,却传来了埃莉诺·奥斯特罗姆教授驾鹤西去的噩耗,仍记得当时自己不敢相信这一事实,反复上网搜索,确认她的溘然长逝后忍不住掩面而泣,如今本书时隔几年终得出版,望以此来表达对这位伟大学者的缅怀,伟人虽逝,风范永存!

在国内,奥斯特罗姆夫妇的著作一直被视为公共治理的经典之作,在国内公共管理学界享有盛誉,尤其是依托奥斯特罗姆的自组织理论和多中心治理范式的研究更是不胜枚举,对制度分析与发展框架的应用当然也不少,笔者近期所查到的有:王群:《奥斯特罗姆制度分析与发展框架》,《经济学动态》2010 年第 4 期;王涛、王学伦:《社区运行的制度解析——以奥斯特罗姆制度分析与发展框架为视角》,《天水行政学院学报》2010 年第 1 期,以及《规则、博弈与公共池塘资源》等由毛寿龙教授翻译或审校的奥斯特罗姆的著作。

所以,概括而言,运用 IAD 框架的英文文献汗牛充栋,只是沿袭整个 IAD 框架系统分析农村妇女参与村级治理的文章并不多见,这也是本书的创新之处。以下笔者基于大量的英文文献对制度分析与发展框架做如下的梳理:

（一）IAD 框架的缘起

获得 2009 年度诺贝尔经济学奖的埃莉诺·奥斯特罗姆（Elinor Os-
trom）颠覆了公共财产只有交由中央权威机构管理或完全私有化后才能有
效管理的传统观念，证明使用者自主治理的公共池塘资源可以通过合理的
制度安排取得优于人们先前根据标准理论所预测的结果[①]。与享有盛誉的
公共池塘资源自主治理理论息息相关的是制度分析与发展框架（Institu-
tional Analysis and Development Framework，IAD Framework）。从 1982 年起
IAD 框架就一直是奥斯特罗姆的研究重点之一[②]。它致力于解释包括应用
规则在内的外生变量（exogenous variable）如何影响公共池塘资源自主治
理中的政策结果，为资源使用者提供一套能够增强信任与合作的制度设计
方案及标准[③]，并用来评估、改善现行的制度安排。经过 30 多年的不断
完善，制度分析与发展框架已然成为公共治理领域广泛使用并被高度认同
的分析框架。

并不是每次进行制度分析时都会全部用到制度分析与发展框架的各个
组成部分[④]。但在古典政治经济学（尤其是霍布斯、孟德斯鸠、休谟、斯
密、汉密尔顿、麦迪逊与托克维尔的研究）、新古典微观经济学理论、制
度经济学、公共选择理论、交易成本经济学以及非合作博弈论中都可以找
到制度分析与发展框架的根基。

（二）IAD 框架的应用范围

近年来，制度分析与发展框架影响了众多问题的分析和研究。例如大

---

①　参见 E. Ostrom. 1990. Governing the Commons：The Evolution of Institutions for Collective Ac-
tion. Cambridge University Press.

②　参见 Kiser, L. & E. Ostrom. 1982. "The three worlds of action：A metatheoretical synthesis of
institutional approaches", In：E. Ostrom（ed.），Strategies of Political Inquiry. Beverly Hills, CA：
Sage.

③　参见 Poteete, A. R., M. A. Janssen & E. Ostrom. 2010. Working Together：Collective Action,
the Commons, and Multiple Methods in Practice. Princeton University Press.

④　埃莉诺·奥斯特罗姆：《规则、博弈与公共池塘资源》，陕西人民出版社 2011 年版，第
26 页。

城市组织的研究①、公益物品理论②、发展中国家的农村基础设施维护③、发达国家与发展中国家的私有化④、宏观政治系统研究⑤和大量公共池塘资源问题的研究⑥。利用该框架进行研究的工作不仅发生在美国，也发生在孟加拉国、博茨瓦纳、喀麦隆、加纳、印度尼西亚、象牙海岸、利比西亚、马里、马达加斯加、尼泊尔、荷兰、尼日利亚、挪威、波兰、苏丹等国家。

使用 IAD 框架分析的问题包括：

第一类，评估，如评估大都会区域服务代理的生产力⑦。

第二类，探因，如探寻托儿所实质履行托儿服务的原因⑧。

第三类，机制，如探索怎样通过开发地方农民的组织性能力，增强灌溉基础结构资本投资的机制⑨。

----

① 可参见 Advisory Commission on Intergovernmental Relations, 1987, 1988, 1992; V. Ostrom, Tiebout and Warren, 1961; V. Ostrom, Bish, and E. Ostrom, 1988.

② Ostrom, Elinor. 1983. "A Public Service Industry Approach to the Study of Local Government Structure and Performance." Policy and Politics 11 (3): 313 – 341.

③ Ostrom, Elinor, Larry Schroeder, and Susan Wynne. 1993. Institutional Incentives and Sustainable Development: Infrastructure Policies in Perspective. Boulder, CO: Westview Press.

④ Oakerson, Ronald J. 1993. "Reciprocity: A Bottom – Up View of Political Development." In Rethinking Institutional Analysis and Development: Issues, Alternatives, and Choices, eds. Vincent Ostrom, David Feeny, and Hartmut Picht. San Francisco, CA: ICS Press, 141 – 158.

⑤ Radnitzky, Gerard. 1987. "Cost – Benefit Thinking the Methodology of Research: The 'Economic Approach' Applied to Key Problems to the Philosophy of Science." In Economic Imperialism: The Economic Approach Applied Outside the Field of Economics, ed. Gerard Radnitzky, and Peter Bernholz. New York: Paragon House, 283 – 334.

⑥ Ostrom, Elinor, Roy Gardner, James Walker, with Arun Agrawal, William Blomquist, Edella Schlager, and Shui – Yan Tang. 1994. Rules, Games, and Common – Pool Resources. Ann Arbor, MI: University of Michigan Press.

⑦ 参见 Oakerson, Ronald J. , and Roger B. Parks. 2011. "The Study of Local Public Economies: Multi – organizational, Multi – level Institutional Analysis and Development." Policy Studies Journal 39 (1): 141 – 161.

⑧ 参见 Bushouse, Brenda K. 2011. "Governance Structures: Using IAD to Understand Variation in Service Deliv – ery for Club Goods with Information Asymmetry." Policy Studies Journal 39 (1): 99 – 113.

⑨ 参见 Joshi, Neeraj N. , Elinor Ostrom, Ganesh P. Shivakoti, and Wai Fung Lam. 2000. "Institutional Opportu – nities and Constraints in the Performance of Farmer – Managed Irrigation Systems in Nepal." Asia – Pacific Journal of Rural Development 10 (2): 67 – 92.

第四类，政策，如研究决策制定者在一系列集体选择规则所设定的参数中如何进行决策，以及政策影响情境的结构，或者如何影响制定决策的参与者[①]。

IAD 框架的初始用于政策进行的系统方法，包括政策的进入、产出、测量和反馈。这也是本书采用此分析框架的原因。

（三）IAD 框架的核心要素

制度框架需要识别制度安排中主要的结构性变量，IAD 框架是社会—生态系统（social – ecological system SES[②]）下的一个多层（multitier[③]）的概念图集，原图为[④]（见图 1）：

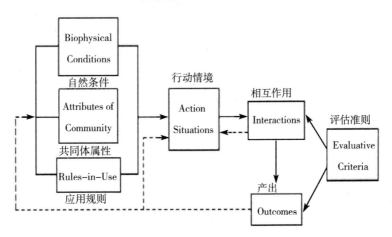

图 1　IAD 框架核心要素图

① 原文：The policy decisions then affect the structure of situations, or at a constitutional tier that affects who participates in policymaking. Elinor Ostrom, Background on the Institutional Analysis and Development Framework, Policy Studies Journal, 2011. 1.

② Elinor Ostrom, Background on the Institutional Analysis and Development Framework, Policy Studies Journal, 2011. 1.

③ Ibid..

④ 摘自 Elinor Ostrom, Background on the Institutional Analysis and Development Framework, Policy Studies Journal, 2011. 1.

如图 2 所示，包括应用规则在内的外生变量、行动情境、作用模式、结果测量是 IAD 框架的主体核心部分。

1. 行动情境（Action Situation）

分析问题的第一步是明晰概念。行动情境是个体间的相互配合、交易物品和服务、解决问题、个体与行动情境中众多元素之间控制或抗争的社会空间[1]，并常被用来描述、分析、预测和解释在制度安排下的行为[2]，应用特定情境的变量和行动者的激励和认知结构来预测个体可能性行为，其分析主要包括两步：第一步，深挖影响情境结构的要素[3]。第二步，探索行动情境的变化，以及变化怎样影响产出预测和行为策略[4]。

行动情境包括七组主要变量（见图 2）：

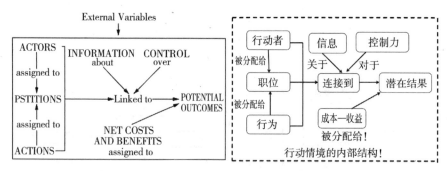

图 2　行动情境的核心变量图

① 参见原文：Action situations are the social spaces where individuals interact, exchange goods and services, solve problems, dominate one another, or fight（among the many things that individuals do in action situations）. Elinor Ostrom, Background on the Institutional Analysis and Development Framework, Policy Studies Journal, 2011. 1.

② 原文：Action situation can be utilized to describe, analyze, predict, and explain behavior within institutional arrangements. Elinor Ostrom, Background on the Institutional Analysis and Development Framework, Policy Studies Journal, 2011. 1.

③ 参见 Kiser, Larry L., and Elinor Ostrom. 1982. "The Three Worlds of Action: A Metatheoretical Synthesis of Institutional Approaches." In Strategies of Political Inquiry, ed. Elinor Ostrom. Beverly Hills, CA: Sage, 179—222.

④ 参见 Cox, Michael, and Elinor Ostrom. 2010. "Applying A Social – Ecological System Framework to the Study of the Taos Valley Irrigation System Over Time." Paper presented at the 13th Economics of Infrastruc – tures Conference, Delft University of Technology, May 27th – 28, 2010, Delft, the Netherlands.

（1）行动者设定（参与者集合）；

（2）参与者的特殊职位（参与者的身份）；

（3）允许行为和可能产出的设定（容许的行为集合及其与结果的关联）；

（4）与个体行为相关的潜在结果；

（5）基于选择的控制程度（每个参与者对决策的控制力）；

（6）可能的信息、行动情境的结构（参与者可得到的关于行动情境的信息）；

（7）激励和限制行动和产出的收入和产出（收益和成本）。

另外，在行动情境的框架中解释行为和结果，描述情境结构的变量是已经给予的，这种方法常被用于博弈论中构建正式的博弈模型。

2. 行动者（Actors）

奥斯特罗姆越来越多地用"参与者"代替框架中的"行动者"①。在此语境下"行动者"其实就是采取行动的"参与者"，不一定非得独立出来。参与者是指在决策过程中承担某种身份且具有决策能力的实体。参与者既可以是个人，也可以是复合个体（corporate actor）②，如国家、城市、公司、非政府组织。在行动情境中，这些复合个体均被看作等同于个人的个体。参与者具有三个重要属性：（1）参与者数量；（2）他们是以单独个体还是复合个体的方式出现，如在不同情况下，一户家庭的各个成员可以被看作不同个体或一个复合个体；（3）其他，如年龄、受教育程度、性别等个别属性，与参与者相关的"行动"被赋予了个体或者群体的主观意义。

对行动情境中的"行动者"进行分析主要有四组变量：第一，资源。行动者带入行动情境的资源③。第二，估值。行动者在现实世界中对行为

---

① 参见 E. Ostrom. 2005. Understanding Institutional Diversity. Princeton University Press. Ostrom, E. 2007. Multiple institutions for multiple outcomes, in: Smajgl & Larson (ed.), Sustainable Resource Use. Sterling, VA: Earthscan.

② 参见原文：The actor in a situation can be thought of as a single individual or as a group functioning as a corporate actor. Elinor Ostrom, Background on the Institutional Analysis and Development Framework, Policy Studies Journal, 2011. 1.

③ 参见原文：The resources that an actor brings to a situation; Elinor Ostrom, Background on the Institutional Analysis and Development Framework, Policy Studies Journal, 2011. 1.

价值的评估①。第三，方式。行动者获得、处理、维持和使用知识和信息的方式②。第四，过程。行动者选择特定行为的过程③。

　　另外，需要提及的是所有对微观行为的分析，必须有关于参与者价值取向、拥有资源、信息的获取及运用能力、行为选择的策略和内在机制等的假设。对于众多问题，行动者会使用一种隐性的或显性的理论或者模型来推论在情境中的可能行为和可能产生的结果范式，这是在行动情境中考虑成本—收益基础上的个人选择策略和预测可能产出的古典经济学视角④。这一视角最普遍的构建是制度分析的经济人假设，但这个假设备受争议，因为个人选择不仅会理性计算和追求收益最大化，同时也会关注客人的承诺、荣誉等社会性认可⑤。所以，在公共物品、公共池塘资源的治理过程中还需考虑不同的激励要素，这也是研究行动情境的必要性所在。IAD 框架对个人选择理论最大的发展是引入的更有力的假设，比如算计能力（unlimited computational capability）和集体行动的逻辑等⑥。

　　3. 应用规则（Rules – in – Use）

　　IAD 框架根据影响行动情境的要素有如下 7 类分析问题的经典规则，分别包括（见图 3）：

　　第一，边界规则：边界规则规定参与者的种类和数量、贡献和资源、

---

　　① 参见原文：The valuation actors assign to states of the world and to actions；Elinor Ostrom，Background on the Institutional Analysis and Development Framework，Policy Studies Journal，2011. 1.

　　② 参见原文：The way actors acquire，process，retain，and use knowledge contingencies and information；Elinor Ostrom，Background on the Institutional Analysis and Development Framework，Policy Studies Journal，2011. 1.

　　③ 参见原文：The processes actors use for selection of particular courses of action. Elinor Ostrom，Background on the Institutional Analysis and Development Framework，Policy Studies Journal，2011. 1.

　　④ Radnitzky，Gerard. 1987. "Cost – Benefit Thinking the Methodology of Research：The 'Economic Approach' Applied to Key Problems to the Philosophy of Science." In Economic Imperialism：The Economic Approach Applied Outside the Field of Economics，ed. Gerard Radnitzky，and Peter Bernholz. New York：Paragon House，283—334.

　　⑤ 参见 Banks，Jeffrey，Charles R. Plott，and David P. Porter. 1988. "An Experimental Analysis of Unanimity in Public Goods Provision Mechanisms." Review of Economic Studies 55：301—322.

　　⑥ 参见 Kagel，John H.，Dan Levin，and Ronald M. Harstad. 1995. "Comparative Static Effects of Number of Bidders and Public Information on Behavior in Second – Price Common Value Auctions." International Journal of Game Theory 24：293—319.

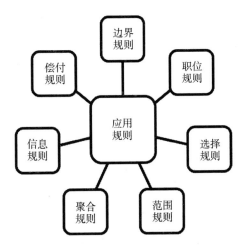

图 3　应用规则的经典规则图

进入的自由度、退出的条件等①，边界规则确立了个体取得或者脱离某种身份的程序、标准、要求和费用。

第二，职位规则：规定身份的种类和数量，把参与者和容许的行为联系起来。

第三，选择规则：规定从属于身份的行为集合，包括"必须、可以、不可以"，此集合不仅与身份属性相关，也与之前此个体或其他个体采取的行为选择相关。

第四，范围规则：范围规则确定在行动情境内可能出现的结果集合。在稳定的行动情境内，一定的行动会导致一定的结果。反过来，范围规则通过改变结果的参数来改变参与者的行为，它并不直接作用于行为。

第五，聚合规则：聚合规则决定了处于某一身份状态的个体对结果的控制力。

第六，信息规则：信息规则决定了哪些关于行动情境总体结构的信息和关于任何个体现在和过去的行动、状态的信息是可以被获取的以及获取程度。

第七，偿付规则：偿付规则决定基于行为选择而产生的结果所带来的

---

① 原文：Boundary rules affect the number of participants, their attributes and resources, whether they can enter freely, and the conditions they face for leaving. Elinor Ostrom, Background on the Institutional Analysis and Development Framework, Policy Studies Journal, 2011. 1.

回报与制裁。

因本书专设"应用规则"一章，详见后文，在此不予赘述。

四　理论工具

1. 制度分析

制度分析的中心问题是：制度如何影响个体的行为？新制度学派对这一问题提供了两种回答，一种是"算计途径"，另一种是"文化途径"①。按计算的方法观点中的工具性和策略算计，制度的作用主要是通过行动者目前和将来行动的一定程度的确定性影响行为②。文化的方法强调行为并不完全是策略性的，而是为个体的世界观所束缚③。制度的作用是为解释行动提供道德或认知的模板④。

制度分析就是从制度结构出发来探讨人类行为的动机与偏好，强调制度规定、约束个人的目的和偏好，为人类行为提供一种可预测的相互影响的动态框架⑤，从这个角度上说，人或组织的行为方式是制度的函数。目前学术界，制度分析在社会问题的研究中一直是一种主流，原因就是通过制度分析方法考察经济、政治、社会结构、社会制度、行为方式等诸多因素，有助于人们把握整个社会运行的轨迹及其内在制约因素，具有独特的解释力⑥。本书研究的制度既包括狭义层面的村庄治理的法规、规章、章程、组织形式的制度安排等，也包括广义层面的村庄文化、乡土社会的客观现实所依存的制度环境。

---

① 何俊志、任军锋、朱德米编译：《新制度主义政治学译文精选》，天津人民出版社2007年版，第50页。

② 陆淑珍：《育龄妇女生育率的下降和出生人口性别比的上升——以广东省为例》，《南方人口》2004年第4期。

③ 赵道静：《出生性别比问题的制度因素分析》，《南方人口》2004年第4期。

④ 同上。

⑤ 张玲：《行业协会发展动力机制研究——浙江省工商领域个案透析》；2004年浙江大学硕士毕业论文，第35页。

⑥ 刘术泉：《支持农村妇女参与村民自治的制度变迁研究——以湖北省C乡为例》，2008年华中师范大学硕士毕业论文，第25页。

2. 行为分析

从 20 世纪 70 年代后期开始，以"博弈论"和"理性选择理论"等方法论的发展为基础的西方社会科学研究日益转向个体和集体行动的"微观机制"，转向于依据各种理性和非理性的偏好和选择机制对人类行为和互动的影响。这种方法突破结构论单纯强调宏观结构而忽视微观个体的缺陷，注重个体行为者的动机和行动方式①，因而它常见于经验性和实证性研究，表现出对具体个案的关怀。

行为主义研究方法主要是将活动主体放到社会环境中去考察，动态分析与静态分析相结合，重视数量分析和数据的运用，重视对活动中的人的行为做社会心理分析②。本书研究的主体行为主要是农村妇女的参选行为、投票行为、治理行为，以及决定行动的各种选择，包括选择过程中的思考和策略等。此方法非常受用于本书的个案分析，用于研究政策运行过程中行为本身的特征、性质及逻辑。

在本书中，制度分析与行为分析各有侧重，相互支持。对制度变迁进行研究时需要以对合乎实际的行为分析为基础，因为人是制度变迁的发动者③；而当对行为选择进行分析时需要以制度条件为前提，因为人是在既定的制度条件下开始行动、发出行为的④。

---

① 卓惠萍：《论政府对农村性别文化的型塑与重构》，2011 年华中师范大学博士毕业论文，第 35 页。

② 参见田湘波：《中国国民党党政体制研究的价值、主要内容及研究方法》，《上饶师范学院学报》2007 年第 2 期。

③ 同上。

④ 同上。

第一章　政策运行的外生变量[①]

研究农村妇女参与村级治理的政策运行机制，不可不首要分析其所处的社会—生态环境，本书所使用的制度分析与发展框架是社会—生态系统（social‒ecological system，SES[②]）下的一个多层（multitier[③]）的概念图集。此社会—生态系统的理念不仅用在本章之中，在全文中都是不用提及但从未忘记的基本理念，它既是分析后文"行动情境"的前提，也是设置本章的逻辑起点。

如图 1‒1 所示，对"行动情境"（Action Situations）、"作用模式"（Interactions）以及"结果"（Outcomes）的考察必须置于以政府、资源和行动者为主要变量的系统之中，而这些系统又深受社会、经济、政治以及生态因素的影响，只有明晰外生变量才能更深刻地理解行动者的逻辑和行为、才能更理性地探寻政策运行的过程和机制，这些因素也构成了后文各章研究的分析维度，深藏于笔者的思路之中。

农民行动逻辑与其所处的文化区域有关，而文化区域又往往与生态区域有关[④]。就本书而言，如果要一言概之农村妇女参与村级治理的政策运行的客观环境，笔者愿意用四个字来概括：乡村巨变。这种巨变，是国家与农民关系的巨变、是乡村治理方式及其背景的巨变、是乡土社会人际关

---

①　笔者行文时对此章的撰写非常犹豫，因担心宏大的背景阐述有"空谈"之嫌，后经哈佛大学政治系裴宜理教授点拨，明晰外生变量分析的重要性：是为下文分析的前提与背景，故独立成章，在此先予以感谢及说明。加之奥斯特罗姆所提出的 IAD 框架必须嵌入在社会生态分析之中，否则无载舟之水，故专设此章。

②　Elinor Ostrom, Background on the Institutional Analysis and Development Framework, Policy Studies Journal, 2011.1.

③　Ibid..

④　贺雪峰：《村治模式：若干案例研究》，山东人民出版社 2009 年版，第 78 页。

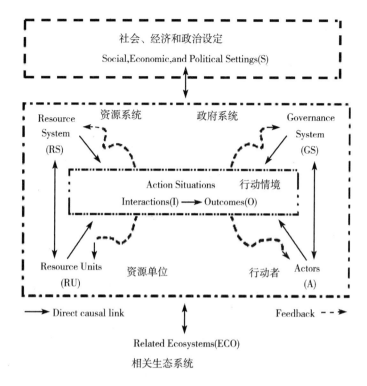

图 1 - 1　社会—生态系统（social - ecological system，SES）框架图

系的巨变、是九亿农民从外在生活方式到内在生命意义的巨变。笔者将此
巨变分为乡村治理结构、农村社会基础结构、农民价值①三个层面予以展
示，行文逻辑如图 1 - 2 所示。

一　乡村治理结构的演进

谈及演进，势必要进行历时梳理，本部分旨在分析乡村治理结构的变化，
虽然研究时域集中在当前，但学术前辈们的卓越贡献至今仍影响深远，并且
经历了岁月考验的思想更值得借鉴，所以笔者在梳理过程中尝试百年的跨度，
对乡村治理的研究进行粗线条的百年回眸，可分为如表 1—1 中的几个阶段。

---

① 对"农民价值"这一维度的提出，主要受益于《华北的叛乱者与革命者（1845—
1945）》中裴宜理教授对"淮北的环境"研究中对"农民的心态"进行分析的启发。

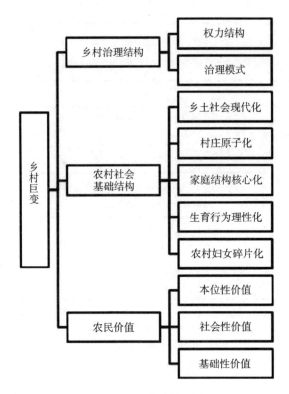

图 1 - 2　第一章行文框架图

表 1 - 1　　　　　　　　　　村治研究的百年回眸

时间	特征	代表人物及研究
第一阶段：20 世纪上半期	农村的衰败与农村研究的第一次高潮	梁漱溟："乡村建设道路" 毛泽东：《湖南农民运动调查报告》及农民革命 费孝通：《乡土中国》、《江村经济》等
第二阶段：19 世纪 50 年代—70 年代	国内研究的停滞与国外研究的进展	杨庆堃：《共产主义过渡初期的一个中国农村》（1959）。 威廉·韩丁根：《身翻：一个中国农村的继续革命》（1983）。 帕斯特·奈克：《两个中国村庄的血缘和社区》等
第三阶段：20 世纪 80 年代以来	农村改革开放和第二次研究高潮	丰硕成果，既来自海外汉学家，也来自本土的"三农"研究学者

（一）权力结构的变化

村治权力承担着治理乡村的职能，权力运作过程也就是乡村治理过程[①]。20 世纪 30 年代费孝通在其经典著作《乡土社会》中将传统农村的权力进行了分类，包括：横暴权力、同意权力、教化权力、时势权力[②]。21 世纪初也有学者针对社会流动的现实提出了"能力权力[③]"，笔者在此基础上依托社会资本理论增添"资本权力"，以下对此六种权力一一论述。

1. 横暴权力

费孝通在其《无为而治》中提道"论权力的人多少可以分成两派、两种看法：一派是偏重在社会冲突的一方面，权力表现在社会不同团体或阶层间主从的形态里[④]"。依托社会冲突的观点，权力是冲突过程的持续，是一种休战状态中的临时平衡，是一种有着"上下之别[⑤]"的压迫性质的关系。这种权力被称为"横暴权力[⑥]"。"如果没有经济利益可得，横暴权力也就没有多大的意义，因此也就不易发生[⑦]"。

2. 同意权力

同意权力是分工体系的产物[⑧]，"社会分工越大，同意权力就越大[⑨]"。社会分工提高了效率、节省了人工，同样伴随的是没人能独善其身、凡事"不求人"，于是大家需要建立起互利共赢、互相监督的社会合作机制，而这种合作得以正常运作的基础是社会契约，即"同意"，这种契约性的规律在形成过程中尊重个人的自由意志，"民主政治的形式就是综合个人

---

① 徐勇、徐增阳：《流动中的乡村治理——对农民流动的政治社会学分析》，中国社会科学出版社 2003 年版，第 71 页。

② 参见费孝通：《乡土中国　生育制度》，北京大学出版社 1998 年版，第 59—63 页。

③ 徐勇、徐增阳：《流动中的乡村治理——对农民流动的政治社会学分析》，中国社会科学出版社 2003 年版，第 81 页。

④ 费孝通：《乡土中国　生育制度》，北京大学出版社 1998 年版，第 59 页。

⑤ 同上。

⑥ 同上。

⑦ 同上书，第 61 页。

⑧ 同上书，第 63 页。

⑨ 同上书，第 60 页。

意志和社会强制的结果①"。"在同意权力下，握有权力者并不是为了保障自身特殊的利益，所以社会上必须用荣誉和高薪来延揽②"。

3. 教化权力

教化权力发生在"社会继替③"中，虽在亲子关系中表现得最明显，但不限于亲子关系。在费孝通看来："凡是文化性的，不是政治性的强制都包含这种权力④。"文化和政治紧密相连，如果要粗略概括其区别，费孝通认为："凡是被社会不成问题地加以接受的规范，是文化性的；当一个社会还没有共同接受一套规范，各种意见纷呈，求取临时解决办法的活动是政治⑤。"这种教化权力尤其凸显在"长老统治"中。"文化的基础必须是同意的，但文化对于社会的新分子是强制的，是一种教化过程⑥。"

4. 时势权力

社会变迁是指"社会结构本身的变动⑦"，发生在旧有社会结构不能应对新环境的新旧交替之际，尤其是变迁剧烈的时代更容易出现"时势造英雄"，而这些"英雄"或者"意见领袖⑧"有着支配其跟随者的权力，这种权力不同于横暴权力，不建立在剥削关系之上；不同于同意权力，不建立在社会契约之上；不同于教化权力，不建立在传统文化之上。它是时势造成，所以费孝通称之为"时势权力"⑨。

5. 能力权力

笔者认为在费孝通的"时势权力"中对能力权力也略有提及，其指出的"文化英雄"在"时势"中所具有的影响力和号召力也来源于其自身的能力。但进入 21 世纪后，"大规模的农民流动便为更多的人提升自

---

① 费孝通：《乡土中国 生育制度》，北京大学出版社 1998 年版，第 65 页。

② 同上书，第 61 页。

③ 社会继替是费孝通在《生育制度》中提出的名词，是指人物在固定的社会结构中的流动。参见费孝通：《乡土中国 生育制度》，北京大学出版社 1998 年版，第 77 页。

④ 同上书，第 66 页。

⑤ 同上。

⑥ 同上。

⑦ 同上书，第 77 页。

⑧ "意见领袖"一词现常用于微博之中，但笔者认为此词尤可用于村庄事务中较有号召力的意见发表者，在此借用，特此说明。

⑨ 费孝通：《乡土中国 生育制度》，北京大学出版社 1998 年版，第 77 页。

己的能力并获得权力提供了机会"①。在社会流动日益凸显的状态下，这种能力权力越发明显，徐勇和徐增阳在其著作《流动中的乡村治理——对农民流动的政治社会学分析》中将能力权力定义为："能力性权力主要指权力来源于个人超凡出众的能力。这种能力只能是在一个资源开放的社会生态里，人们才能获得并展示其特殊的能力，社会也因能力不同而分化，从而使那些有能力的人获得权力②。"

6. 资本权力

这个词最易让人想到经济资本，但笔者首先要指出的是经济资本只是资本权力的一种，在后文第五章"作用模式"中，将资本粗略分为：资金资本、自然资本、人力资本、社会资本和文化资本。本处所指的"资本权力"更多的依托于社会资本。笔者接受以上所有对权力的分类，但是在社会网络日益凸显的今天，社会资本所带来的"资本权力"不容小觑，在提出这个概念的时候，笔者一直苦于琢磨"资本权力"与前面五种权力有着怎样的不同，单独提出有何意义？此等考虑在后文中将有详述。笔者暂且用一个假设的故事简言：村民甲既不是体制内的村干部，也不是体制外的村庄精英，假设甲只是一个没有横暴权力、同意权力、教化权力、时势权力、能力权力的普通村民，将所有其他的变量暂时忽略，村庄因土地问题导致村民接连上访，假设上访渠道均无效，这时有意思的是，村民甲的家成为大家商讨上访事宜的大本营，为什么？因为尽管村民甲不问世事，在村庄治理中处于"跟随者"的角色，但是他在外地读书的儿子有个在报社工作的好朋友，村民希望通过这个"好朋友"在媒体上曝光以给地方政府施压。而假设这个"好朋友"记者确实通过媒体施压实现了村民利益的维护，于是，村民甲成为村庄里"有头面"的人，说话日渐"有分量"，村民遭遇不公后都愿意寻求他的"关系"的帮助，这时候他也就有了一种建立在社会网络中的资本权力。笔者将自己调研中的实事以上面这个小故事的形式予以展现，以求先给读者一个感性的认识，后文中笔者将依托具体的个案研究来对资本权力进行理性的分析。

① 徐勇、徐增阳：《流动中的乡村治理——对农民流动的政治社会学分析》，中国社会科学出版社 2003 年版，第 65 页。

② 同上。

本段小结：对于社会冲突和社会合作，两种过程往往是相互交割、错综混合的，冲突里有合作、合作里有冲突，所以基于以上两种性质的权力仅是概念上的区别、不常是事实上的区分。即使在同一种政权之下，也可由两种不同的职能部门来扮演其角色，回到乡土社会，既有横暴权力，也有民主权力，在两者之间还有教化权力，并且随着城市化进程和农业现代化的深入，能力权力和资本权力在村庄治理中也日渐凸显，如表1—2所示。

表 1－2 　　　　　　　　　　乡村治理的权力结构

权力分类	针对	标志
横暴权力	社会冲突	统治权力
同意权力	社会合作	契约与民主
教化权力	社会继替（依托传统文化，人物在固定的社会结构中的流动）	长老权力
时势权力	社会变迁（依托新的知识，社会结构本身的变动）	时势造英雄
能力权力	社会流动	能者上、平者让、庸者下
资本权力	社会资本	"关系"

（二）治理模式的变化

贺雪峰教授提出村治模式是特定的村庄结构及其对政策反应的特殊机制、过程与后果[①]。其构成要素包括：第一，村庄社会结构；第二，特定村庄社会结构对政策反应的过程与机制；第三，后果，即自上而下政策在特定结构的村庄社会导致的特定政治社会后果[②]。

根据以上的分析维度，新中国成立之后，乡村治理模式大致经历了四个阶段：乡政权制、人民公社制、"乡政村治[③]"、后税费改革时期。每个时期的

---

① 贺雪峰：《村治模式：若干案例研究》，山东人民出版社2009年版，第355页。

② 同上。

③ "乡政村治"格局是对我国当前农村社会管理体制的一种描述，它说明在我国农村社会管理体制中有两种相对独立的权力：乡镇政府的行政管理权和村民自治权，该格局的形成发端于村民委员会的创立。参见甘信奎：《中国农村治理模式的历史演变及未来走向——从"乡政村治"到"县政乡社"》，《江汉论坛》2007年第12期。

治理模式有着各自不同的特点和内容，粗略梳理、整理如表1—3所示。

表1-3　　　　　　　　乡村治理结构的历时梳理

阶段	名称	标志	典型特征	产生原因	治理主体	治理内容	后果
1949—1958年	乡政权制	杜赞齐"政权内卷化"。从农村获取资源用于现代化事业	"散"	天然分散性、缺乏组织性	国家权力与村级之间的共同治理①	乡村秩序的恢复与重建	国家所得甚少增长，而农民的不满增长甚快，在国家现代化建设合法性的增长与农民不满增长的竞赛中，后者胜过前者，现代化建设的成果寥寥②
1958—1978年	人民公社制	工业化建设，克服"内卷化"困境	"统"	人民公社体制下政社合一、权利高度集中③	国家权力单一治理主体阶段④	集体化与政治一体化	农民对统一性集体的背离⑤。体制性的乡村利益共同体消耗了大部分从农村提取的资源，而异化为地方政府发展经济社会事业的对立面，这个体制性的乡村利益共同体，是另外一种形式的"地方政权内卷化⑥"

---

①　周红禄、徐新玲：《论新中国以来村级治理主体演变的三个阶段》，《桂海论丛》2010年第2期。

②　参见周红禄、徐新玲：《论新中国以来村级治理主体演变的三个阶段》，《桂海论丛》2010年第2期。

③　在人民公社体制下政社合一、权利高度集中的国家—集体组织直接管理农村社会。参见徐勇：《乡村社会变迁与权威、秩序的建构》，摘自徐勇：《乡村治理与中国政治》，中国社会科学出版社2003年版，第226页。

④　周红禄、徐新玲：《论新中国以来村级治理主体演变的三个阶段》，《桂海论丛》2010年第2期。

⑤　徐勇：《乡村社会变迁与权威、秩序的建构》，摘自徐勇：《乡村治理与中国政治》，中国社会科学出版社2003年版，第227页。

⑥　贺雪峰：《村治模式：若干案例研究》，山东人民出版社2009年版，第54页。

续表

阶段	名称	标志	典型特征	产生原因	治理主体	治理内容	后果
1978—2003年	乡政村治	分田到户、政社分开	"分"	农村成为"体制性的乡村利益共同体①"	农村治理主体阶段②	去政治化与治理转型	家重新成为基本生产和生活单位③。个人本位的个体主义开始萌发④。20世纪90年代以来，在国家向农民提取资源用于现代性事业的过程中，国家所得不多，农民所失甚大，这就是后来的"三农"问题⑤
2003年至今	后税费改革时期	税费改革、城市化进程加快	"合"	家户难以抵御风险		地方政府"压力型体制⑥"	农民的自治组织。以个人利益为基础的合作主义⑦兴起

①　"乡政村治"替代了"人民公社"，乡镇是基层政权，村委会是村民自治组织。农村成为体制性的乡村利益共同体，并且在原子化农村，乡村之间最容易形成制度性的利益共同体。

②　周红禄、徐新玲：《论新中国以来村级治理主体演变的三个阶段》，《桂海论丛》2010年第2期。

③　徐勇：《乡村社会变迁与权威、秩序的建构》，摘自徐勇：《乡村治理与中国政治》，中国社会科学出版社2003年版，第227页。

④　同上。

⑤　贺雪峰：《村治模式：若干案例研究》，山东人民出版社2009年版，第56页。

⑥　国家依然希望通过农村资源建设现代化，但"人民公社"体制已经摧毁，国家缺少有效提取资源的手段，于是形成地方政府"压力型体制"下发展地方经济社会事业的模式。

⑦　徐勇：《乡村社会变迁与权威、秩序的建构》，摘自徐勇：《乡村治理与中国政治》，中国社会科学出版社2003年版，第227页。

如表 1 - 3 所示，传统治理模式的一个突出表现就是公共权力①资源配置的单极化和公共权力运用的单项性②。在这种治理模式下，社会成员被静态地分为统治者和被统治者，二者之间的角色不能互换③。统治者自上而下单向性运用权力，而无须被统治者的同意和参与④。其可能产生的潜在结果是：单极权力造成经济和社会资源配置的非均衡性⑤，统治者可利用公共权力获取更多的财富，由此造成社会差别和社会矛盾⑥；单向性权力运用的随意性会引起差别的进一步扩大，使社会矛盾激化为社会冲突⑦；单极权力配置和单向权力运作的治理模式使被统治者无法在既有的体制下维护和扩展其利益，只得运用反叛和暴力的方式实现权力的更迭⑧，在此背景下村民自治应运而生。

20 世纪 80 年代，村民自治在全国逐步施行，其基本理念是"三个自我"：自我管理、自我教育、自我服务；"四个民主"：民主选举、民主决策、民主管理、民主监督。形成的村治模式是"乡政村治"，其作为我国当前乡村的治理模式具有历史必然性和现实合理性，但在城市化和现代化的背景下仍面临着"二元权力不能有效衔接、不同利益不能合理平衡和多重关系不能科学协调等现实难题⑨"。在人财物流出农村，农村人口基数仍然庞大的背景下，国家将行政性力量撤出农村基层，其后果令人忧虑⑩。

2000 年前后的"打工潮"和城市化进程是乡村治理之变的基础条件，

---

①　公共权力并不是抽象的理念，它的来源由多种要素所构成，如暴力、土地、资本、职业、身份、地位、关系、知识、信息等。参见徐勇：《论治理转型与竞争—合作主义——对治理的再思考》，摘自徐勇：《乡村治理与中国政治》，中国社会科学出版社 2003 年版，第 356 页。

②　徐勇：《论治理转型与竞争—合作主义——对治理的再思考》，摘自徐勇：《乡村治理与中国政治》，中国社会科学出版社 2003 年版，第 356 页。

③　同上书，第 357 页。

④　同上。

⑤　同上书，第 358 页。

⑥　同上。

⑦　同上。

⑧　同上。

⑨　侯万锋：《新中国成立以来我国乡村治理模式的历史回顾、现实难题与治理机制优化》，《河南师范大学学报（哲学社会科学版）》2009 年第 9 期。

⑩　贺雪峰：《巨变 30 年：中国乡村何去何从?》，《党政干部文摘》2008 年第 10 期。

也是构成农村人口城市化和农民大规模流动前提的宏观背景①。2003 年中央开始大规模推进以减轻和规范农民负担为目标的农村税费改革，2006年全面取消农业税，取消了针对农民的各种收费，取消农业税意味着持续两千年的农业税历史的终结，意味着以农养工、以农养政时代的终结。2005 年开始的新农村建设，大规模向农村转移支付财政资金，从而实现了由农村提取资源到向农村输入资源的战略转变②。

以上是对乡村治理结构从权力结构和治理模式两个维度进行的梳理和分析，奥斯特罗姆指出制度框架需要识别制度安排中主要的结构性变量③，制度分析的一个基本要点就是对核心结构性变量的分析，借此对中国乡村治理结构有初步的认识，对结构性变量的重视也是下文着重分析农村社会基础结构的原因之一。

二 农村社会基础结构

贺雪峰教授认为村庄的政治社会分层有两个因素起决定作用：一是个人所拥有的资源状况，个人资源越多，就越有能力参与村庄公共事务；二是个人的态度，个人越是有参与村庄公共事务的热情，就越有可能在村庄公共事务中发挥较大作用。一个既有资源又有参与村务积极性的村民，就构成了村庄政治社会精英中的一员，这些政治社会精英会对村庄治理产生关键性的影响④，所以笔者在前辈研究的基础上提出资本权力。但是有资源的个人能否参与村务，却并非仅仅由个人意愿所决定，而是与村庄内部的结构密切相关，所以需要对农村社会基本结构进行深入剖析。

农村社会的基础结构，是指构成乡村治理和社会秩序基础的农村内生结构，也就是我们所指的村庄社会关联的状况⑤。笔者在社会性别视角下

---

① 参见贺雪峰：《巨变 30 年：中国乡村何去何从?》，《党政干部文摘》2008 年第 10 期。

② 同上。

③ Elinor Ostrom, Background on the Institutional Analysis and Development Framework, Policy Studies Journal, 2011. 1.

④ 贺雪峰：《村治模式：若干案例研究》，山东人民出版社 2009 年版，第 37 页。

⑤ 同上书，第 2 页。

将此基础结构通过五个方面予以展示，即乡土社会现代化、村庄原子化、家庭结构核心化、生育行为理性化、农村妇女碎片化。

（一）乡土社会现代化

现代国家有两个面向，一是"外部性"，即在相互联系的世界里成为一个有边界的独立自主的主权国家。二是"内部性"，即主权国家在统一的中央权威下各个部分成为一个有机的整体。[1] 当下的乡村治理问题是在现代化背景下发生的，外部性毋庸讳言，属于独立的统一主权国家的框架下，其内部性至少包括两个方面的一体化过程：一是将政治权力从散落于乡里村落集中到国家纵向集权形成统一的国家"主权"。二是从统一的权力中心发散，纵向渗透，使政治权力的影响范围在地理空间和人群上不断扩大，覆盖整个领土的人口，渗透到广泛的社会领域，特别是发散的乡里村落[2]。

农民大规模流动带来的"现代性进村[3]"，使得村治环境发生了显著的变化，甚至主要不是治理环境、治理格局的巨变，而是农村社会基础结构的变化，尤其是治理主体结构的变化，随着男性进城、女性留守的客观现实，"有农民说，现在妇女不是顶了半边天，而是占据了整个天空[4]"。这些农村社会基础结构的变化，影响乃至决定了乡村治理的状况，并将最终决定乡村治理的制度安排。

（二）村庄原子化

构成传统乡土社会中村庄内生秩序基础的是各种超家庭的结构性力量，包括我们所尤其关注的农民认同与行动单位，如传统的宗族、村社组织，然而改革开放以来，虽然某些农村地区可能出现宗族的复兴[5]，但是

---

① 徐勇、项继权：《现代国家建构中的乡村治理》，《华中师范大学学报（人文社会科学版）》2007年第5期。

② 同上。

③ 贺雪峰：《村治模式：若干案例研究》，山东人民出版社2009年版，第2页。

④ 同上书，第3页。

⑤ 更多关于宗族复兴的研究可参见于建嵘的《中国农村政治的现状和发展趋势》，中国社会科学院农村发展研究所编：《中国农村发展研究报告3》，社会科学文献出版社2002年版。

绝大多数地区的宗族组织都已解体，宗族力量大为削弱，甚至宗族意识也不复存在。不仅如此，到了 2000 年前后，以兄弟、堂兄弟为基础的近亲血缘群体也开始瓦解。据此，贺雪峰教授提出"村庄原子化不再是少数地区的现实，而是几乎所有中国农村的现实①"。那么什么是村庄原子化？社群主义者称自由主义的个人主义为原子主义，原子主义指的是把个人放在首位，认为个人及个人权利优先于社会②；把个人看作是完全自足的自我，是处在社会之外并独立于社会的③。而村庄的原子化主要指在生产方式转变后，村庄、村民的联系状态发生的变化和过程④。在原子化村庄，农民的认同与行动单位以家庭为限，农民的信念就更为趋近"经济人"，村庄的舆论即使有，也会对村民的经济人行为表示理解，因此，这种舆论在制约"搭便车"行为上变得无力，村庄的公共品供给因此就会严重低于合理的水平。这是一种低水平的公共品均衡。相反，如果村民层面仍然有一个强有力的认同，且因为存在这样一种认同，而会对村庄内的"搭便车"行为产生感情上的压力，任何一种"搭便车"行为都可能激起村民强烈的感情性反应，由此产生出强有力的村庄舆论。结果，在这样的村庄，虽然村庄层面并无强制性的暴力可用，却由于村民的强烈情感及其舆论力量，一般村民不敢"搭便车"⑤。在原子化村庄较普遍的中部农村地区，村民的公私观念更为分明，且村民更愿意在个体层面和家庭层面进行理性算计⑥。当村民不在乎其他村民的评价时，他们在村庄中行动的理由就只剩下功利的考虑。比如，村干部就只会考虑个人利益最大化，村民在村庄公共事务中尽可能地"搭便车"，村民不关心也不愿参与村庄的面子竞争，村庄也因此不再按照熟人社会的逻辑行事⑦。而村庄的原子化程度

---

① 贺雪峰：《村治模式：若干案例研究》，山东人民出版社 2009 年版，第 3 页。

② 彭仕东：《补充抑或摒弃——基于社群主义与自由主义争论的思考》，《理论月刊》2010 年第 6 期。

③ 潘小娟、张辰龙：《当代西方政治学新词典》，吉林人民出版社 2001 年版，第 409 页。

④ 娄世桥：《论村庄原子化》，来源：中国乡村发现网 http：//www. zgxcfx. com. 2006. 10. 3。

⑤ 贺雪峰：《村治模式：若干案例研究》，山东人民出版社 2009 年版，第 44—47 页。

⑥ 同上书，第 37 页。

⑦ 同上书，第 26 页。

与村庄价值生产能力①有关。村庄价值生产能力较弱，典型如湖北荆门农村，村庄精英除非有较高的收入，否则，不愿当吃亏又不讨好的村干部，村干部作为公共职位的社会性收益不被他们所看重。相反，安徽徽州宅坦村村干部工资不高，任务繁重且广受指责，但是村庄精英却积极获取社会性收益。这说明村庄价值生产能力较强。于是，从现象层面看，如果村组干部只有很低的工作收入，却又有较高的工作积极性，则表明村庄的价值生产能力强。而村庄价值生产能力强弱，尤其反映在村民行为中②，所以研究村民行为必须研究村民价值，这也是笔者后文中详述"农民价值"的原因之一。

（三）家庭结构核心化

新中国成立以来，"中国农村家庭结构由复合家庭占相当比重变成空巢家庭大量出现，由平均家庭人口规模为 5 人到目前人口规模为 3.5 人③"，"总体来说，在北方农村，父母与所有已婚子女分开单过的情况不很普遍，但在中部农村地区，父母与已婚子女分家从而形成空巢家庭的可能性最高④。"其中一个可能原因是为避免丧失劳动能力之后得不到子女的善待，所以还未丧失劳动力的父母希望选择在子女成婚后尽早分家以求尽快开始防老积蓄。因为这些基本事实在农村显而易见，在此不再赘述。

（四）生育行为理性化

农村家庭结构日益核心化进一步导致生育行为的理性化，因为传统的深度交换基础上的代际关系正在向理性化程度颇高、代际交换较少的关系

---

① 所谓村庄价值生产能力，是指村民在村庄生活中获得意义的可能性。在传统社会中，因为社会变动较为缓慢，传统成为村庄中人们理所当然的行动理由，诸如传宗接代的观念和生死轮回的信仰，构成了农民生活意义中的大部分内容。同时，物质生产领域的状况是，为生存而努力的贫困农民和期待积蓄向上升的富裕农民，都在努力增加经济收入。因为村庄较少变动，村民具有长远的生活预期，村庄中舆论力量及价值评价能力很强，越轨行为不仅受到具体法律效力的地方性规范（族规家法）的制裁，而且受到村庄舆论和村民内化的道德力量的约束。参见贺雪峰：《村治模式：若干案例研究》，山东人民出版社 2009 年版，第 26 页。

② 贺雪峰：《村治模式：若干案例研究》，山东人民出版社 2009 年版，第 27 页。

③ 同上书，第 7 页。

④ 同上书，第 9 页。

转变①。众多的乡村研究都发现一个共识：即使政策允许（首胎是女孩，可以生二胎），很多地方甚至大多数地方的农民都选择不再生育二胎②。1980 年后政府刚性的计划生育政策和农民强烈的生育儿子愿望之间演绎了太多的悲情故事③，一般来说，有大致五种原因影响农民的生育行为，一是"传宗接代"，二是"养儿防老"，三是"天伦之乐"，四是"随波逐流"，五是"人多势众"。

"传宗接代"是中国农民生育在文化意义上的主要动力，在传统时代，强烈的传宗接代、延续香火理念，构成了中国农民的终极价值关怀，构成了他们的人生目标和最为深沉的生活动力，构成了农民的生命意义，最终构成了他们安身立命的基础④。但这种动力的强度却在迅速弱化，且在不同地区弱化的速度不平衡。"养儿防老"是中国农民功能意义上的生育动力，"传宗接代"的宗教性目标与"养儿防老"的功能性考虑往往结合在一起，然而尤其是在父母进城务工、隔代照顾留守儿童的社会现实下，使得父母生养子女与子女赡养父母之间存在了时间和空间的落差，还有青年人打工的经济压力等，这都动摇了"养儿防老"的主观愿望。"天伦之乐"可以说是中国农民感情上的生育动力，但这种动力在生养孩子附带的抚养、教育等带来的经济压力下显得不堪一击。"随波逐流"有两种：一种是文化的不自觉，在缺少变动的村落文化中，农民无须反思生育行为，生育是一种文化本能。另一种是跟随村民的大多数，笔者将此称为"群体压力下的顺从"，"别人生了我也生，不然被人骂成断子绝孙⑤"，这种顺从也源于中国人本身集体主义求同思想的渗透，不愿自己因为与众不同而被人拿着"把柄"嘲弄。宗族的"人多势众"也是除了"养儿防老"之外的另一个功能性生育动力，这尤其表现在公开暴力竞争的村庄，这种功能性的生育行为，不仅源自个人的动力，还有来自家族的动力，所以往往十分强烈，即使不是家族的势力，也会因为"东边不亮西边亮"，希望多生子女加强家庭势力。

---

①　贺雪峰：《村治模式：若干案例研究》，山东人民出版社 2009 年版，第 3 页。

②　同上书，第 14 页。

③　参见贺雪峰：《巨变 30 年：中国乡村何去何从？》，《党政干部文摘》2008 年第 10 期。

④　同上。

⑤　引自贺雪峰：《村治模式：若干案例研究》，山东人民出版社 2009 年版，第 14 页。

在现实之中，以上的这些原因并非截然分开，而是混合一起发挥作用，总体而言，宗族性村庄因为有浓厚的社区记忆，传统保存较好，生育中传宗接代因素仍然起着极其重要的作用；而在内部存在激烈竞争的村庄，生育的功能性动力最强。然而，在计划生育强制性制度变迁和市场经济诱致性制度变迁的双重作用之下，一个家庭一个孩子也成为了正常，并且"因为成本太高，与其两个孩子不能精心培养，还不如一个精心栽培①"，投入与产出的理性考虑也使得生育行为更加理性化。

之所以对生育行为的理性化加以分析，是为后文分析村级女干部的参与村务的治理内容做简单铺垫。

（五）农村妇女碎片化

如前文所述，因为乡土社会现代化，使得农民在城市与农村之间"双摆"，对此，笔者在对河北省邯郸市魏县进行调研之后，总结了农村妇女的生活空间趋势图，见图1—3。

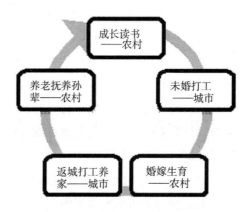

图1-3　农村妇女的生活空间趋势图

在城市化背景下，对一个普通农村妇女来说，18岁（可能更早）属于成长阶段，留在乡村，可能是由祖父母的隔代抚养，不读书后进城打工，到婚嫁年龄回乡结婚，并怀孕生产，等待孩子断奶后再度返城打工，并为子女提供抚养费，由父母代为在农村照顾子女，并且靠打工赚钱养

---

① 参见贺雪峰《村治模式：若干案例研究》，山东人民出版社2009年版，第14页。

家，并为子女储备日后结婚需要的房子等，等到 45 岁（可能更早）因在城市就业日益困难，并且家中又有孙辈需要照顾（因为子女需要外出打工），再次返回乡里，养老并抚养孙辈。这样就形成一个农村—城市—农村的生活空间趋势图。这样直接引出的问题是：农村的空巢化，城市过度吸纳了农村人才。人才的不合理流动导致城市强者恒强，农村弱者恒弱。村级治理没有适合的人选，也发展不了党员，更加降低了农村妇女参与村级治理的比例。同时，这种生活空间的"流离"也导致了农村妇女组织的碎片化，虽然家庭结构核心化与生育行为理性化让更多妇女从子女抚养重负中解脱出来，有更大的发展空间和机会，但同时，费孝通在《乡土中国　生育制度》中用深刻而生动的文字描述出中国农民行动的一般逻辑，"中国乡下佬最大的毛病就是'私'①"，即农民的行动一般以家为界限，凡是自家的事情，也就是私人的事情，农民会做得很好，而公家的事情，则与己无关②。由于家的过分发达，以至于一方面没能产生如西方的"个人主义"，压制了个人的独立性；另一方面没有能够产生社会的组织形态③。所以，以家为重的思想一来压制了农村妇女参与公共事务管理的欲望，也促成了农村妇女很难作为利益共同体进行组织；另外，由于部分地区农村基层政权的涣散，组织资源往往相当稀缺④，因而很难整合自身利益，形成共同的利益诉求，进而以组织化的方式来维护自身利益。而正因为无法以共同体的姿态出现，也就衍生出了后文对性别意识以及性别代表性的讨论，笔者期待农村妇女组织能最大化地帮助农村妇女进行群体性的利益表达。但无法否认的是，在现行体制中，基层妇联组织、妇代会只能在一定程度上起到凝聚部分妇女的作用，很多农村妇女游离在组织之外，难以动员更多的力量，使得其组织力和影响力仍相当有限。

　　本段小结：笔者认为，在"现代性进村"的背景下，农民收入和就业的多元化进一步导致农村社会的陌生化和疏离化，依托于熟人社会的乡

---

　　①　费孝通：《乡土中国　生育制度》，北京大学出版社 1998 年版，第 24 页。

　　②　贺雪峰：《公私观念与中国农民的双层认同——试论中国传统社会农民的行动逻辑》，《天津社会科学》2006 年第 1 期。

　　③　金耀基：《从传统到现代》，中国人民大学出版社 1999 年版，第 25 页。

　　④　参见孙立平：《资源重新积聚下的底层社会形成》，摘自李培林等：《中国社会分层》，社会科学文献出版社 2004 年版，第 339—357 页。

土逻辑解体，市场伦理和市场逻辑正在替代传统的乡土伦理和乡土逻辑。乡土社会现代化和农村城镇化其实是城市通过市场自由竞争原则来剥夺农村资源的过程，而在这一过程中，充斥着社会开放性与村治参与的封闭性之间的矛盾。村庄原子化与家庭结构核心化是互为因果的，并且在循环往复中加深影响，所以在选举中宗族或者血缘关系并不一定与选举投票相关。另外，在农村家庭结构核心化、生育行为理性化的趋势下，计划生育工作不应作为村委会容纳女性成员的一个原因。

三　农民价值

农村基础结构的变化，是比乡村治理变化更为根本的变化，又是影响乃至决定乡村治理状况即乡村治理制度安排的变化。农村社会基础结构的变化，是中国乡村巨变图集概念中最为重要和最为显著的方面，但并非最为根本，其最为根本的方面是社会基础结构得以维系的价值（人生意义定义为基础的价值）的巨变，不理解农民价值的变化，就不能理解当前农村巨变的实质。贺雪峰教授将农民价值分为三个层面，即本位性价值、社会性价值、基础性价值[1]。

（一）本位性价值

本位性价值是关于人的生命意义的思考，是关于如何面对死亡，如何将有限生命转换为无限意义的人生根本问题的应对，是超越性价值或终极的价值关怀[2]。本位性价值关心的是人与自己内心世界的对话，是一个人给自己生命意义的答案，是如何处理个人与灵魂的关系问题[3]。

随着农村经济的发展、城市价值观的影响，包括个人主义和消费主义在内的现代观念的冲击，强调个人权利的政策、制度和法律进村，农民流动和农民收入与就业的多元化，在这些背景下，传统传宗接代观念和地方

---

① 贺雪峰：《村治模式：若干案例研究》，山东人民出版社 2009 年版，第 5 页。

② 贺雪峰：《农民价值观的类型及相互关系——对当前中国农村严重伦理危机的讨论》，《开放时代》2008 年第 3 期。

③ 贺雪峰：《村治模式：若干案例研究》，山东人民出版社 2009 年版，第 5—20 页。

信仰逐步与迷信、愚昧、落后等负面价值画上等号①，人生有意义的事情只是"个人奋斗""及时行乐"，为个人而活替代了为祖先和子孙而活，农民传统的安身立命基础瓦解②。但是"个人奋斗""及时行乐"解决不了有限生命与无限意义的关系问题，终极价值出现缺位，更重要的是，当前农民被消费主义所裹挟，他们有限的收入与无限的消费欲望之间的差距越拉越大，终极价值缺位所带来的问题被进一步放大。当本位性价值目标稳定时，人们追求社会性价值和基础性价值就会较有理性、具有底线；而一旦本位性价值或终极价值缺位，社会性价值和基础性价值的追求就会失去方向和底线③。正是因为终极价值的缺失，笔者认为这是农村基督教广泛传播的一个重要原因，并且这也是笔者在后文中提出依托信仰的妇女组织化建设的可行性证据之一。

（二）社会性价值

社会性价值是指那些在人与人交往层面、在"在乎他人评价"的层面，以及在"不服气"层面产生的人的行为的意义。是关于个人在群体中的位置及所获评价，关于个人如何从社会中获取意义的价值④。社会性价值要处理的是人与人以及人与社会的关系问题。贺雪峰教授认为一旦现代性的因素进入传统的封闭村庄，村庄的社会性价值就会发生变异。传统社会中的秩序被打破了，人们对社会性价值的激烈争夺往往不是整合了村庄的团结，而是破坏了村庄的团结，村庄社会因为对社会性价值的激烈争夺，而使村庄共同体解体，村庄变得原子化起来⑤。这也正好印证了前文阐述的"村庄原子化"。

（三）基础性价值

基础性价值则是人作为生命体延续所必需的生物学本能以及人与自然

---

① 贺雪峰：《巨变 30 年：中国乡村何去何从？》，《党政干部文摘》2008 年第 10 期。

② 同上。

③ 同上。

④ 贺雪峰：《农民价值观的类型及相互关系——对当前中国农村严重伦理危机的讨论》，《开放时代》2008 年第 3 期。

⑤ 贺雪峰：《村治模式：若干案例研究》，山东人民出版社 2009 年版，第 10—30 页。

的关系问题。包括：一是衣食温饱问题，这方面要解决的是人与自然的关系问题[①]。二是超出基本生存需要的带有舒适意味的衣食住行。人的生物性需要往往会上升到社会性乃至本位性价值的层面：正是经济上的成功，使个人自我满足，可以让自己有成就感，使个人可以获取社会声望等[②]。这与马斯洛需求层次理论有异曲同工之妙。

（四）社会性别视角下的农民价值

表1-4　　　　　　　　社会性别视角的农民价值概括表

农民价值	定义	内容	核心的具体化	农村妇女
本位性价值	生命意义、死亡、将有限生命转换为无限意义的人生根本问题的思考（超越性价值或者终极的价值关怀）	关心的是人与自己内心世界的对话，是一个人给自己生命意义的答案，是如何处理个人与灵魂的关系问题	朴素的信仰	妇女是传宗接代的直接承担者，不但"不能生育"遭人话柄，连"不添男丁"都成为一定程度的心理负担。但"家庭核心化"使得此状况有所改观
社会性价值	个人在群体中的位置及所获评价、如何从社会中获取意义的价值	要处理的是人与人以及人与社会的关系问题	社会评价	传统的社会性别的角色与定位，但传统价值观念也日渐有所改观
基础性价值	人作为生命体延续所必需的生物学本能	人与自然的关系问题	衣食住行	传统上妇女在经济的从属与附属地位，但趋势有所改变

当前中国农村正在发生深刻的变化，如何理解这种变化，成为建构学

---

① 参见贺雪峰：《农民价值观的类型及相互关系——对当前中国农村严重伦理危机的讨论》，《开放时代》2008 年第 3 期。

② 参见贺雪峰：《村治模式：若干案例研究》，山东人民出版社 2009 年版，第 10—30 页。

术理论和提出政策建议的基础。价值之变或农民人生观的变化是当前农村
正在发生的深刻变化的组成部分。不理解农民价值观和人生观的变化，就
很难理解乡村治理中的其他一系列变化。所以，不理解农村妇女在乡土社
会中价值观念的变化也很难理解其参选、投票、治理的行为，本章在此提
出此三个维度为后文埋下伏笔，在后文分析农村妇女"共同体属性"、
"行动情境""作用模式"以及"绩效与反思"中均有涉及。虽然自古以
来，两性之间的状况，正如马克斯·韦伯说的那样，是一种支配与从属的
关系①。在我们的社会秩序中，基本上未被人们检验过的甚至常常否认的
（然而已制度化的）是男人按天生的权利统治女人。一种最巧妙的"内部
殖民②"在这种体制中得以实现，而且它往往比任何形式的种族隔离更加
坚固、比阶级的壁垒更加严酷、更加普遍，当然也更为持久③。但笔者在
此概括出社会性别视角下三种价值的核心内涵，凸显的是"改观"的趋
势。在社会性别平等的发展趋势上，笔者持乐观态度，并且认为这种价值
的"改观"趋势为妇女更多并更深入地参与村级治理提供了价值视角的
可能性，也从侧面体现出本研究的现实意义。

四　农村妇女参与村级治理的历程梳理

　　1999 年全国大部分省区市完成了新一轮的村委会换届选举，这次选
举是在《村组法》结束试行正式颁布后的首次选举。因为本书旨在对政
策运行机制进行研究，所言"政策"主要是指《村组法》以及 2010 年修
订的新《村组法》，所以笔者选取的梳理时间跨度为 1998 年至 2011 年，
包括了从《村组法》正式颁布后的历次选举，也试图囊括新《村组法》
实施后的新现象。总的来说，在这十余年里，农村妇女参与村级治理呈现
出如图 1—4 所示的趋势图④。

　　因为农村妇女进村委的数据从 2000 年才开始进入国家统计的视界，

①　林聚任主编：《社会性别的多角度透视》，羊城晚报出版社 2002 年版，第 7 页。
②　［美］凯特·米利特著：《性政治》，宋文伟译，江苏人民出版社 2000 年版，第 33 页。
③　同上。
④　本部分撰写过程中得到了刘筱红教授的大力支持，无私提供其数年的研究心血，无偿提
供其得之不易的数据，非常感恩刘教授对学术晚辈的提携，特此表示极大的感谢。

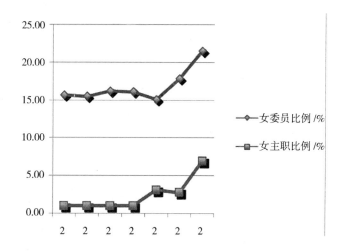

图 1 - 4　农村妇女参与村级治理趋势图（1998—2011）

所以 1998—1999 年尚缺乏有关农村妇女进村委的全国统计数据，2000—2011 年农村妇女进村委的具体比例如表 1—5 所示。

表 1 - 5　农村妇女担任女委员与女主职的全国比例（2000—2010）

年份	农村妇女进村委的比例/%	担任女主职的比例/%	简要说明
2000	15.7	1 左右	2000—2002 年的数据来自国家统计局人口和社会科技统计司编：《中国社会中的女人和男人：事实和数据（2004）》①
2001	15.5		
2002	16.2		
2003	16.1		2003 年数据来自国务院妇女儿童工作委员会办公室、国家统计局人口和社会科技统计司：《中国妇女儿童发展状况监测统计资料（2005）》②

---

① 以上数据均转引自刘筱红、卓惠萍、赵德兴：《改革开放以来中国农村妇女角色与地位变迁研究——基于新制度主义视角的观察》，出版前稿。

② 同上。

续表

年份	农村妇女进村委的比例/%	担任女主职的比例/%	简要说明
2004	15.1	3.06	2004年的女委员数量为历史最低,但女主职的比例却显著提高①
2005—2007	17.88	2.75	资料数据来自詹成付、史卫民、汤晋苏:《2005—2007年全国村民委员会选举工作进展报告》②
2008—2010	21.53	6.9	以上数据均转引自刘筱红、卓惠萍、赵德兴:《改革开放以来中国农村妇女角色与地位变迁研究——基于新制度主义视角的观察》,出版前稿

（2002—2004年民政部与全国妇儿工委公布的数据略有出入,特作说明。）

　　图1—4和表1—5和表仅能大概表示出农村妇女参与村级治理艰难中行进的趋势,下文将分成三个阶段（形成政策问题、进行政策推广、寻求政策创新）加以详述。

（一）形成政策问题

　　1998年至2004年是中国农村妇女参与村级治理面临最严峻挑战的时期,在此阶段形成了政策问题。

　　1999年《村民委员会组织法》（以下简称《村组法》）结束试行正式

_____

　　①　2004年数据来自《中国性别平等发展状况》白皮书和全国妇联妇女研究所谭琳、蒋永萍:《世纪之交的平等、发展与和谐:1995—2005年中国性别平等与妇女发展状况及趋势分析》,但另据《2005—2007全国村民委员会选举工作进展报告》说:"2005—2007年27个省份村民委员会成员中的妇女平均比例为17.60%,只比上届28个省份的平均比例（18.01%）低0.41个百分点",按此说法,上届期即2002—2004年的村民委员会成员中的妇女平均比例是18.01%,两个数据有较大差距,在此存疑。

　　②　以上数据均转引自刘筱红、卓惠萍、赵德兴:《改革开放以来中国农村妇女角色与地位变迁研究——基于新制度主义视角的观察》,出版前稿。

颁布后，选举程序逐渐规范，直选的方式得到广泛推行，选举在更大程度上体现了民主。对此阶段的主要特点，刘筱红教授总结为："农村妇女参与村级治理的情况呈现两个特点：一是女性当选村委会成员的比例继续下滑，至 2004 年降至有统计数据以来最低。二是从 1999 年开始，农村妇女在村委会中的比例明显下降的问题开始引起中央领导的重视，民政部下发了第一个支持农村妇女进村委的文件①"。

从可以找得到的数据来看，有的地方妇女入选村委会的比例下降幅度很大，刘筱红教授有以下数据为证，根据席淑君等人对山东省三个市区的试点镇调查，1999 年女性进村委会的比例由换届前的 68% 降为 21%；一个试点镇共有 60 个村，只有 7 名女性入选村委会。② 青岛市有 4147 个村委会，只有 1631 个村选出了 1656 名女委员，占总数的 40%，比换届前下降了 19%。③ 1998 年广西 14822 个村委会中有 6067 个村有女干部；1999 年村委会直选后，只有 1/3 的女干部被保留下来。④ 时任安徽省绩溪家朋乡政府副乡长的许启平，对所辖 11 个村民委员会换届选举的情况进行了调查，发现在选出的 11 位村委会主任、6 位副主任中均没有女性，29 名村委会成员中女性只有 6 名，占本届村委人数的 13.3%，与上届村委会组成人员相比，妇女当选率下降 9.15 个百分点。⑤

在"导论"中，笔者提及本书的探讨包括多元主体参与的多方利

---

① 此观点来自刘筱红、卓惠萍、赵德兴：《改革开放以来中国农村妇女角色与地位变迁研究——基于新制度主义视角的观察》，出版前稿。

② 席淑君：《村官换届女性锐减》，《中国妇女报》，1999 年 4 月 24 日，转引自刘筱红、卓惠萍、赵德兴：《改革开放以来中国农村妇女角色与地位变迁研究——基于新制度主义视角的观察》，出版前稿。

③ 全国妇联办公厅文件：关于转发青岛市妇联《关于青岛市第六届村委会换届选举中妇女进村委班子情况的调查》的通知，《1999 年关于青岛市第六届村委会换届选举中妇女进村委班子情况的调查》。转引自刘筱红、卓惠萍、赵德兴：《改革开放以来中国农村妇女角色与地位变迁研究——基于新制度主义视角的观察》，出版前稿。

④ 《领导干部决策大参考：中国妇女发展报告》，社会科学文献出版社 2008 年版，第 218 页。转引自刘筱红、卓惠萍、赵德兴：《改革开放以来中国农村妇女角色与地位变迁研究——基于新制度主义视角的观察》，出版前稿。

⑤ 许启运：《村委会直选女性失利的思考》，《妇运》1999 年第 8 期。转引自刘筱红、卓惠萍、赵德兴：《改革开放以来中国农村妇女角色与地位变迁研究——基于新制度主义视角的观察》，出版前稿。

益影响下的政策运行过程，而这个过程包括政策问题的形成、政策制定、政策执行、政策评估与监控、政策的持续终结与周期等。基于村委会换届选举中妇女进村委班子的比例下降的现状，政治层面的国家政策开始进入农村妇女参与村级治理的视域，由此，农村妇女在村级治理受到排斥的问题开始提上议事日程。1999 年 5 月彭珮云在全国省、自治区、直辖市妇联主席工作会议上的讲话中，特别强调农村妇女的工作，指出"我国妇女工作的重点在农村，难点也在农村，尤其贫困地区，没有农村妇女的彻底解放，就没有全国妇女的彻底解放"①，并在报告中提到，"一些地方反映，在新一轮的村委会民主选举中，出现了村妇代会主任进村委会的比例下降的现象。……在村委会民主选举中女性比例下降的问题应该引起我们的高度重视。②"1999 年 7 月中旬，全国妇联向全国各省市妇联转发了青岛调查的报告，要求各地妇联"加强调查研究，密切注意这个问题的解决。③"

刘筱红教授介绍了农村妇女参与村级治理如何纳入"政策流"，如何成为政策问题，而这些政策问题逐渐演变成了政策规定。1999 年 7 月底，民政部根据中央领导的指示精神，针对一些地方在村委会换届选举工作中出现的妇女当选比例下降的问题，下发了《关于努力保证农村妇女在村委会成员中有适当名额的意见》（民发〔1999〕14 号）④，要求进一步提高对农村妇女当选村委会成员重要性的认识，并对如何落实《村民委员会组织法》中关于"村民委员会成员中，妇女应当有适当的名额"的规定提出了明确的落实意见。民政部和全国妇联分别抓了湖南和江苏作为落实《村组法》中妇女在村委会中应有适

---

① 许启运：《村委会直选女性失利的思考》，《妇运》1999 年第 8 期。转引自刘筱红、卓惠萍、赵德兴：《改革开放以来中国农村妇女角色与地位变迁研究——基于新制度主义视角的观察》，出版前稿。

② 彭珮云：《艰苦奋斗，开拓创新，努力提高农村妇女工作的水平》，《中国妇运》1999 年第 7 期。

③ 引自刘筱红、卓惠萍、赵德兴：《改革开放以来中国农村妇女角色与地位变迁研究——基于新制度主义视角的观察》，出版前稿。

④ 肖百灵：《促进湖南农村妇女参与基层民主自治》，《湖南社会科学》2010 年第 5 期。

当名额的典型①。

在政策问题形成阶段，笔者较多使用全国性的数据，并在十余年的视域中制成农村妇女参与村级治理趋势图，目的是说明农村妇女参与村级治理的程度低的普遍状况，但下文"进行政策推广"阶段，笔者采用的办法是强调地方政府之间的差异性，所以在选取资料过程中特别注重不同省区市的农村妇女参与村级治理的数量比较，通过这种比较进一步彰显地方政府在推动社会性别主流化政策执行上的重要性。

（二）进行政策推广

形成了政策问题，也有了政策规定，部分地方开始试点推行，据刘筱红教授的研究，全国妇联于 1999 年 11 月向全国各级妇联转发了江苏省《关于全省第五届村民委员会换届选举中妇女及妇联组织参与情况的调查报告》，报告中称，江苏省在第五届村委会换届选举中，妇女参与率普遍达到 95% 以上，有的地方达到 100%。其中：南京、南通、泰州等市村级女干部的比例均比换届前有所增加；无锡市100% 的村至少配备了 1 名女干部。通州市换届前 16 个村没有女委员，换届后 882 个村全部配齐，女委员人数达 1204 人，占委员总数的 38%，比换届前提高了 16 个百分点；其中担任村委会主任、副主任的 99 人，占同职总数的 11.2%，比换届前提高了 3.7 个百分点。姜堰市换届后 675 个村女委员人数达 1019 人，占委员总数的 32.4%，比换届前提高了 11 个百分点，其中担任村委会主任、副主任的 155人，占同职总数的 11.5%，比换届前提高了 4.4 个百分点。② 1998—1999 年全国村委会换届选举的省区市均缺乏全国的统计数据，从所能找到的政府部门公布的权威数据来看，吉林省排在全国有数据省份首

---

① 引自刘筱红、卓惠萍、赵德兴：《改革开放以来中国农村妇女角色与地位变迁研究——基于新制度主义视角的观察》，出版前稿。

② 数据来源于江苏省妇联：《关于全省第五届村民委员会换届选举中妇女及妇联组织参与情况的调查报告》，全国妇联办公厅文件〔1999〕28 号，转引自刘筱红、卓惠萍、赵德兴：《改革开放以来中国农村妇女角色与地位变迁研究——基于新制度主义视角的观察》，出版前稿。

位，上海、湖南、新疆①的比例均超过 20%，处于全国领先水平。在这一阶段，村委会主任中的女性比例还没有列入全国范围的统计指标中。从 1998—2000 年的各省区市村委会换届选举报告和统计表中，有吉林、上海、陕西、浙江、内蒙古五个省区市统计了女村委会主任（女主职）的比例，上海、内蒙古、浙江统计了女村民代表的比例，具体情况如下表②。

表 1-6　　　1998—2000 年部分省区市女委员、女村主任、女代表比例

省份（年）＼比例	女委员（妇女进村委）/人	妇女进村委的比例/%	女村主任（主职）/人	女主职比例/%	女村民代表/人	女村民代表的比例/%
吉林（1999）	6 866	27		1.2		
上海（1999）	2 521	25.6	210	8	38 978	37.21
湖南（1999）	45 576	24.85				
新疆（1999）	8 499	21.2				
河南（1998）	36 618	17.1				
青海（1999）	2.752	14.6				
广西（1999）	9 598	13.5				
陕西（1999）	11 279	10		0.84		

---

①　新疆的数据有歧义，此处存疑。

②　需要说明的是，尽管农村妇女参与村级管理不仅限于妇女进村委这一个指标，但在 1999 年至 2004 年，人们大都还没有关注到女村主任、女村民代表的比例问题，表 1-6 尽管列出了该项，但女村主任和女村民代表的数据基本空缺。因此，在研究这一阶段的农村妇女参与村级管理，只能以妇女进村委的比例为标识。本表仍保留了这两项，来反映当时的现实情况。转引自刘筱红、卓惠萍、赵德兴：《改革开放以来中国农村妇女角色与地位变迁研究——基于新制度主义视角的观察》，出版前稿。

续表

省份（年） 比例	女委员（妇女进村委）/人	妇女进村委的比例/%	女村主任（主职）/人	女主职比例/%	女村民代表/人	女村民代表的比例/%
浙江（2000）			622	1.54	131 201	14
内蒙古（2000）			160	1.21	40 987	21.32

（本表数据除吉林省数据来自曹颖的《吉林省村委会选举数据分析报告》外，其他省份的数据均来自《2001 年中国农村基层民主政治建设年鉴》，河南省数据在该书 566 页《1999 年河南省村民委员会换届选举情况统计表》，其他省份数据在第 12 页至第 54 页[①]。空白之处为暂时无法搜集数据的地方）

据统计数据，2000 年底全国设村委会 731659 个，村委会委员 3 150 432 人，其中女性 493 438 人，女性比例仅为 15.66%，平均每个村有 0.67 个妇女。[②] 按当年村委会委员的平均规模（4.3 人）推算，全国有 1/3 的村委会中没有女委员。在这一总体的严峻形势下，各省份的情况不尽相同，统计数据如表 1—7 所示。

表 1 - 7　　　　　　　　2000 年各省份村委会中的女性比例[③]

省份	村民委员会人数/人	女性/人	比例/%（保留两位小数）	排名
合计	315.0432	49.3438	15.66	
北京	12.838	4.006	31.20	1

---

① 需要说明的是，湖南省报告的数据是妇女在村委会成员中的比例为 24.85%，在《2002 年中国农村基层民主政治建设年鉴》中刘喜堂的《湖南省 1999 年度 40 个县村委会选举数据分析报告》中说，湖南 40 个县有 15454 个村，选出女成员 10655 人，其中有 190 人为村主任，占主任总数的 1.2%；委员数为 10465 人，占委员总数的 11.8%。两个数据相差很大。转引自刘筱红、卓惠萍、赵德兴：《改革开放以来中国农村妇女角色与地位变迁研究——基于新制度主义视角的观察》，出版前稿。

② 数据来自《2000 年基层政权与群众自治组织机构人员数》，《2001 年中国农村基层民主政治建设年鉴》，中国社会出版社 2002 年版，第 560 页。百分比为笔者根据表 1 - 6 提供的数据算出。

③ 这里特别要说明的是，民政部公布的 2000 年数据与 1999 年部分省市自治区村委会选举工作报告中的数据不一致，其中尤以湖南和新疆的差距最大，湖南省的报告中村委会女性比例是 24.85%，而民政部统计的数据是 19.15%；新疆的报告中村委会女性比例是 21.2%，民政部统计的数据是 11.42%，相差近 10 个百分点。两组数据均出自《2001 年中国农村基层民主政治建设年鉴》，在此存疑。

省份	村民委员会人数/人	女性/人	比例/%（保留两位小数）	排名
江苏	190 996	50 042	26.20	2
辽宁	70 265	15 604	22.20	3
上海	9 410	2075	22.05	4
宁夏	11 409	2 372	20.79	5
湖北	139 728	27 301	19.53	6
湖南	194 268	37 218	19.15	7
广东	97 594	18 369	18.82	8
安徽	125 163	23 392	18.68	9
吉林	46 092	8 589	18.63	10
河南	232 506	43 211	18.58	11
四川	265 035	47 389	17.88	12
江西	89 344	15 896	17.79	13
重庆	92 625	15 852	17.11	14
内蒙古	59 183	9 655	16.31	15
天津	12 723	1 989	15.63	16
黑龙江	66 903	9 970	14.90	17
海南	14 024	1 869	13.32	18
浙江	149 458	19 882	13.30	19
云南	82 127	10 552	12.84	20
贵州	112 977	14 184	12.55	21
甘肃	94 933	11 853	12.48	22
广西	74 372	8 873	11.93	23
河北	188 900	22 320	11.81	24
陕西	126 356	14 916	11.80	25
新疆	45 564	5 207	11.42	26
西藏	21 328	2 203	10.32	27

续表

省份	村民委员会 人数/人	女性/人	比例/% （保留两位小数）	排名
青海	20 944	2 113	10.08	28
山东	318 086	31 744	09.97	29
山西	125 317	11 370	09.07	30
福建	59 904	3 521	05.87	31

据民政部基层政权和社区建设司的统计（经四舍五入处理），2000 年全国村委会委员中女性的比例仅为 15.7%，其中最高的是北京市，为 31.2%，高于 20% 的还有辽宁省（22.2%）、江苏省（22.1%）、浙江省（26.2%）和宁夏回族自治区（20.8%）；等于和低于 10% 的是山西省（9.1%）和山东省（10.0%），最低的是福建省（5.9%）[①]。据不完全统计，2002 年以前，农村村委会中的女主任比例一直在 1% 左右徘徊[②]，上海的女村主任比例很高，达到 8 个百分点，远远领先全国水平。2002—2004 年届期，有 19 个省市自治区统计了村委会主任中女性所占的比例，全国女村委会主任的比例是 3.06%[③]。至于女村民代表的比例，主要是一个倡导性取向，国家和大多数省份未将之列入统计指标，没有受到重视。

以上数据显示，尽管民政部和全国妇联从 1999 年开始紧锣密鼓通过正式发文、调研、讲话强调、树立典型、开展政策实验和倡导项目等来推动农村妇女进村委，比如，民政部在吉林梨树、天津塘沽等地进行了政策试点，河北省迁西妇联也进行了妇代会直选的实验等，这些实验在局部取得效果，但从全国看来作用不大。那么这些局部效果取得的原因何在？为

---

①　数据来源于《2001 年中国农村基层民主政治建设年鉴》，第 560 页。转引自刘筱红、卓惠萍、赵德兴：《改革开放以来中国农村妇女角色与地位变迁研究——基于新制度主义视角的观察》，出版前稿。

②　数据来源于民政部基层政权和社区建设司：《农村妇女参与村委会选举实用手册》，中国社会出版社 2004 年版，第 92 页。转引自刘筱红、卓惠萍、赵德兴：《改革开放以来中国农村妇女角色与地位变迁研究——基于新制度主义视角的观察》，出版前稿。

③　詹成付：《2005—2007 年全国村民委员会选举工作进展报告》，中国社会出版社 2008 年版，第 44 页。转引自刘筱红、卓惠萍、赵德兴：《改革开放以来中国农村妇女角色与地位变迁研究——基于新制度主义视角的观察》，出版前稿。

何有的地方可以达到好的效果，而有些地方却没有？如何才能缩小政策目标与政策结果的差距，如何才能实现政策目标？这些疑问将会在后文中逐步解答，在此笔者仅提出一个基本判断：地方政府在农村妇女参与村级治理政策运行过程中发挥了重要作用，地方政府行为是诸多困境和瓶颈的突破口。也正因为有这样的基本认识，笔者在后文对个案进行比较时，地方政府成为了一个很重要的分析维度。

因为从 2000 年至 2004 年农村妇女进村委的比例呈曲线下降趋势，至 2004 年降至有统计以来最低，而这种最低也促发了新一轮的政策改进，推动农村妇女参与村级治理的政策创新在低谷应运而生，因此笔者将 2004 年作为此阶段的时间节点。

（三）寻求政策创新

如果说 2005 年以前关于农村妇女参与村级治理的标志性指标是村委会中的女性成员比例，那么，到 2005 年以后，另一个指标进入分析视野：村委会中的女主职比例。如前所述，2002 年以前，农村村委会中的女主任比例一直在 1% 左右徘徊[1]，2002—2004 年届期，全国女村委会主任的比例是 3.06%，较之前期有所提高。2005—2007 年届期，民政部公布的官方数据，全国 31 个省市自治区（不包括台湾地区）有 18 个省份统计了女村委会主任的数据比例以及增减情况，全国村委会主任中女性的比例是 2.75%，较上届期下降了 0.35 个百分点[2]。其具体情况如表 1—8 所示：

表 1-8　　　　　　　2005—2007 年村委会女村主任比例表[3]

省份	主任妇女数/人	比例/%	比例增减/%	排名
北京	152	3.95	-0.84	3

①　数据来源于民政部基层政权和社区建设司：《农村妇女参与村委会选举实用手册》，中国社会出版社 2004 年版，第 92 页。转引自刘筱红、卓惠萍、赵德兴：《改革开放以来中国农村妇女角色与地位变迁研究——基于新制度主义视角的观察》，出版前稿。

②　数据来源于刘筱红、卓惠萍、赵德兴：《改革开放以来中国农村妇女角色与地位变迁研究——基于新制度主义视角的观察》，出版前稿。

③　转引自刘筱红、卓惠萍、赵德兴：《改革开放以来中国农村妇女角色与地位变迁研究——基于新制度主义视角的观察》，出版前稿。

续表

省份	主任妇女数/人	比例/%	比例增减/%	排名
内蒙古	139	1.25	/	
辽宁	312	2.78	+0.99	
吉林	135	1.45	-0.54	
黑龙江	84	0.96	/	
上海	191	10.98	+0.33	1
江苏	648	3.72	-0.20	4
福建	245	1.71	-0.22	
湖北	849	3.39	+1.97	5
海南	34	1.34	-0.52	
重庆	323	3.26	+0.44	6
贵州	401	2.13	-5.38	
云南	320	2.49	+0.61	
西藏				
陕西	268	0.98	+0.34	
甘肃	120	0.73	/	
青海				
宁夏	31	1.43	/	
新疆	312	4.25	+1.71	2
合计	/	2.75	-0.31	

其中，上海市的女村主任比例仍然最高，达到了 10.98%，排在第一，比 1999 年增长了 2.98 个百分点；新疆跃居全国第二。超过 3% 的省份分别是北京、江苏、湖北和重庆。天津、河北、山西、浙江、安徽、江西、山东、河南、湖南、广东、广西、四川、西藏、青海 14 个省份没有相关数据[①]。

---

① 资料数据来源：詹成付、史卫民、汤晋苏：《2005—2007 年全国村民委员会选举工作进展报告》，转引自刘筱红、卓惠萍、赵德兴：《改革开放以来中国农村妇女角色与地位变迁研究——基于新制度主义视角的观察》，出版前稿。

　　第二个指标，即惯用的"女委员"指标，2005—2007 年 27 个省份村民委员会中的妇女平均比例为 17.6%，各省的情况如表 1—9 所示。

表 1-9　　　　　2005—2007 年村民委员会成员中妇女人数与比例表①

省份	成员妇女数/人	比例/%	比例增减/%	主任妇女数/人	比例/%	比例增减/%	其他妇女数/人	比例/%	比例增减/%
北京	2 562	20.25	-1.42	152	3.95	-0.84	2 410	27.38	-1.61
天津		约 20 以下							
河北	19 102	9.80	+0.22						
山西	5 228	5.89	/						
内蒙古	8 567	20.40	+0.66	139	1.25	/	8 428	27.30	/
辽宁		约 20		312	2.78	+0.99			
吉林	9 016	24.43	+2.45	135	1.45	-0.54	8 881	32.15	+3.46
黑龙江	7 671	19.28	/	84	0.96	/	7 587	24.48	/
上海	1 787	27.66	-0.49	191	10.98	+0.33	1 596	33.80	-0.72
江苏	16 789	20.00	/	648	3.72	-0.20	16 141	24.26	/
浙江	7 543	9.16	-1.08						
安徽	12 085	14.98	-0.77						
福建	7 166	14.50	+2.06	245	1.71	-0.22			
江西	11 306	18.60	+0.90						
山东		约 10 以下							
河南	30 657	16.57	+0.45						
湖北	20 815	22.94	+4.50	849	3.39	+1.97	19 966	30.40	+5.56
湖南		30.10	+0.72						
广东	15 326	18.40	+0.87						
广西		约 15							
海南	2 073	17.41	-0.56	30	1.18	-0.16	2 043	21.82	-0.76

　　① 本表数据根据詹成付、史卫民、汤晋苏：《2005—2007 年全国村民委员会选举工作进展报告》所公布数据制成，转引自刘筱红、卓惠萍、赵德兴：《改革开放以来中国农村妇女角色与地位变迁研究——基于新制度主义视角的观察》，出版前稿。

省份	成员妇女数/人	比例/%	比例增减/%	主任妇女数/人	比例/%	比例增减/%	其他妇女数/人	比例/%	比例增减/%
重庆	9 385	23.42	+4.91	323	3.26	+0.44	9 062	30.03	+6.86
四川	38 884	18.17	+0.06						
贵州	9 315	10.87	-1.89	401	2.13	-5.38	8 914	13.34	-0.89
云南	10 587	15.24	+0.69	320	2.49	+0.61	10 267	18.13	+0.71
西藏	2 317	11.09	-1.54						
陕西	12 817	12.15	+3.17	268	0.98	+0.34	12 549	16.05	+4.54
甘肃	11 953	14.78	-0.31	120	0.73	/	11 833	18.38	/
青海	2 819	13.85	-1.95						
宁夏	1 880	20.60	+4.12	31	1.43	/	1 849	26.58	/
新疆	7 474	24.47	-9.33	312	4.25	+1.71	7 162	30.86	+0.98
合计	/	17.60	-0.41	/	2.75	-0.35	/	25.00	+3.48

　　27 个省份中，天津、辽宁、广西、山东是按村"两委"的成员比例来统计，缺乏村委会成员的统计数据；根据天津、辽宁、广西和山东的选举总结报告，天津换届选举后只有 46.3% 的村"两委"班子成员中有妇女干部，村委会中女性成员的比例不会超过 20%；辽宁省村"两委"换届选举后，女干部占"两委"成员数的 23.64%，村民委员会成员中的妇女比例应在 20% 上下；广西换届选举后"两委"成员中妇女成员的比例为 19.27%，村委会成员中妇女比例应在 15% 上下；山东省换届选举后，村"两委"班子中的妇女干部比例为 10.3%，村委会成员中妇女比例应在 10% 以下。以此看来，河北、山东、浙江、山西等省农村妇女在村委会中的比例都低于 10%，其中山西排在全国最后。农村妇女进村委的人数比例排在全国前 10 位的省份见表 1-10，它们的比例均超过了 20%，其中湖南省最高，达到了 30.10%；江苏省的比例也达到了 20%，位居第十①。

───────────

　　①　转引自刘筱红、卓惠萍、赵德兴：《改革开放以来中国农村妇女角色与地位变迁研究——基于新制度主义视角的观察》，出版前稿。

表 1 - 10　　农村妇女进村委 2000 年与 2005—2007 年届期排名比较①

省份	2000 年女性比例/%	排名	2005—2007 年女性比例/%	排名
合计	15.66		17.88	
北京	31.20	1	20.25	9
江苏	26.20	2	20.00	10
辽宁	22.20	3	约20	
上海	22.05	4	27.66	2
宁夏	20.79	5	20.60	7
湖北	19.53	6	22.94	6
湖南	19.15	7	30.10	1
广东	18.82	8	18.40	13
安徽	18.68	9	14.98	18
吉林	18.63	10	24.43	4
河南	18.58	11	16.57	16
四川	17.88	12	18.17	14
江西	17.79	13	18.60	12
重庆	17.11	14	23.42	5
内蒙古	16.31	15	20.40	8
天津	15.63	16	当在 20 以下	
黑龙江	14.90	17	19.28	11
海南	13.32	18	17.41	15
浙江	13.30	19	9.36	26
云南	12.84	20	15.24	17
贵州	12.55	21	10.87	24
甘肃	12.48	22	14.78	19
广西	11.93	23	当在 15 上下	

---

①　本表数据来源：《2001 年中国农村基层民主政治建设年鉴》和詹成付、史卫民、汤晋苏：《2005—2007 年全国村民委员会选举工作进展报告》，转引自刘筱红、卓惠萍、赵德兴：《改革开放以来中国农村妇女角色与地位变迁研究——基于新制度主义视角的观察》，待出版。

省份	2000 年女性比例/%	排名	2005—2007 年女性比例/%	排名
河北	11.81	24	9.80	25
陕西	11.80	25	12.15	22
新疆	11.42	26	24.47	3
西藏	10.32	27	11.09	23
青海	10.08	28	13.85	21
山东	9.97	29	当在 10 以下	
山西	9.07	30	5.89	27
福建	5.87	31	14.50	20

将 2000 年与 2007 年的数据相比较，北京、江苏、辽宁、宁夏、广东、安徽、河南、浙江、贵州、河北、山西 11 个省份农村村委会中的女委员比例呈下降趋势，北京下滑了 10.95%，降幅最大。湖南上升的比例最大，也是 10.95%。农村妇女进村委排名向前移位最大的省份前 8 名是：新疆、广西、福建、重庆、内蒙古、青海、吉林和黑龙江，其中新疆由排名第 26 位跃进到第 3 位，用飞跃发展来描述也不为过。山西和山东一直在后面徘徊，特别是山西省，比例下降到 5.89%，位居全国有数据省份的最后①。从这个跨年度的比较，可以发现，即使是同样的地方政府，不同的领导班子在不同的阶段有着不同的政策重心，所以即使犹如位居领先地位的北京，在 7 年的时间里成为了农村妇女参与村级治理降幅最大的地区，在此，笔者希望说明的是，即使是同一个地方政府因为各阶段的发展重心不一，很难保持对政策的长效推动机制，这就需要其他治理主体的参与，这也是本书初始假设的应有之义，即多元主体的和谐治理机制才是解决妇女参与村级治理的长效措施。

本书研究的农村妇女参与村级治理，不仅包括女委员、女主职的比例，还需要考虑村民代表的比例，尤其是新《村组法》颁布之后，此比例日渐重要，新《村民委员会组织法》提出："妇女应当占村民代表会议

---

① 转引自刘筱红、卓惠萍、赵德兴：《改革开放以来中国农村妇女角色与地位变迁研究——基于新制度主义视角的观察》，出版前稿。

组成人员的三分之一以上",法律规定,涉及村民利益的重大事项,必须召开村民大会或村民代表会议讨论决定。因此,让女性当选村民代表,保障其在管理村庄公共事务中的话语权,具有极其重要的现实意义。

表 1 - 11　　　　　　　　　部分省区市村民代表数据表①

年份 项目 省份	1999—2001		2005—2007		2008—2010	
	女村民代表	女村民小组长	女村民代表	女村民小组长	女村民代表	女村民小组长
北京	35.1	25.6	27.8	29.27		
天津						
河北						
山西						
内蒙古	21.32	3.72	20.15	5.19		
辽宁	23.09	15.60				
吉林						
黑龙江			16.2	9.95		
上海	37.21	20.21	35.1	22.24	26.8	15.11
江苏			21.16	12.4		
浙江	14	10.17	12.1			
安徽						
福建			11.47	5.6	11.6	5
江西						
山东						

---

① 1999—2001 年的数据来自《2001 年中国农村基层民主政治建设年鉴》,2005—2007 年的数据来自《2005—2007 年全国村民委员会选举工作进展报告》,2008—2010 年的数据来自《上海妇联积极推动农村妇女参与村民自治》,村民自治信息网 www. Chinarural. org 2010. 4. 7;福建省民政厅:《充分发挥民政部门职能作用 积极推动妇女参与村民自治实践》,福建妇女网 fjwom-en. org. cn/html/20100412/669499. html 2010. 5. 6;《广东村委会换届选举将适用新法 村委会至少要有一女性》,村民自治信息网 www. Chinarural. org 2010. 12. 2. 转引自刘筱红、卓惠萍、赵德兴:《改革开放以来中国农村妇女角色与地位变迁研究——基于新制度主义视角的观察》,出版前稿。

续表

年份 项目 省份	1999—2001		2005—2007		2008—2010	
	女村民 代表	女村民 小组长	女村民 代表	女村民 小组长	女村民 代表	女村民 小组长
河南						
湖北			23.48	11.29		
湖南						
广东					8.77	
广西						
海南	18.05	11.69	15.54	9.46		
重庆	16.59	7.08				
四川	23.23	7.33				
贵州	19.29	5.23				
云南						
西藏						
陕西						
甘肃						
青海						
宁夏						
新疆						
合计					20.28	

此表1—11转引自刘筱红教授等人的著作《改革开放以来中国农村妇女角色与地位变迁研究——基于新制度主义视角的观察》，刘教授认为尽管表中的数据零散，但仍有些进展的踪迹可寻。上海市的数据最全，女村民代表的比例在已知的省区市中也最高，说明上海市村民委员会换届选举中，村民代表会议中的女性比例一直是有关组织关心的问题。但从可以比较的几个省区市（北京、内蒙古、上海、浙江、海南）的相关数据来看，村民代表会议中的女性比例呈下降趋势[1]。

---

[1] 转引自刘筱红、卓惠萍、赵德兴：《改革开放以来中国农村妇女角色与地位变迁研究——基于新制度主义视角的观察》，出版前稿。

　　自有统计数据以来，农村村委会成员中的妇女比例一直在 16% 左右徘徊，进进退退，犹豫不前，根据民政部的最新统计数据，2008—2010 年这一届期村委会成员中的女性比例是 21.53%，比上一届期增长 3.69 个百分点，是自 2000 年以来农村妇女进村委比例增长最快的届期。① 其中 2008—2010 年届期各年份的数据如表 1—12 和表 1—13 所示：

表 1 - 12　　　　　2008—2010 年村委会成员中女性比例表②

年份	村委会成员数/人	其中女性数/人	比例/%
2008	2 338 800	507 272	21.68
2009	2 340 268	503 859	21.52
2010			21.39

表 1 - 13　　　　　2008—2010 年届期农村"两委"中妇女人数及比例③

省份	村委会中女性成员比例/%	比例增减/%	全国排名	女村主任数/人	比例/%	比例增减/%	女支部书记/人	女书记比例/%	"两委"中女性配备率/%	女村民代表比例/%	数据来源
北京	20.2		14	158	4	+0.05	237	6	100		④

---

　　① 《村委会成员中至少有一名妇女纳入新一轮村"两委"换届重要新任务》，《中国妇女报》2011 年 5 月 4 日。

　　② 2008 年和 2009 年的数据资料来源于《2010 年中国社会统计年鉴》，2010 年的数据是根据民政部公布的 2008—2010 年届期村委会成员中女性比例是 21.53% 推算出来的。转引自刘筱红、卓惠萍、赵德兴：《改革开放以来中国农村妇女角色与地位变迁研究——基于新制度主义视角的观察》，出版前稿。

　　③ 转引自刘筱红、卓惠萍、赵德兴：《改革开放以来中国农村妇女角色与地位变迁研究——基于新制度主义视角的观察》，出版前稿。

　　④ 2010 年 6 月 23 日在第十一届全国人民代表大会常务委员会第十五次会议、全国人大常委会执法检查组关于检查《中华人民共和国妇女权益保障法》实施情况的报告；根据该报告所提供的数据，北京市村委会女村主任数和女支部书记的比例分别为 4% 和 6%，北京市有 3 944 个村委会，据此推算，北京市约有 158 个村委会主任，237 个村支部书记。根据《市妇联尹玲珍主席在北京市第八届村民委员会换届选举培训会上的讲话提纲》，怀柔妇女网 hrwomem.gov.cn，2010.4.27；另据《中国妇女报》2011 年 1 月 5 日文章《2010，从源头推进农村妇女参政》，北京采取补进去的做法，使北京市农村女委员进"两委"村达到 100%。

省份	村委会中女性成员比例/%	比例增减/%	全国排名	女村主任数/人	比例/%	比例增减/%	女支部书记/人	女书记比例/%	"两委"中女性配备率/%	女村民代表比例/%	数据来源
天津	15.65		21	42	1.18		89	2.51	98.8		①
河北	13.4	+3.6	23						56.1		②
山西	7.7	+1.81	26	297	1.05		426	1.51			③
内蒙古	26	+5.6	4	325	4.5	+3.25					④
辽宁				348	3	+0.22	493	4.3	94.83		⑤
吉林				292	3.13	+1.68					⑥

① 《天津市妇联举办第二期"女村官"培训班》，村民自治信息网 www. Chinarural. org 2009.8.25；另参见马庚申：《天津农村妇女参政议政能力大增》，妇女观察网 2009.9.4，天津已换届选举的村是 3 561 个，根据天津市村民委员会选举办法规定，村委会由 3 至 7 人组成，这里按 4.2 人计算，有女村委会成员 2 342 人，天津村委会成员中妇女的比例大约是 15.65%。天津市村委会女村主任 42 人，"两委"正职中有 10 人是"一肩挑"。女村主任的比例约为 1.18%。

② 《全国推进农村妇女参与村民自治实践经验交流会在石家庄召开》，河北民政网 www. hebmz. gov. cn 2009.4.3；《营造政策环境 增强参政意识 提高胜选能力 河北妇联大力推动农村妇女参政》，农业部信息网 2009.7.6。根据上述文章提供的数据，村"两委"正职的女性人数是 1071 人，根据河北省行政村有 49 342 个推算，"两委"正职比例不会高于 2.17%。

③ 《山西省人大常委会报告显示：任职女干部　比例还是少》，《山西：积极推动农村妇女参与村民自治实践》，村民自治信息网 www. Chinarural. org 2010.6.3；2010.8.23；另据《山西省妇儿工委主任张建欣在省妇儿工委全体成员会议上的讲话》山西村委会女性比例达到 8%。国务院妇儿工委网 2011.5.16。根据上述文献提供的数据推算，山西省换届选举村是 28 193 个，女村主任和女支部书记的比例分别是 1.05% 和 1.51%。

④ 《内蒙古农村牧区妇女积极参政议政》，《内蒙古女村官一把手比例超全国平均水平》，村民自治信息网 www. Chinarural. org 2009.10.23；2010.2.1，内蒙古"两委"正职 442 名，占比例为 4.46%，按上述文献提供的数据，内蒙古已完成选举的村数为 7 221 个。

⑤ 《辽宁省实现 100% 的村有"女干部"》，村民自治信息网 www. Chinarural. org 2010.10.27。

⑥ 《吉林省培训"女村官"力推农村妇女参政》，村民自治信息网 www. Chinarural. org 2009.7.3。

续表

省份	村委会中女性成员比例/%	比例增减/%	全国排名	女村主任数/人	比例/%	比例增减/%	女支部书记/人	女书记比例/%	"两委"中女性配备率/%	女村民代表比例/%	数据来源
黑龙江	25.9	+6.62	5		3.1	+2.2			99		①
上海	35.3	+6.64	1		14.99	+4.01					②
江苏	22.75	+2.75	9	769	4.67	+0.95		3.76	89.62		③
浙江	22.57	+13	10	835	2.83		927	3.14	95		④
安徽	18.7	+03.72	16		6.9	+4.7					⑤
福建	21.4	+6.7	12	303	2.1	+0.4	587	4.07	99.8		⑥
江西	21.1	+2.4	13								⑦

① 2010 年 6 月 23 日在第十一届全国人民代表大会常务委员会第十五次会议、全国人大常委会执法检查组关于检查《中华人民共和国妇女权益保障法》实施情况的报告;《黑龙江省采取有力措施推动妇女参选参政》,村民自治信息网 www. Chinarural. org 2011. 4. 21,《黑龙江妇联主席张爱民:全省 99% 村"两委"至少有名女性》,人民网 www. people. com. cn 2010. 1. 12,该文说黑龙江省在本届选举中有 301 名女性当选为村主任和村书记。据此推算,黑龙江省农村"两委"正职的比例是 3. 35% 左右。

② 《上海妇联积极推动农村妇女参与村民自治》,村民自治信息网 www. Chinarural. org2010. 4. 7。

③ 江苏省妇联:《关于在新一轮村委会换届中提高村"两委"女性比例的建议》,江苏政协网,政协 2010 提案 www. iszx. gov. cn;《省妇联主席张京霞在省妇联推进女性进村"两委"工作部署暨专题培训会上的讲话》www. lygwoman. com 2010. 5. 25。

④ 廖小清:《浙江实行妇女委员专职专选 95% 的村"两委"中有女委员》,村民自治信息网 www. Chinarural. org 2009. 12. 4,据民政部统计的数据,浙江上届村委的比例是 9. 16%,增加的比例是 13. 46% 。《浙江:"专职专选"确保基层妇女参政议政》,村民自治信息网 www. Chinarural. org 2010. 12. 15,根据上述文献推算,浙江省换届选举的村 29 492 个,女村主任的比例应是 2. 83% 。

⑤ 《安徽省第七届村委会换届选举情况总结》,村民自治信息网 www. Chinarural. org 2008. 7. 31。

⑥ 福建省民政厅:《充分发挥民政部门职能作用 积极推动妇女参与村民自治实践》,福建妇女网 fjwomen. org. cn/html/20100412/669499. html 2010. 5. 6,《福建省妇联:女性进村"两委"达 99. 8%》2010. 7. 9。女党支部书记的数据,是根据两文中的数据算出的。

⑦ 虞烈东、张玮明:《江西第七届村(居)委会选举圆满完成》,《中国社会报》2009. 6. 26,按民政部统计的数据,江西省第六届村委会女性成员的比例是 18. 6%,第七届应增加 2. 5 个百分点。另参见江西民政网年度年鉴。

续表

省份	村委会中女性成员比例/%	比例增减/%	全国排名	女村主任数/人	比例/%	比例增减/%	女支部书记/人	女书记比例/%	"两委"中女性配备率/%	女村民代表比例/%	数据来源
山东	11.4		24				1264	1.54	64.4		①
河南	22.98	+6.41	8	871	1.8		1238	2.59	100		②
湖北	26.1	+3.16	3	856	3.34	−0.05			99.8		③
湖南	31.4	+1.3	2						99.11		④
广东	18.17	−0.23	18		5.81						⑤
广西	18.38		17								⑥
海南				132	4.37	+3.04			100		⑦

① 《省妇联主席翟黎明在全省农村妇代会换届直选试点工作座谈会上的讲话》，山东妇女网 sdwomen. org. cn 2009. 7. 30，山东第九届换届选举，女性进"两委"比例是49%，经过增补，提高到64.4%。《省妇联主席翟黎明在全省"党建带妇建"工作推进会上的讲话》山东妇女网 sd-women. org. cn 2009. 11. 19。山东省行政村按81 909个计算，村党支部女书记的比例在1.5个百分点左右。另参见2010年6月23日在第十一届全国人民代表大会常务委员会第十五次会议、全国人大常委会执法检查组关于检查《中华人民共和国妇女权益保障法》实施情况的报告。

② 《专职专选强力推动，河南省5万多女性进村"两委"》，中国妇女网 www. women. org. cn 2009. 5. 7；《河南妇联：全方位培训5万女村官》，《中国妇女报》2010年2月2日。两篇文章中数据不一，按数据从最新的原则，用的是最新数据。河南省有村委会47 766个，有女性村委会成员46 098名，按村委成员4.2人推算，村委会中妇女比例是22.98%。有女村主任871人，女村委会主任比例是1.8%。

③ 《湖北全省99.8%村"两委"中配备了女干部》，村民自治信息网 www. Chinarural. org 2010. 10. 12，"两委"中担任正职的有856人，占3.4%。《第七届村委会换届 湖北省女村官比例创新高》，湖北妇女网2009. 2. 27。

④ 专访湖南省妇联主席肖百灵：湖南有2 345名村级女一把手，leaders. people. com. cn/GB/9675724. html 2009. 7. 17，湖南有女村支、女村主任共2 345人，比例占到了5.59%。

⑤ 2010年6月23日在第十一届全国人民代表大会常务委员会第十五次会议、全国人大常委会执法检查组关于检查《中华人民共和国妇女权益保障法》实施情况的报告；《广东村委会换届选举将适用新法—村委会至少要有一女性》，村民自治信息网 www. Chinarural. org 2010. 12. 2。

⑥ 陆炳强：《公推直选：让村民实现自治》，《当代广西》2008年第21期。

⑦ 《海南3000多个村（居）委会完成"两委"换届选举》，村民自治信息网 www. Chinarural. org 2010. 12. 24；《海南村"两委"100%有妇女入选 走在全国前列》，村民自治信息网 www. Chinarural. org 2010. 12. 7，女村委会主任比例是根据文中数据换算得出。"两委"中有女性成员3 887人，占"两委"成员总数的20.2%。

续表

省份	村委会中女性成员比例/%	比例增减/%	全国排名	女村主任数/人	比例/%	比例增减/%	女支部书记/人	女书记比例/%	"两委"中女性配备率/%	女村民代表比例/%	数据来源
重庆	25.8	+1.1	6		4.8	+1.5			100		①
四川	19.1	+1.22	15								②
贵州	18	+7.23	19								③
云南	25.8	+10.57	6		3.93	+1.4		4.41	94.8		④
西藏									83.57		⑤
陕西	23.0	+10.85	7								⑥
甘肃	14.84	+0.06	22								⑦
青海	11.1	-2.75	25								⑧

① 村委会女性成员比例数据来自《2008 年重庆市妇女儿童发展纲要（规划）监测报告》，女村长数据来自《重庆市第七届村（居）委会换届选举呈现五大亮点》，村民自治信息网 www. Chinarural. org 2008. 6. 10。另据《重庆村级妇女组织换届选举实现两个 100%》，村民自治信息网 www. Chinarural. org 2011. 4. 17，重庆市 8604 个行政村"两委"女委员达 14 461 名，占比 24.3%，较上届 16.7% 提高了 7.6 个百分点，村"两委"女性正职达 1 080 名，占比 6.6%，较上届 5.2% 提高了 1.4 个百分点。

② 四川省民政厅基政处：《四川省第七届村（居）民委员会换届选举工作圆满结束》，四川民政网 2008. 9. 24。

③ 石宗源（贵州省委书记）：《充分发挥妇女"半边天"作用为构建"和谐贵州"、实现经济社会发展历史性跨越贡献力量》，《贵州日报》2010 年 3 月 8 日。

④ 杨跃萍：《云南：农村妇女进村"两委"比例大幅提高》，村民自治信息网 www. Chinarural. org 2010. 12. 2。

⑤ 《专访：西藏妇女事业发展 50 年跨越上千年——专访西藏自治区妇联主席参木群》，西藏信息中心/中国网 http：//www. jiaodong. net 2009. 3. 23 16：28：42，这里的"两委"是指村委和居委。

⑥ 丁娟、李文、黄桂霞：《2005 年以来中国妇女参政的进步与挑战》，《中华女子学院学报》2010 年第 1 期。

⑦ 2010 年 6 月 23 日在第十一届全国人民代表大会常务委员会第十五次会议、全国人大常委会执法检查组关于检查《中华人民共和国妇女权益保障法》实施情况的报告。

⑧ 《青海力推农村妇女参与村民自治》，村民自治信息网 www. Chinarural. org 2010. 10. 9。青海全省 4 149 个行政村，有 1 776 名妇女当选为村党支部委员，有 2 256 名妇女当选为村委会委员，根据青海省村民委员会成员数（20 325 人）推算，女委员约占 11.1%。

省份	村委会中女性成员比例/%	比例增减/%	全国排名	女村主任数/人	比例/%	比例增减/%	女支部书记/人	女书记比例/%	"两委"中女性配备率/%	女村民代表比例/%	数据来源
宁夏	21.85	+1.25	11	52	2.3	+0.87	41				①
新疆	17.88	-6.59	20								②
全国	21.53	+3.69			6.9	4.15					③

全国各省区市农村村委会成员中妇女所占比例，排名前 10 位的省区市是：上海、湖南、湖北、内蒙古、黑龙江、重庆、云南、陕西、河南、江苏、浙江。浙江和陕西的进步可以称为跨越式发展，增加了 10 个百分点以上，从第 27 名、23 名一跃进入前 10 名的行列。北京、新疆退出前10。村委会成员中女性比例低于 10% 的省份由上届的 4 个减少到只有 1 个（山西）。

表 1 - 14　　　　　　2008—2010 年农村妇女进村委比例

排名前 10 的省区市④

省份	比例/%	增减/%	上届排名	本届排名
上海	35.3	+6.64	2	1
湖南	31.4	+0.3	1	2
湖北	26.1	+3.16	6	3
内蒙古	26	+5.6	8	4
黑龙江	25.9	+6.62	11	5

---

①　《宁夏自治区村"两委"班子换届 1 508 名致富能手当选村支书》，村民自治信息网 www. Chinarural. org 2011. 5. 26。

②　《新疆自治区关于第七届村民委员会换届选举工作的情况总结》，村民自治信息网 www. Chinarural. org 2009. 9. 5。

③　《村委会成员中至少有一名妇女纳入村"两委"换届重要新任务》，《中国妇女报》2011 年 5 月 4 日；　《全国妇联村"两委"女干部座谈会在湖南长沙召开》，村民自治信息网 www. Chinarural. org 2009. 11. 3。

④　转引自刘筱红、卓惠萍、赵德兴：《改革开放以来中国农村妇女角色与地位变迁研究——基于新制度主义视角的观察》，出版前稿。

续表

省份	比例/%	增减/%	上届排名	本届排名
重庆	25.8	+1.1	5	6
云南	25.8	+10.57	17	6
陕西	23.0	+10.85	22	7
河南	22.98	+6.41	-	8
江苏	22.75	+2.75	10	8
浙江	22.57	+13	26	9

以上是女委员比例的相关数据，关于女主任或者女主职的数据，根据刘筱红教授的数据，2008—2010 年届期，全国村委会主任的女性比例实现了突破性增长，达到了 6.9 个百分点，与上届期 2.75% 相比，提高了 4.15 个百分点[1]。具体各省的数据如表 1—15 所示。

表 1 - 15　　2008—2010 年届期各省村委会女村主任人数比例表[2]

省份	村委会女主任数/%	比例/%	比例增减/%
北京	158	4	+0.05
天津	42	1.18	
山西	297	1.05	
内蒙古	325	4.5	+3.25
辽宁	348	3	+0.22
吉林	292	3.13	+1.68
黑龙江		3.1	+2.2
上海		14.99	+4.01
江苏	769	4.67	+0.95

---

① 转引自刘筱红、卓惠萍、赵德兴：《改革开放以来中国农村妇女角色与地位变迁研究——基于新制度主义视角的观察》，出版前稿。

② 《村委会成员中至少有一名妇女纳入新一轮村"两委"换届重要新任务》，《中国妇女报》2011 年 5 月 4 日；附注：此前有公布的数据是村委会女主任的比例是 10.2%，根据笔者所搜集的各省数据来判断，全国村委会女主任的比例并没有达到 10.2%，这个数据应该有误。村委会女主任比例是 6.9% 相对比较可信。

续表

省份	村委会女主任数/人	比例/%	比例增减/%
浙江	835	2.83	
安徽		6.9	+4.7
福建	303	2.1	+0.4
河南	871	1.8	
湖北	856	3.34	-0.05
广东		5.81	
海南	132	4.37	+3.04
重庆		4.8	+1.5
云南		3.93	+1.4
宁夏	52	2.3	+0.87
全国		6.9	4.15

　　村委会女主任比例最高的是上海，达到 14.99 个百分点，其次是安徽和广东，它们均超过了 5 个百分点。

　　另外，在 2008—2010 年届期，开始有了全国性的农村党支部中女性成员和女书记的数据。2008 年底，全国农村党支部中女性人数达到 21.7 万人，所占比例为 10.7%。① 2009 年全国有天津、河北、山西、上海、福建、江西、陕西、内蒙古、黑龙江 9 个省区市进行村级换届选举。农村妇女进入村党支部成员的比例为 14.56%，平均增幅为 5.01%；村党支部书记中女性比例为 3.21%，平均增幅为 0.36%。② 不少省份除了统计村委会中女性成员比例外，还增加了村党支部中女书记和女性成员的数据。根据能够查到的数据，有 15 个省份公布了妇女进"两委"的行政村比例，其中河南、海南、重庆实现了 100% 的行政村"两委"中有女性成员。北

---

　　① 《全国妇联村"两委"女干部座谈会在湖南长沙召开》，《中国妇女报》2009 年 11 月 3 日，转引自刘筱红、卓惠萍、赵德兴：《改革开放以来中国农村妇女角色与地位变迁研究——基于新制度主义视角的观察》，出版前稿。
　　② 申保珍：《让更多姐妹参与村民自治实践——妇联组织推动农村妇女进村"两委"工作综述》，《农民日报》2010 年 10 月 21 日。转引自刘筱红、卓惠萍、赵德兴：《改革开放以来中国农村妇女角色与地位变迁研究——基于新制度主义视角的观察》，待出版。

京市农村党支部中的女性成员比例最高，达到19.9个百分点，担任党支部书记的女性占到了6%，云南也有19.1个百分点，女书记的比例是4.41%①。

表1-16　　　各省区市农村党支部及"两委"中女性比例表②

省份	党支部女成员比例/%	女支部书记/人	比例/%	"两委"女成员/人	"两委"中女性配备率/%
北京	19.9	237	6		84.6
天津		89	2.51	3568	98.8
河北				27044	56.1
山西		426	1.51		
内蒙古				11769	
辽宁		493	4.3		94.83
黑龙江	9.3				99
江苏	13.65	3.76	3.76		89.62
浙江		927	3.14		95
福建		587	4.07		99.8
山东		1264			64.4
河南		1238	2.59		100
湖北					99.8
广东	15.97				
海南					100
重庆				1080	100
云南	19.1		4.41		94.8
西藏					83.57
宁夏	14.84	41			

① 转引自刘筱红、卓惠萍、赵德兴：《改革开放以来中国农村妇女角色与地位变迁研究——基于新制度主义视角的观察》，出版前稿。

② 同上。

可以期待，2011—2013 年届期农村妇女进"两委"的比例会有突破性增长，可能会有多个省份的农村妇女进"两委"达到或接近100%。这已经被目前完成选举的几个省区市的情况所证实。甘肃省妇联组织部公布的数字，在全省已经完成换届工作的 15 823 个村中，有 15 110 个村"两委"班子中有女性成员，占总数的 95.5%。[①] 青海目前已完成 3898 个村"两委"换届中，村党组织委员中有 2 150 名女性委员，占总数的13.6%，较上届增加 3.1 个百分点；村民委员会委员中有 3 052 名女性委员，占总数的 18%，较上届增加 10.9 个百分点，有 57 名妇女担任村党组织书记，有 31 名妇女担任村委会主任。[②] 山东完成村委会换届的 7 629个村中，女性进村委会比例达到 100%。[③] 宁夏村党支部和第八届村民委员会选举工作基本结束，有 2 232 个村通过选举配备了妇女干部，占行政村总数的 97.2%，比上届提高了 9.2%，共选出村级妇女干部 2 586 名，占全区村干部总数的 21.4%，比上届提高了 9.1%。[④] 浙江省的村"两委"换届选举又创新生长点，在妇女进村"两委"达到 100% 的基础上，着重在提高村民代表中的女性比例上做工作，全省共推选产生妇女村民代表 343 224 人，占村民代表会议组成人员的 35.1%，比上届提高 23 个百分点。[⑤]

本部分通过大量的数据力求将农村妇女参与村级治理的历程进行翔实的梳理，总体来说，农村妇女参与村级治理虽然有着艰难的开始、进退与反复，但还是迎着越来越明朗的前景，而这种前景还是因地制宜，政策运行的效果还依赖于地方政府支持下的多元主体的和谐治理机制。

五　本章小结

在本章的撰写中，笔者始终坚持宏观背景考察与社会性别视角的结

---

①　《甘肃新一届换届选举村级女干部大幅上升》，《中国妇女报》2011 年 7 月 14 日。

②　《青海省村级换届中女性进"两委"工作成效显著》，村民自治信息网 2011.6.14。

③　《山东依法有序推动女性进"两委"比例达 100%》，《中国妇女报》2011 年 5 月 13 日。

④　尚陵彬：《宁夏 2 586 名妇女进村"两委"班子占村级干部总数 21.4%》，《宁夏日报》2011 年 5 月 11 日。

⑤　《抓住村"两委"换届契机提升妇女参政水平，浙江省妇联在扎实推进农村妇女参与村民自治实践中创先争优》，《中国妇女报》2011 年 6 月 22 日。

合，试图在性别视角下分析中国乡村治理的主要特点。本章要解决的问题是农村妇女参与村级治理的政策运行的环境分析，立足于中国乡村的宏观背景之下，对乡村治理结构从权力结构和治理模式两个维度进行了梳理和分析，试图通过历时性梳理和对核心变量的重点分析，帮助读者和笔者自身更好理解村级治理的运作环境，并对农村社会结构进行了"五化"的梳理：乡土社会现代化、村庄原子化、家庭结构核心化、生育行为理性化、农村妇女碎片化，这些特征都为后文进行了铺垫，笔者认为，乡土社会现代化和农村城镇化其实是城市通过市场自由竞争原则来剥夺农村资源的过程，而这一过程中，充斥着社会开放性与村治参与的封闭性之间的矛盾。村庄原子化与家庭结构核心化是互为因果的，并且在循环往复中加深影响，农村家庭结构核心化、生育行为理性化的趋势下，计划生育工作不应作为村委会容纳女性成员的一个原因。另外，笔者将农民价值视为一个重要的分析维度，并且概括出社会性别视角下三种价值的核心内涵，凸显的是"改观"的趋势。并且认为这种价值的"改观"趋势为妇女更多并更深入地参与村级治理提供了价值视角的可能性，也从侧面体现出本研究的现实意义。最后笔者通过大量的数据，分成三个阶段（形成政策问题、进行政策推广和寻求政策创新）展示了农村妇女参与村级治理的艰难行进历程，在 2004 年遭遇了历史最低之后，势头较好地向前发展，大量的数据证明，各地在推动农村妇女参与村级治理进程上有所差异，所以在此笔者提出虽然有着全国统一的政策，但各地政策执行效果良莠不齐，地方政府在农村妇女参与村级治理政策运行过程中发挥了重要作用，地方政府行为是诸多困境和瓶颈的突破口，但笔者也同时指出即使是同一个地方政府因各阶段的发展重心不一，很难保持对政策的长效推动机制，这就需要其他治理主体的参与，即多元主体的和谐治理机制才是解决妇女参与村级治理的长效措施。这些都为后文提出政策建议部分提供了思路。

第二章　政策运行的共同体属性

本书研究的问题是农村妇女参与村级治理的政策运行机制，试图探寻政策运行过程中各主体的行为逻辑和特征。而所指的政策运行主体包括三个层面：政治层面的国家政策、执行层面的地方政府、操作层面的村庄及个人。在本书的语境下，农村妇女既属于行为发出的主体，也属于政策运行的对象，政策运行的目标就是提升农村妇女参与村级治理的程度和水平，以实现性别平等和社会性别主流化，所以农村妇女的群体特征是本章浓墨重彩之处。

一　政策运行的主体分层

制度分析与发展框架认为"如果在执行过程中，一套规则决定了另一套规则会如何变动，那么我们就说后者嵌套在前者之中。规则在各种不同层次上的相互嵌套，类似计算机语言在不同层次的嵌套。[①]"这种"嵌套"在农村妇女参与村级治理的政策运行过程中随处可见，国家政策影响着地方政府的执行，地方政府的执行又影响着村庄和个人的反应，基于这样的基本考虑，笔者认为本章的分析必须区分层次，不进行分层，就无法在后文中探讨规则运行的"作用模式"，那么，如何来分层呢？

制度分析与发展框架认为，区分对行动场景中行动和结果具有累积影响力的三个层次的规则，对于研究分析是很有帮助的。"操作层次、集体选择层次与宪政层次。每个层次的行动都要受到相应的众多规则的影响，

---

① 埃莉诺·奥斯特罗姆：《规则、博弈与公共池塘资源》，陕西人民出版社 2011 年版，第 48—49 页。

即操作层次的规则、集体选择层次的规则与宪政层次的规则①"，在此，笔者需要指出的是奥斯特罗姆在众多英文原文中将此三种层次表述为：政治层面（political level）、执行层面（implementation level）、操作层面（operational level）。笔者根据本书的语境、遵循奥斯特罗姆原著的分析思路，将本章的分析划分为三个层面：政治层面的国家政策、执行层面的地方政府、操作层面的村庄及个人，分析框架如图2—1所示。

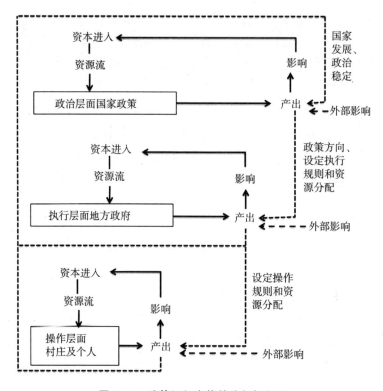

图 2 - 1　政策运行主体的分析框架图

此分析图的运作机理将在第五章"作用模式"中给予详细阐述，本章的"共同体属性"以及第三章的"应用规则"都仍属于外生变量的范畴，仍旧是对外生变量的静态描述，对此三个层面主体的动态分析将在第五章"作用模式"中逐层展开。在第一章对"农村妇女参与村级治理的

① 埃莉诺·奥斯特罗姆：《规则、博弈与公共池塘资源》，陕西人民出版社2011年版，第317页。

历程梳理"中已涉及政治层面的国家政策和执行层面的地方政府，通过大量的事实和数据阐述了政策的形成过程以及政策推广与政策创新中地方政府的作用与不足，本章主要突出农村妇女的群体特征。

二　性别与社会性别意识

推动农村妇女参与村级治理的一个潜在假设是，更多的女性参与能推动村级治理的性别平等，能够加快社会性别主流化进程，笔者赞成并且深信这一基本假设，也正因为政策制定者、政策推动者都有这样的一个初始假定，所以才会在政策制定上规定"比例"，才会有世界大多数国家普遍采用的配额制，才会有推动农村妇女进村委的各种项目，才会在考察性别平等时使用女委员、女主任、女党员以及女代表的指标维度，但这不是一个不辩自明的真理，作为一篇负责任的博士论文，笔者仍旧认为有必要对此基本认识进行论证。在此，提出的问题是：有性别就有社会性别意识吗？性别与性别意识必然相关吗？假设通过强制性的制度设计而上任的女性村干部并没有社会性别意识，那她们进入村级治理中能实现政策制定的初始目的吗？如果性别与性别意识之间本身就存在悖论，那强制性的比例政策又有意义吗？女权名著《内在革命》中曾发人深省地指出"治理我们的并非军队与警察，而是观念①"，这也是笔者首先从"性别意识②"入手的原因。

在此首先需要着重说明的是，"社会性别意识"一词从 20 世纪 60 年代至今一直与"女性意识"混用，社会性别一词原意仅指词的阴阳性，现在成为女性主义批评的核心概念③。女性主义批评认为男性中心文化界定了女性的附属性地位，建构了贬抑女性的霸权话语，压抑了女性作为完

---

① 参见罗勒译，民 81：G. Steinem 原著：《内在革命》。台北：正中。

② 本书中使用的"性别意识"如无特殊强调，均为"社会性别意识"的简写，并非概念的乱用，特此说明，后文不再赘述。

③ 参考王政的系列论文《"女性意识"、"社会性别意识"辨异》，《妇女研究论丛》1997 年第 1 期；《美国女性主义对中国妇女史研究的新角度》，《西方女性主义研究评介》，生活·读书·新知三联书店 1995 年版。

整的人的生命丰富性①。但笔者在本书中将其区分，将单对妇女群体的意识列为"女性意识"（women consciousness），而将 20 世纪 80 年代以来囊括两性在内的性别考量列入社会性别意识（gender consciousness），要强调的是，社会性别理论反对孤立地研究女性和女性问题或把女性视为男性的对立面，主张将妇女置于社会文化所赋予的男女两性角色和权力结构之中②。社会性别并不是女性的护身符，社会性别主流化也不是女性的自说自话，所以本书所讨论的社会性别意识与性别的关系没有倾向单一性别，探讨的是两性的社会性别意识，此见后文详述。顺便提及的是西方性别研究的发展趋势也是逐渐从"women studies"转向对两性的"gender studies"。

　　通过对当前研究现状的梳理，笔者发现虽然学界通过"社会性别视角"研究的成果较多，但对"社会性别意识"的界定较少，笔者认为在解释社会性别意识之前必须区分社会性别与生理性别，本书的第一个问题：有性别就有社会性别意识吗？探讨的就是生理性别与社会性别意识的关系。简言之，是不是女性就有维护女性权益的意识，男性就有维护男性权益的意识？此为本部分的重点，下文详述。

　　生理性别（sex），指婴儿出生后从解剖学的角度来证实的女性或男性特征。包含第一性征和第二性征③。社会性别首先是由美国人类学家格·如本（Gagle Rubin）在 1976 年提出的，对西方的妇女研究有重大的促进和发展作用④。同时期，盖儿·鲁宾在 1975 年提出了性/社会性别制度的概念（the sex – gender system）⑤。琼斯·科特在 1988 年发表《社会

---

① 参考王政的系列论文《"女性意识"、"社会性别意识"辨异》，《妇女研究论丛》1997 年第 1 期；《美国女性主义对中国妇女史研究的新角度》，《西方女性主义研究评介》，生活·读书·新知三联书店 1995 年版。

② 周玉：《社会性别：阶层意识性别差异的一个阐释视角》，《中共福建省委党校学报》2006 年第 11 期，第 63—68 页。

③ 参考王政的系列论文《"女性意识"、"社会性别意识"辨异》，《妇女研究论丛》1997 年第 1 期；《美国女性主义对中国妇女史研究的新角度》，《西方女性主义研究评介》，生活·读书·新知三联书店 1995 年版。

④ 黎君：《社会性别意识与中学女校长成长的策略》，《教育探索》2009 年第 8 期，第 102—103 页。

⑤ 盖儿·鲁宾在 1975 年发表的《妇女交易：性"政治经济学"笔记》提出了性/社会性别制度的概念。"性/社会性别制度是社会将生物的性转化为人类活动的产品的一整套组织，这些转变了的性需求在这套组织中得到满足"。

性别：一个历史分析中的有效范畴》中认为社会性别概念的核心在于：社会性别是组成以性别差异为基础的社会关系的成分；社会性别是区分权力关系的基本方式①。上述不同理论之间的关系不是互相否定而是互相补充，也就是说，我们既可以把社会性别作为一种制度来认识，也可以作为一种社会关系来了解。

在国内现有的关于"社会性别"最具代表性观点是："社会建构论②"，即社会性别是社会文化对个体行为的塑造。如王政认为社会性别是由社会文化形成的有关男/女角色分工、社会期望和行为规范的综合体现③。周玉认为社会性别是具有社会文化含义的两性概念，是指由社会文化形成的对男女差异的理解，以及社会文化中形成的属于女性或男性的群体特征和行为方式④。

笔者赞同以上观点，认为社会性别与生理性别虽有关联，但并不由生理性别所决定，而是建构而成。简言之，有别于生理性别的社会性别以及受之深刻影响的两性行为方式，作为社会性别规范、社会性别角色期待的产物，很大程度上是社会文化构成和影响的结果⑤。所以，从根本上性别与社会性别并不是必然相关的，这也为其悖论产生找到了原始依据。既然社会性别是建构的，那社会性别意识呢？

---

① 琼斯·科特在《社会性别：一个有助于历史分析的范畴》中用后结构主义理论对社会性别作了新的阐述。她强调："社会性别是诸多社会关系中的一分子，是基于能观察到的两性差异之上的；社会性别是表示权力关系的一种基本途径。"把社会性别作为一种社会关系来考察的含义是：像任何一种社会关系一样，它的形成涉及社会文化各个部分；对它的考察必须是历史的、具体的，而不能是超越社会历史的、本质主义的。

② "社会建构论"最初的观点是：每个人的成长都是基因和环境共同作用的结果，人类的许多差异都不是源于一个基因，而是许多基因的相互作用。性别是以生理性别为基础的社会建构，个人生而为男为女，并没有天生的性别认同，他们是在成长过程中获得性别认同的，在经过社会的建构之后才成长为男人和女人。虽然生理性别是天生的，但是社会性别既非内在的，也非固定的，而是与社会交互影响的产物。它会随着时间和文化的不同而改变。参考李银河：《性别问题上的生理决定论和社会构成论》。

③ 参考王政的系列论文《"女性意识"、"社会性别意识"辨异》，《妇女研究论丛》1997年第1期；《美国女性主义对中国妇女史研究的新角度》，《西方女性主义研究评介》，生活·读书·新知三联书店1995年版。

④ 周玉：《社会性别：阶层意识性别差异的一个阐释视角》，《中共福建省委党校学报》2006年第11期，第63—68页。

⑤ 同上。

社会性别意识是与人口意识、环境意识等并列的现代意识之一，它已纳入联合国的人类发展统计指标、纳入国际社会发展规划、纳入许多国家的公共政策和立法之中，成为衡量各国社会发展水平的依据之一[①]。对其概念界定，主流观点是社会性别意识指对社会性别关系的自觉认识[②]。如董江爱认为社会性别意识是指从性别的角度观察和认识问题，并通过性别规划实现男女平等[③]。黎君认为社会性别意识就是自觉地从性别的角度，去观察和认识社会的政治、经济、文化和环境，并对其进行性别分析和性别规划，以实现社会性别公平的一种观念[④]。对其形成原因，主流观点认为是社会文化塑造的结果，即"人的性别意识不是与生俱来的，而是在社会文化的教化和对家庭环境关系的反应中形成的"[⑤]。

基于此，笔者补充：社会性别意识的核心就是两性的和谐发展，任何一方的发展不以牺牲和剥夺对方的权力和利益为代价，在此，笔者强调：

第一，社会性别意识首先反对生理决定论、性别本质主义等。主张两性在生理层面上是平等又有差异的，差异构成生命的丰富性，并不构成等级的高低[⑥]。

第二，社会性别意识不是女权主义的抗争性提法，不是要求社会给予女性倾斜性的政策，不是要求损害男性的利益来换取女性的发展，不是一概排斥一切传统的性别规范，而是重新审视和反思现行的两性关系和性别规范，清理和消除两性发展中的政治经济文化壁垒和障碍[⑦]，促使男女两

①　黎君：《社会性别意识与中学女校长成长的策略》，《教育探索》2009 年第 8 期，第 102—103 页。

②　参考王政的系列论文《"女性意识"、"社会性别意识"辨异》，《妇女研究论丛》1997 年第 1 期；《美国女性主义对中国妇女史研究的新角度》，《西方女性主义研究评介》，生活·读书·新知三联书店 1995 年版。

③　董江爱、李利宏：《公共政策、性别意识与农村妇女参政——以提高农村妇女当选村委会成员比例为例》，《山西大学学报（哲学社会科学版）》2010 年第 1 期，第 111—116 页。

④　黎君：《社会性别意识与中学女校长成长的策略》，《教育探索》2009 年第 8 期，第 102—103 页。

⑤　周玉：《社会性别：阶层意识性别差异的一个阐释视角》，《中共福建省委党校学报》2006 年第 11 期，第 63—68 页。

⑥　孙晓玲：《简论龙应台的社会性别观》，《戏剧丛刊》2007 年第 2 期。

⑦　金燕：《参与管理：公共部门女性职业生涯发展的内在动力》，《人才资源开发》2007 年第 11 期。

性的全面健康自由发展。

第三，社会性别意识提供了一个崭新的研究视角和分析框架，由于传统性别观念的影响，中国社会依然存在着"性别意识缺失的问题"①。目前的社会性别研究多是对原有的以男性为核心建立起来的人类知识体系持一种批判的态度。笔者不敢苟同，正如以上的论述，社会性别意识的存在不是为了对男性的声讨，而是两性的和谐发展，当我们从社会性别的视角去观察和认识社会政治文化经济和环境诸方面的问题时，我们会挖掘出很多熟视无睹的现象和问题②。

两性在社会性别意识层面上的巨大差异是建构而成的③。"社会性别意识"不是单一性别所特有的，"社会性别角色"（Gender role）是可以相互转换的，不是简单意义上的"性别"的区分，是社会"塑造"的差异。所以社会性别意识与性别相关，有调查发现，女性党政干部较男性党政干部的社会性别敏感度高，也更深刻、更强烈感受到性别不平等给她们带来的障碍和伤害④。但二者并非是严格的正相关关系，正如"女人不是天生的，女人是生成的⑤"，社会性别意识也不是依托性别而天生具有的，随着文化禁忌的突破，群与群之间的差异将越来越小，个体之间的差异将越来越大。所以，是不是女干部都有社会性别意识呢？是不是通过更多的保护性政策让妇女进入权力结构之中就能使得社会政策更加具有社会性别意识呢？笔者的回答是"不一定"，因为"社会性别意识"不是"性别"的直接必然产物，所以即使她们进入权力机构，她们也不一定能促进两性的和谐发展，但是如果她们在政治领域中缺席，她们的利益将更难得到保障，所以这也是笔者在后文中提出的观点：进入权力结构仅为第一步，实质政治代表性的获得才是关键。一般而言，女干部进入权力结构参与治理会出现两种情况，一是在权力结构中被边缘化，不仅不能代表女性的权

①　黎君：《社会性别意识与中学女校长成长的策略》，《教育探索》2009 年第 8 期，第 102—103 页。

②　黄菊香：《高校开展科学的社会性别意识教育研究》，《中国成人教育》2010 年第 2 期，第 11—12 页。

③　孙晓玲：《简论龙应台的社会性别观》，《戏剧丛刊》2007 年第 2 期。

④　吴贵明、马义英：《提高社会性别意识任重道远——福建省党政干部性别意识调查与分析》，《妇女研究论丛》2006 年第 3 期，第 39—42 页。

⑤　西蒙·波伏娃：《第二性：女人》，西苑出版社 1998 年版，第 15、58、70 页。

益，反而还被男性主流意愿所同化。所以回答第一个问题：有性别就有社会性别意识吗？此处的悖论就是：性别并不一定有性别意识。二是进入权力结构的女干部拥有强烈的社会性别意识，处处以追求性别和谐和共同发展为己任，本书以此为以下行文的初始假设，以村级女干部为例，提出两个问题：其一，有性别意识就能代表性别利益吗？（能不能？——能力），此问题主要从女干部自身着眼。其二，有性别意识会愿意代表性别利益吗？（愿不愿？——意愿），此问题主要从村级组织和普通村民着眼。笔者的回答都是"不一定"，将在后文中涉及。

三　性别与政治代表意愿

通过性别比例制度可以增加女性干部的席位，可是前文已经分析了性别与性别意识并不具有必然相关性。那么，女性代表能"代表[①]"女性大众吗？要回答这个问题首先要弄清楚：

第一，政治意愿的表达上有性别差异吗？换句话说，男性代表能表达女性意愿吗？因为如果男性也能表达女性群体的意见，又何必非要女性代表呢？

回答是肯定的，证实之后才能进入第二个问题。

第二，女性政治精英和普通女性大众享有共同的政治态度吗？换句话说，女性代表能表达女性意愿吗？如果女性政治精英和大众的政治态度不一致，那很难证明女性描述代表性[②]（Descriptive representation）达到之后能保证实质代表性（Substantive representation）的实现。回答是模糊的。因为除了性别，还有很多其他更加对政治精英产生作用的因素。笔者在此处基本引用西方文献，一来，就性别与性别的政治代表性的问题是世界范

---

① 代表（representation）的字面意义是"再次（re - ）呈现（ - present）"，它描述的是在场者和缺席者的关系。代表制是通过某种机制的作用，以在场者为中介，达到和缺席者在场相同效果的制度。在这里，在场者的存在虚无化，而缺席者的虚无实在化。在场者称为代表者，缺席者称为被代表者。

② 描述性代表性是与实质性代表性相对应的一个概念，指的是有人亦用缩影性（microcosm）代表或镜像反射性（mirror）代表指称之。参见 Pitkin, Hanna. 1967. The Concept of Representation. Berkerly：University of California Press.

围内的课题，有其解释力，他山之石可以攻玉；二来，我国此领域的现有研究大都也是援引西方经典，笔者直接引用原著更能领会要义，特此说明，具体如下：

（一）政治意愿表达上的性别考察

关于代表性的论述，大多以 Hanna Pitkin 的代表概念为分析的基点，将代表的意涵与用法区分为三种：描述性（descriptive）代表、象征性代表与实质委托代理性（active、principal-agent）代表[1]。依据 Pitkin 的观点，认为在议会中不可能是一种描述性的镜像缩影情况，而且该关注的应该是代议士实际上做了什么，而不是代议士是谁的问题[2]。在这样的观点下，"如何代表"的问题就不会在"谁代表"，而是在"代表谁"之上[3]。然而，依据 Anne Phillips 的看法，"谁来代表"似乎才是重要的[4]。实质代表性往往与政策回应性相挂钩，政策回应的前提是有政治意愿的表达。Jane Mansbridge 在其论文《重新思考代表性》（*Rethinking Representation*）中论述，只要议会中的男女代表拥有一致的利益，代表的性别与最后的政策产出无关[5]，笔者本人也持此观点，这也是笔者在上部分讨论社会性别意识的原因之一，是不是推动更多的女性进入村委班子就能更加充分体现女性利益？笔者在上文中给予了"不一定"的答案，如何证明这个"不一定"的结论呢？需要对政治意愿表达上的性别影响进行考察。

Phillips 在其著作《The Politics of Presence》中认为女性体现其政治代表性的一个有效方式是成为女性权益的代表。因为只有当女性为女性福利呐喊的时候才能更有效地实现和嵌入她们的利益[6]，当然 Phillips 的这种逻辑不可避免，这也证明了女性利益难以得到有效的保证，除非从女性代

---

① Pitkin, Hanna. 1967. The Concept of Representation. Berkerly: University of California Press. pp. 60—61.

② Ibid., pp. 226.

③ 杨婉莹：《由民主代议政治的理论与实践检视性别比例原则》，《人文及社会科学集刊》，2001 年第 3 期，第 305—344 页。

④ 参见 Phillips, Anne. 1995. The Politics of Presence. Oxford: Clarendon Press.

⑤ 参见 Jane Mansbridge, "Should Blacks Represent Blacks and Women Represent Women: A Contingent 'Yes'", Journal of Politics, 1999（61）：628-657

⑥ 参见 Anne Phillips. 1995. The Politics of Presence, Oxford: Oxford University Press.

表那里获得其代表性，然而随后的大量研究证明代表有效性更重要的来自于政党利益和性别的双重维度之下。

哈佛大学肯尼迪学院的 Pippa Norris 教授在其近 20 年的研究中都呈现出这样一个理念：对于政治代表性而言，政党联盟的解释力往往大于性别[①]，特别是存在利益对抗和矛盾凸显的环境之下。这也是笔者认可的一个核心观点，对此观点的分析如下：

1. 女性利益（women's interests）

如果女性大众和女性精英拥有共享的政治利益，那么女性代表毫无疑问能代表女性群体利益的表达。但是这个共同的女性利益是什么呢？另外，如果有着明晰的女性利益诉求，有明确的政策导向，有明细的政策制定过程，这些议题也是可以被男性所讨论和提出的，而实质代表性就是强调最后行为的实施和政策的产出。那么，既然男性代表也能按照这种明确的诉求实现女性的实质代表性，为什么要提出描述代表性增加女性代表的数量呢？这又回到了当初的质疑：女性需要女性代表吗？如果女性利益是明确的，就没有讨论女性代表和女性大众的必要，于是，本书的前提假设是（1）女性利益处于零散状态，从政策需求到政策审议的全过程中都没有一个核心的设定。（2）女性本身可能存在类似的观点或者有隐含的女性主义定位（feminist orientation）。女性主义定位是 1992 年在 Sue Tolleson – Rinehart 发表的论文《社会性别意识和政治》中提出的，文中将女性主义定位视为一种性别平等的信念，和支持能提高男性和女性之间的社会性别关系的措施，这个概念不同于女性意识（feminist consciousness）[②]。简言之，女性主义定位不仅是一种追求性别平等的信念，还是采取措施改善两性关系的行为。

---

① 参见 Pippa Norris, "Conservative Attitudes in Recent British Elections: An Emerging Gender Gap?" Political Studies, 1986 (34), 8—12; Pippa Norris and Joni Lovenduski, Political Recruitment (Cambridge: Cambridge University Press, 1995); Joni Lovenduski and Pippa Norris, "Westminster Women: The Politics of Presence", Political Studies, 2003 (51), 84—102; Miki Caul Kittlison, Challenging Parties, Changing Parliaments (Columbus: Ohio State University Press, 2006).

② 参见 Sue Tolleson – Rinehart, Gender Consciousness and Politics (London: Routledge, 1992), 原文为：We deine feminist orientation as a belief in equality between the sexes – combined with support for measures to improve gender relations – that may be found among both men and women; the concept is distinct from feminist consciousness.

2. 女性事务（women issues）

"认同"和"利益"上的变化性造成妇女事务上的含糊性，一贯的表述是推动更多妇女进入政治领域，是为了有更多女性权益的维护和更多女性事务的关注，那么什么是女性事务呢？有明确的界定吗？

试图从浩繁的政治经济事务中将女性事务区分出来，是不可能也不可取的。本书采用的方法是从女性主义和非女性主义的视角来界定女性事务。

第一，女性主义的焦点在于增加主动性和个人选择空间的女性角色的改变。在社会性别和政治的研究中，学者们提出了增加女性的自主性[1]和福利[2]的各种尝试[3]，从两性关系等私人领域的话题[4]到人口学上发现的性别差距调查[5]，然后逐渐发展到广泛的社会问题[6]，基于此类种种研究，使得女性事务的领域扩展到了政治经济生活的方方面面，包括：人流、小孩照顾、离婚、家庭暴力、平等报酬、平等权利、家庭事务、养老金、生育权、性侵害、女性健康、女性职业发展等等，一言概之，女性主义关注的不是女性事务的范围本身，而是在各种事务中着眼女性的特殊需求、增加女性的自主性选择机会，解除传统枷锁，并予以赋权和赋能。

第二，非女性主义的焦点在于女性在家庭和社会中的传统角色。尽管

---

① 参见 Tamerius, Karen L. 1995. "Sex, Gender, and Leadership in the Representation of Women", in Gender Power Leadership and Governance, Ed. Georgia Duerst – Lahti and Rita Mae Kelly. USA：The University of Michigan Press.

② 参见 Wängnerud, Lena. 2000. "Testing the Politics of Presence：Women's Representation in the Swedish Riksdag." Scandinavian Political Studies 23, No. 1：67—91.

③ 参见 Childs, Sarah. 2004. New Labour's Women MP's：Women Representing Women. New York：Routledge.

④ 参见 Meyer, Birgit. 2003. "Much Ado about Nothing? Political Representation Policies and the Influence of Women Parliamentarians in Germany." Review of Policy Research 20, no. 3：401—421.

⑤ 参见 Schwindt – Bayer, Leslie. 2004. "Women's Representation in Latin American Legislatures：Policy Attitudes and Bill Initiation Behavior." Paper presented at the Annual Meeting of the Midwest Political Science Association, Chicago, IL, April 15—18.

⑥ 参见 Tamerius, Karen L. 1995. "Sex, Gender, and Leadership in the Representation of Women", in Gender Power Leadership and Governance, Ed. Georgia Duerst – Lahti and Rita Mae Kelly. USA：The University of Michigan Press.

一些学者倾向女性主义界定，关注女性通过增加自主性和自我选择的空间来改变女性角色，但非女性主义的选择则更加广泛地包含在影响女性日常生活的更大范围的事务之中①。

在此要说明的是，这些界定的环境性和时限性。女性事务不仅有着天然的环境性和时限性，还有着与妇女运动或其他政治环境的关联性和及时性，这些都导致了女性事务有着一种先验的与环境相关的不确定性，也正因为这些特性，使得女性事务能扩展到更广泛的领域，包括水资源、土地所有权、继承权、生殖避孕和大学入学②等，有研究表明，例如选举权、雇佣工资和寡妇福利等③都是由妇女组织较早提出的。

3. 女性群体

初始假设是女性为女性担当（women to act for women），所以就有了利用政策的推动来实现性别平等，可是现实是女性群体不具有同质性，是个相异的群体，男性群体也不具有同质性，所以女性大众很难获得共同的性别认同，并且如果仅从性别来划分认同，显然犯了本质主义的错误。很多研究将女性群体进行了种类繁多的分类，例如已婚或未婚、已育或未育、离婚与否、异性恋或同性恋、肥胖或苗条、穆斯林或基督徒、青春期或更年期等④，而这些分类将不被考虑在本研究之内。一来，笔者认为对社会群体的分类没有穷尽，并且容易重叠，例如已婚的处于更年期的基督徒。二来，本书研究的是政治代表性的性别差异，所以笔者试图跨越这种分类的困境，试图在有限数据的支撑下测量不同组织中的男女性别认同，当然也会考虑阶层、年龄、种族、教育背景、收入状况、居住地等，另外，必须提及的是，对政治代表性的研究，需要考虑到两类群体：有女性

---

① 参见 swers, Michele L. 2002. The Difference Women Make: The Policy Impact of Women in Congress. Chicago: University of Chicago Press.

② 参见 Towns, Ann. 2003. "Understanding the Effects of Larger Ratios of Women in National Legislatures: Proportions and Gender Differentiation in Sweden and Norway." Women & Politics 25 (1—2): 1—29.

③ 参见 Celis, Karen. 2004. "Substantive and Descriptive Representation: Investigating the Im - pact of the Voting Right and of Descriptive Representation on the Substantive Rep - resentation of Women in the Belgian Lower House (1900—1979)." Paper presented at the Annual Meeting of the American Political Science Association, Chicago, September 2—5.

④ 参见 Dovi, "Theorizing Women's Representation in the United States", p. 311.

主义意识的男性（feminist men）和反女性主义的女性（anti - feminist women）。

以上对女性利益、女性事务以及女性群体进行了说明，小结如下：第一，女性利益处于零散状态且具有不确定性，这种特性使得女性利益很难超越性别得以实现，即因为没有明确的利益诉求，所以很难要求男性能完全准确地表达出女性的利益诉求，这使得在推动性别平等的政治代表性上性别需要成为一个考量的因素，即需要女性代表，这也是后文需要证实之处，一旦证实，必然就需要提升在制度设计上对性别的关注，这也是本书语境下需要推动农村妇女进村委、需要进行农村妇女参与村级治理的制度设计的原因之一。第二，女性本身可能具有女性主义的定位，这是后文需要证明女性在性别平等事务上比男性更具有"追求性别平等的信念①"，即女性代表更有意愿代表女性。第三，女性事务具有模糊性、时限性和环境性，非常庞大，很难界定其内涵。第四，女性群体具有非同质性，男性群体亦然，所以仅从性别来划分群体，太过单薄，在政治代表性上还需要考虑政治身份，而政治身份与性别认同在有些情况下可以合力，有时却是背离。

（二）政治精英与大众的态度考察

上文已经指出了女性群体具有非同质性，需要进行区分，现有的研究主要从两个层面进行区分，一来是横断面的区分，即大众和精英的常规区分；二来是交叉面的区分，即针对政治事务、年龄代际、性别等因素的区分。具体来说：

从研究精英来说，在 Lovenduskib 和 Norris 对 "Westminster Women" 的研究中发现，女性候选人和议会中的女性成员在对增加女代表比例等性别平等措施的支持力度上要比同僚中的男性强②。这个研究证实了在政治

---

① 参见 Sue Tolleson - Rinehart, Gender Consciousness and Politics（London：Routledge, 1992），原文为：We deine feminist orientation as a belief in equality between the sexes - combined with support for measures to improve gender relations - that may be found among both men and women；the concept is distinct from feminist consciousness.

② 参见 Lovenduski and Pippa Norris, "Westminster Women: The Politics of Presence", Political Studies, 2003（51）：84—102, 原文：Women candidates and Members of Parliament（MPs）are more likely than men candidates and MPs to support a range of equality measures designed to increase the number of women representatives.

态度上精英层面存在着性别差异，这也回答了前面提出的一个问题，即需不需要女性代表，答案是肯定的，因为政治精英表达态度的时候存在着性别差异，更加需要女性代表进入权力层，这也印证了本书推动农村妇女参与村级治理的必要性。

从研究大众来说，Rosie Campbell 根据英国 1997 年普选的数据所做的研究提出 1944 年之后出生的女性比同时期的男性和年长的女性更有女性主义定位（feminist orientation）①，也就是说，女性比男性在推动社会性别平等上更具有女性主义定位，即不仅更有追求性别平等的信念，还会采取措施改善两性关系的行为。这也再次印证了前文的结论：需要女性代表，并且为了保证"女性主义定位"的实现，需要一定数量和比例的女性进入到权力层。另外，政治态度会受到年龄和出生年代的影响。这也再次证实了女性事务具有模糊性、时限性和环境性，除了性别因素之外，还需要考虑年龄代际等外部因素的影响。

在交叉面的现有研究中，Phillip Converse 在其著作《The Nature of Belief Systems in Mass Publics》中证实"事务系数"（issue constraints）的影响，他提出政党精英与不同的事务偏好有紧密的联系，但这种强烈的关系并不表现在大众之中②。也就是说，精英和大众的偏好中区别的重点之一是政治事务。这一研究发现，精英与大众对政治事务的偏好是不同的，因为政党、利益、联盟、年龄等因素，大众和精英在政治态度上会存在差异的种种可能，但是，如果答案全是否定，大众和精英之间的非一致性导致比例制等为增加女性描述代表性的各种政策举措显得毫无意义，但存在即合理，因此，笔者想知道大众和精英在改变政府政策的观点上是否一致。如果一致，就会解释为什么世界大多数国家试图通

---

① 参见 Rosie Campbell，"Gender，Ideology and Issue Preference：Is There Such a Thing as Political Women's Interest in Britain？" British Journal of Politics and International Relations，2004（6），20—46；Rosie Campbell，Gender and the Vote in Britain（Colchester，Essex：ECPR Press，2006），原文：Women born after 1944 are more feminist oriented than either men or older women.

② 参见 Phillip Converse，"The Nature of Belief Systems in Mass Publics"，in David Apter，ed.，Ideology and Discontent（New York：The Free Press，1964），pp. 206—261，原文：A close relationship between different issue preferences in political elites，but no such strong correlation was evident in the mass public.

过增加描述代表性而提升实质代表性，验证了比例制等政策措施存在的意义，同样也验证了代表制的合法性。但同样需要指出的是，即使验证了大众和精英之间存在政治态度上的一致性，也很难有实质的进展能论证描述代表性和实质代表性之间的关系，因为可想而知，能够居于决策地位的妇女实在太少，难以设定她们的出席与性别平等政策产出之间的关系。

但因为 Phillip Converse 的研究是建立在左翼—右翼、自由—保守两个维度之下①，所以 Inglehart 教授对此提出了异议，认为在后物质主义的价值观下精英和大众的政治态度在结构上是趋同的②。他所认为的后物质主义的价值观（post - materialist values）理论宣称得到更多财政安全保障的"二战"后出生的人会更加倾向于关注环境、公民自由、个人发展等非物质的政治问题③。而 Pippa Norris 教授在其论文《Gender：A Gender Generation Gap?》中提出后物质主义（post - materialist）的价值观与女性主义定位（feminist orientation）是相联系的④。这些研究证明，这种政治态度的不同受到代际及背景因素的影响，同代际同背景的精英和大众有着趋同的政治态度，这里回答的是女性代表能不能代表女性大众的问题，笔者的理解是：同代际同背景中的精英是可以代表大众的，这也是为何需要从农村妇女之中发掘、培养优秀女性作为农村妇女的利益代言人的原因之一。

---

① 参见 Ronald Inglehart, The Silent Revolution: Changing Values and Political Styles A-mong Western Publics (Princeton, N. J.: Princeton University Press, 1977); Geoffrey Evans, Anthony Heath and Mansur Lalljee, "Measuring Left - Right and Libertarian - Authoritarian Values in the British Electorate", British Journal of Political Science, 1996 (47): 94—112.

② 参见 Inglehart, The Silent Revolution; Norval De Graaf and Geoffrey Evans, "Why are the Young More Postmaterialist? A Cross - National Analysis of Individual and Contextual Influences on Postmaterial Values", Comparative Political Studies, 1996 (28): 608 - 635.

③ Ibid., p. 608 - 635.

④ 参见 Pippa Norris, "Gender: A Gender Generation Gap?" in Geoffrey Evans and Pippa Norris, eds, Critical Elections: British Parties and Voters in Long - Term Perspective (London: Sage, 1999), pp. 146 - 163.

（三） 大众和精英的性别平等态度

研究问题：政治精英和妇女大众是否共享政治态度？

政治态度涉及甚广，本书仅聚焦到政治精英在性别平等事务上的代表性，旨在揭示对性别平等的态度，因为其一，性别平等是任何合理的民主进程中的核心问题之一，也经常且广泛地被用于代表性的主流讨论之中。其二，对性别平等的态度是体现性别认同的一个重要指标，是体现描述代表性能直接影响到实质代表性的一个重要领域。

假设：不管是政治精英还是妇女大众，总的来说，女性比男性更有意愿去思考男女平等，并且更支持强有力的方法实现平等。

通过 Rosie Campebell、Sarah Childs 和 Joni Lovenduskib 在其 2009 年底发表的论文《Do Women Need Women Representatives?》中对此问题进行了研究和验证，其数据来源于 British Election Study（BES）[①] 和 British Representation Study（BRS）。此研究得出的结论是：

第一，不管是精英还是大众，同时期两性的反应程度不一，但历时来看趋势相同。虽然该研究并没有发现两性的政治回应态度呈任何线性趋势，但总体来说，认为"性别差距太大"的比例呈下降趋势，数据显示，从 1974 年到 1997 年之间比例从 19.2% 下降到了 9.2%，降了 10 个百分点。而同时期仅"性别差距不大"的比例呈现缓慢的上升趋势，从 1974 年的 35% 上升到了 1997 年的 41%[②]。简言之，从总体而言，对性别差异的看法，同时期两性的反应程度不一，但历时来看趋势相同，如图 2 - 2 所示。

第二，不管是精英还是大众，对性别平等的政治态度上存在着性别的差异。在对第一个结论分析的基础上，加入出生年代、选举时间、教育程度、婚姻状况、宗教信仰等自变量的考察，通过回归分析，如表 2 - 1 所示。

---

① The British Election Study（BES）was conducted by David Sanders, Paul Whiteley, Harold Clarke and Marianne Stewart and was funded by the ESRC.

② 数据来源于 BES 在 1974 年、1979 年、1992 年和 1997 年的报告。

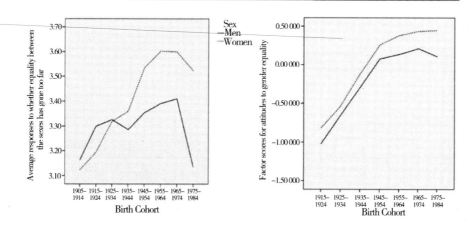

图 2 - 2　两性对性别平等的看法①

表 2 - 1　　　　　　　　两性对性别平等态度的回归分析②

TABLE 1 *Ordinal Regression on Attitudes to Equal Opportunities for Women*, *British Election Studies*, 1974（October）, 1979, 1987, 1992 and 1997

Thresholds	Estimate	SE
Gone much too far	30. 768 ∗ ∗ ∗	5. 425
Gone a little too far	32. 291 ∗ ∗ ∗	5. 425
Is about right	34. 799 ∗ ∗ ∗	5. 427
Not gone quite far enough	37. 342 ∗ ∗ ∗	5. 428
Independent Variables		
Women	0. 381 ∗ ∗ ∗	0. 040
Election year	0. 087 ∗ ∗ ∗	0. 011
Election year	0. 017 ∗ ∗ ∗	0. 003
Degree	0. 507 ∗ ∗ ∗	0. 069
Looking after the home（housewife）	− 0. 308 ∗ ∗ ∗	0. 056
Religiosity	− 0. 055 ∗ ∗ ∗	0. 010

---

①　图 2—2 来源于 Rosie Campebell、Sarah Childs 和 Joni Lovenduskib 在 2009 年底发表的论文《Do Women Need Women Representatives?》，属于内部资料，还未找到发表出处。

②　同上。

续表

Independent Variables		
Thresholds	Estimate	SE
Married	0. 074	0. 039
Voted Conservative	− 0. 377 * * *	0. 040
Cox and Snell Pseudo	R^2	0. 046

Notes：N = 10831. Equation chi square 512（df 8）. Equation − 2 log likelihood 11587.

There was no evidence of multicollinearity between the independent variables.

* * * Significant at the 0. 001 level.

得出的结论是：总体而言，女性比男性更乐于思考性别平等的机会，而性别内部的态度的不同主要取决于代际影响。这个结论证实了试图通过描述代表性来增加实质代表性有其可能性，也在某种程度上证明了配额制、比例制等公共政策有其存在的合理性。

第三，大众政治态度：性别与代际的交织。在 2001 年和 2005 年的 BES 对以下四个问题进行了问卷调查：

①女性比男性能更好地代表女性利益。

②大部分的男性比大部分的女性更适合参与政治。

③女性需要得到更多参与政治的机会以解决她们更加关注的问题。

④丈夫的工作是赚钱养家，妻子的职责是相夫教子。

其中②④旨在对传统的性别角色意识的测量，而①③更趋向于对描述代表性的认可，分别用 1—5 来表示其认可程度，1 表示强烈不同意，2 表示不同意，3 表示不置可否，4 表示同意，5 表示强烈同意。对此问卷结果的分析更多展现的是性别与代际的交织①。

具体而言，大众对传统的性别角色、性别平等以及描述代表性的态度可进行以下两个划分。

（1）以年龄划分，跨时代而言，年轻女性对传统性别角色的反感明显高于年长女性，同时，年轻女性对平等性别角色的支持度也比年长女性

① 参见 Rosie Campebell、Sarah Childs 和 Joni Lovenduskib 在 2009 年底发表的论文《Do Women Need Women Representatives?》，属于内部资料，还未找到发表的出处。

高。然而，年老者比年轻者对描述代表性有更高的支持度。

（2）以性别划分，同时代而言，年老女性比年老男性对描述代表性有更高的支持度，但是年轻女性，尤其是职业女性，对传统性别角色的反感急速增加，并且与同时代的男性相比，这种反感有过之而无不及，而同时，年轻女性对平等性别角色的支持度也比同时代的男性高。对描述代表性的反感度高于年老女性，也高于同时期的男性。

笔者总结为图2—3。

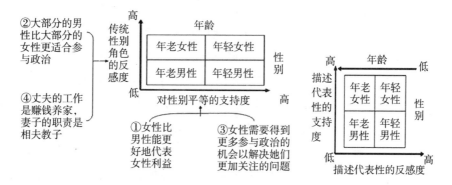

图 2 - 3　政治态度的性别与代际的交织

第四，精英政治态度：性别与政党的共融。前文已经论证：性别平等的政治态度上存在着性别的差异，符合逻辑的推测是女性代表更容易代表女性利益，在2001年和2005年的BES从以下四个维度来考察政治精英对性别平等的态度[①]：

（1）对传统性别角色的态度

（2）对平等表达（equality rhetoric）的态度

（3）对平等促进（equality promotion）的态度

（4）对平等保证（equality guarantees）的态度

结论是：

第一，政治精英会受到性别、年龄、政党、政治环境等多因素的影响。这些影响因素的权重呈不稳定性，并且其存续呈不连续性。

第二，精英层面对政治态度的性别差异要小于大众层面。

---

① 参见 Rosie Campebell、Sarah Childs 和 Joni Lovenduskib 在 2009 年底发表的论文《Do Women Need Women Representatives?》，属于内部资料，还未找到发表的出处。

第三，女性精英对描述代表性的支持度要高于女性大众。

第四，男性精英没有表现出对传统性别角色的反感度，有甚者更不赞成通过描述代表性产生更多的女性代表，女性的投票行为会不可避免地受这种情绪的影响。

对政治精英而言，政党利益的影响度往往超过性别，所以女性精英并不必然代表女性大众。这也滋生了对代表性概念的质疑，性别并没有在政治代表性上发挥显著作用，简言之，女性不仅需要描述代表性，而潜在的值得深层次考虑的是实质的政治代表性。而正如前文所述，研究女性大众和女性政治精英的关系要考虑到四个理论问题：第一，女性利益的天性。第二，本质主义的危险。第三，连接政治表现和意愿提倡的机制。第四，通过描述代表性进入权力层的精英在行为上的局限和困难。具体来说，在政治态度上精英层面存在着性别差异，这个结论已经反复在本书中得到验证，女性有着考虑女性利益的天性，但同时不能因为这种天性就掉进本质主义的陷阱，认为女性关注的就是女性事务，通过前文的论证表明，女性事务有着一种先验的与环境相关的不确定性，能扩展到更广泛的领域，但是这些并不能说明女性精英就一定会代表女性大众，因为还受到政治意愿提倡的机制和权力层中影响力的制约，这两者严重影响着政治精英的行为逻辑，而政治意愿提倡机制和权力层中的影响力都是当前进行制度创新的努力方向。

四　农村妇女的群体特征

基于以上西方学者的研究，笔者从以下三个方面来概括农村妇女的群体特征：

(一) 个体符合理性人假设

对农村妇女这个群体暂且粗略分为两类，一类是政治精英，另一类是普通妇女，不管是政治精英还是普通妇女都是理性人，这是本书的前提假设之一。如导论中所说，本书主要基于理性农民和理性国家的假说，笔者虽也认可农民行为及政府行为受文化、道德、意识形态等非正式制度的制约，但此类非正式制度不过也是为各自的理性选择确定一定的制度边界而已。由于农民的行动单位越来越以核心家庭为基础，且建立在核心家庭以上的差序各方很少再被行动者所认同，差序格局开始解体，因此中国人的行动逻辑越来越接近于西方人的行动逻辑。所以，用来自西方的理性行动理论解释中国农村，也就会越来越具有适应性，这也是作者在"性别与政治代表意愿"大胆引用西方文献的原因之一，一来因为所讨论的问题是世界性的共同问题；二来正如贺雪峰教授所说，中国人的行为逻辑越来越接近西方的行动逻辑，西方理论对中国的研究越来越具有适用性。理性行动理论的要点是，人们都具有趋利避害的本能，在一个给定的利益计算格局下，人们会理性算计自己的利益，从而使自己承担最小的风险，得到最大的收益。理性行动理论以博弈论为基础，认为多次博弈可以产生预期与信任，从而达成合作[①]。而这种理性将在后文的"行动情境"与"作用模式"的分析中更加彰显。

（二）群体并不具有同质性

如前文所述，将农村妇女群体粗略分为两类，一类是政治精英，另一类是普通妇女，这两类就不具有同质性，即使是政治精英内部也不具有同质性，即使是女性大众内部也很难获得共同的性别认同，并且如果仅从性别来划分认同，显然犯了本质主义的错误。根据上文对"女性利益"和"女性事务"的概念解析会发现，这些议题本身就是具有各异性的，如果女性利益是明确的，就没有讨论女性代表和女性大众的必要，因为明确的女性利益也可以被男性所讨论和提出，于是，本书的一个基本前提假设是女性利益处于零散状态，在政策需求和政策审议的全过程中都没有一个核心的设定。所以，在后文分析行为主体行为逻辑中笔者坚持的原则是特定环境、特定地点、特定人物有着不同的属性，不能以一概全。这也是制度分析与发展框架中设置"行动情境"的重要原因。

（三）政治身份与性别认同的权重

就村级治理来说，即使拥有社会性别意识就能代表性别利益吗？有学者提出"村委会成员中有适当比例的女性成员，可以保证村委会在村庄

---

① 贺雪峰：《村治模式：若干案例研究》，山东人民出版社 2009 年版，第 89 页。

公共事务的管理中更好地维护妇女权益，因为只有妇女亲身参与到公共事务的管理中，才能为妇女的切身利益着想。同时还可以反映妇女心声、保护妇女权益、保证中央政策的贯彻落实①"。这是主流的想法，也是政策运行的目标所在。但是通过上文对"精英政治态度：性别与政党的共融"的分析得出的结论之一是：政治精英会受到性别、年龄、政党、政治环境等多因素的影响。这些影响因素的权重呈不稳定性，并且其存续呈不连续性。对政治精英而言，政治利益的影响度往往超过性别，所以女性精英并不必然代表女性大众。这也滋生了对代表性的概念的质疑。有这样的结论是不是就要停下推动农村妇女进村委的脚步呢？恰恰相反，此处更需要考虑：为何会出现此种悖论？为什么性别代表性会遭到质疑？笔者提出现有的性别意识缺乏以及政党利益超过性别的现状更加迫切需要增加农村妇女进村委的比例，更加需要更多妇女进入到村级治理中来，更加需要更多的村委班子的女主职，这些都是缺乏性别友好型的制度环境所导致的，所以仅仅是进村委"扶上马②"还不够，还需要"送一程"。具体对此悖论的分析请详见于第六章。

五　本章小结

本书研究的政策运行主体包括三个层面：政治层面的国家政策、执行层面的地方政府、操作层面的村庄及个人，农村妇女既是政策运行的主体之一，她们或是投票行为的实施者，或是村委会选举的参选者，抑或是村庄的治理者，而同时她们又是农村妇女参与村级治理的政策对象，政策运行的目标就是要推动更多的农村妇女参与村级治理，提升农村妇女参与质量和水平，本章通过对性别与性别意识的辨析，提出性别与性别意识并不具备必然的相关性，但同时女性利益处于零散状态且具有不确定性，这种特性使得女性利益很难超越性别得以实现，即因为没有明确的利益诉求，所以很难要求男性能完全准确地表达女性的利益诉求，这使得在推动性别

① 董江爱、李利宏：《公共政策、性别意识与农村妇女参政——以提高农村妇女当选村委会成员比例为例》，《山西大学学报（哲学社会科学版）》2010年第1期，第111—116页。

② "扶上马、送一程"的说法笔者受惠于陕西合阳县的县委副书记的座谈，指的是仅仅提升农村妇女进村委的比例还不够，还要提高其治理能力，给她们创造善治的平台。

平等的政治代表性上性别需要成为一个考量的因素，即需要女性代表，需要提升在制度设计上体现对性别的关注，这也是本书语境下需要推动农村妇女进村委、需要进行农村妇女参与村级治理的制度设计的原因之一，另外，从代表意愿来说，女性本身可能具有女性主义的定位，即女性代表更有意愿代表女性。但是对政治精英而言，政党利益的影响度往往超过性别，所以女性精英并不必然代表女性大众。在对农村妇女群体的分析中，笔者提出从个人角度来说都是理性人，从群体角度来说具有不同质性，这种不同质性本身就使得政治代表性的意愿和目标不一样，另外，政治精英因为贴上了职位的标签，其身份所代表的利益已经远远超过了性别的约束力，回到本章的起点假设，推动农村妇女参与村级治理的一个潜在假设是，更多的女性参与能推动村级治理的性别平等，这个论断并不是必然成立的，这种不成立并不是说女性没有性别代表意愿，在本书中已经证实政治代表意愿与性别的相关性，在此提出的结论是：虽然政治代表性上有性别差异，但促进妇女进村委只是万里长征的第一步，进入村委的女干部能不能实现其代表性，政策运行能不能实现性别主流化的目标，还需要两性和谐治理的保障机制。

第三章　政策运行的应用规则

第一章和第二章是从宏观的角度分析了农村妇女参与村级治理的环境和农村妇女的群体特征，而本章采取宏观和微观相结合的方式，既着眼宏观的国家政策，也依托微观的个案解析，试图阐释的问题是：农村妇女参与村级治理有着怎样的应用规则？作为正式规则的公共政策有哪些？为何有如此的公共政策？政策设计基于何种原因？政策制定的深层逻辑是什么？政策目标及期待产出是什么？以湖北省广水市 C 乡的个案为例，提出问题："村委会是否只能有且只有一个女性，如果该女性承担起主职工作，那么她是否必须附带着妇联主任和计生专干的兼职？此个案显示的问题背后蕴含着怎样的应用规则？如何在应用规则模型下对当地的政策运行进行分析？

一　应用规则的理论根基

在导论部分介绍 IAD 框架时曾略有提及应用规则模型，在本章中将予以详述。

奥斯特罗姆认为，应用规则通常是在不断重复的行动情境内的个体，为了改善结果而有意识地改动情境结构的过程中产生的[1]。而制度是用来约束人们在重复境况下的决策过程中的行为规则、规范和策略[2]，因此"一个深入的制度分析的第一步是试图理解个体做选择时的应用规则和范式[3]"。

---

① 参见 Siddiki, Saba, Christopher M. Weible, Xavier Basurto, and John Calanni. 2011. "Dissecting Policy Designs: An Application of the Institutional Grammar Tool." Policy Studies Journal 39 (1): 73—97.

② 王群:《奥斯特罗姆制度分析与发展框架评介》,《经济学动态》2010 年第 4 期。

③ 原文: A deeper institutional analysis first attempts to understand the working rules and norms that individuals use in making decisions. Elinor Ostrom, Background on the Institutional Analysis and Development Framework, Policy Studies Journal, 2011. 1.

　　不同社会的秩序构成不同，它们都存在着某些惯例，规范着利益竞争活动的"产出"，这些惯例没有成为文本，但却是行为导向的指南，我们需要从社会活动的实践中认识它们①。而这种规则往往影响深远，正如奥斯特罗姆所说"在高级层次上可做些什么，取决于这个层次与更深层次上规则的能力与局限性。如果为规范某一层次的行为而改变规则，那么这个改变通常发生在更深层次的'固定'规则的限制下。要成功改变深层次的规则，通常更难且代价更高，正因为如此，由于深层次规则的存在，按规则行事的人们所拥有相互预期也就更稳定。②"

　　在行动情境中，规则是参与者普遍认可的对何种行为和结果被要求、禁止和许可的具有可执行力的描述③，可被看成是在某一特定环境中如何建立行动情境的指令、参与者所认可的构架行动情境的策略，或是人们鉴于行为与结果之间的关联而努力维持情境秩序和可预见性的努力④。所以规则不一定非得以文字为载体，也不一定必须来源于正式的法律程序⑤。所以，在此说明的第一点是后文分析农村妇女在参与村级治理的应用规则过程中并非全部根据正式制度，因为还存在"社会习惯"（social habit）或者惯有的反应模式等形式所呈现的应用规则。第二点是规则并非固定不变的，"个体也会偶然因接受不同的规则而改变行为，久而久之，这种改变的行为渐渐形成新的规则⑥"，所以前文对"外生变量"的分析基于"乡村巨变"的视角，变化的外部环境孕育着变化的应用规则，这也是后文研究应用规则影响下的行动情境的原因。

　　总之，规则在行动情境中处于核心地位。在 IAD 框架中"应用规则"

---

　　① 张静：《现代公共规则与乡村社会》，上海书店出版社 2006 年版，第 12 页。

　　② 埃莉诺·奥斯特罗姆：《规则、博弈与公共池塘资源》，陕西人民出版社 2011 年版，第48—49 页。

　　③ 参见 Ostrom, E., R. Gardner & J. Walker（1994），Rules, Games, and Common – Pool Resources. Ann Arbor：University of Michigan Press. 也见 Elinor Ostrom, Background on the Institutional Analysis and Development Framework, Policy Studies Journal, 2011. 1. 原文：Rules are shared understandings among those involved that refer to enforced prescriptions about what actions（or states of the world）are required, prohibited, or permitted.

　　④ 王群：《奥斯特罗姆制度分析与发展框架评介》，《经济学动态》2010 年第 4 期。

　　⑤ 参见 Ostrom, E.（2005），Understanding Institutional Diversity. Princeton University Press.

　　⑥ 参见 Shimanoff, Susan B. 1980. Communication Rules：Theory and Research. Beverly Hills, CA：Sage.

应属于"外生变量"之中，但因其在本研究分析政策运行机制中的重要地位，特专设一章论述。

正如前文所说，规则不仅来自正式制度，还有非正式的"习惯"等，那么怎样的规则在制度分析中尤为重要？如何来进行分析呢？奥斯特罗姆在 IAD 框架中根据影响行动情境的要素有如下 7 类分析问题的经典规则，如图 3—1 所示。

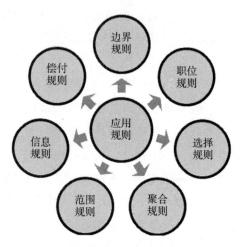

图 3 - 1   应用规则的分类图

（一） 边界规则（Boundary Rulcs）

边界规则规定参与者进入的自由度、退出的条件等①，它确立了个体取得或者脱离某种身份的程序、标准、要求和费用。边界规则可以是一种"邀请"，即具有特定身份的参与者可以"邀请"其他参与者并确定他们的身份；也可以是一种"竞争"，即个体通过考试、竞拍等方式取得某种身份②。如果个体非自愿地进入某一行动情境并被强加某种身份，这种边

---

① 原文：Boundary rules affect the number of participants, their attributes and resources, whether they can enter freely, and the conditions they face for leaving. Elinor Ostrom, Background on the Institutional Analysis and Development Framework, Policy Studies Journal, 2011. 1；也见：Boundary rules specify how participants enter or leave these positions. Authority rules specify which set of actions is assigned to which position. Michael D. McGinnis：An Introduction to IAD and the Language of the Ostrom Workshop：A Simple Guide to a Complex Framework, The Policy Studies Journal, Vol. 39, No. 1, 2011.

② 王群：《奥斯特罗姆制度分析与发展框架评介》，《经济学动态》2010 年第 4 期。

界规则就具有强制性，例如签订契约之后就应按章办事，也有非强制性的一面，例如进入一个非正式组织之后可以自由退出，边界规则可以允许一个参与者拥有多重身份，例如村委会中的交叉任职，也可能要求和其他参与者分享一个身份，例如奥斯特罗姆与威廉姆森分享 2009 年诺贝尔经济学奖。同时，参与者的身份并不是一成不变的，在符合条件的情况下，参与者的身份可以转变，例如，某个体在村委会选举中由投票者变为竞选者。

（二）　职位规则(Position Rules)

职位规则规定职位的种类和数量，这包括特定职位的资源、机会、偏好和责任等[①]。例如村委会中对村委会组织的职数要求和职责设定，此分析请详见后文。

（三）　选择规则(Choice Rules)

选择规则规定从属于身份的行为集合，包括"必须、可以、不可以"等，此集合不仅与身份属性相关，也与之前此个体或其他个体采取的行为选择相关。扩大或者减小可选行为的集合会影响到个体的基本权利、责任和自主程度。这说明，选择规则可以改变从属于身份的权力，从而改变行动情境所容纳的权力总和与权力分配。在本书中笔者将着重于村庄治理的"先例"与性别分工。

（四）　聚合规则(Aggregation Rules)

聚合规则决定了处于某一身份状态的个体对结果的控制力。聚合规则大致可以分为三类：第一类，不对称聚合规则——并不是所有参与者都有选择权，只有某些具有特定身份的参与者或者由参与者组成的参与组织的代表可以参加决策；第二类，对称聚合规则——所有参与者均享有选择权，例如，一旦某一选择的人数超过半数或者三分之二，则达成决议；第

---

① 原文：Position rules specify a set of positions, each of which has a unique combination of resources, opportunities, preferences, and responsibilities. 参见 Michael D. McGinnis：An Introduction to IAD and the Language of the Ostrom Workshop：A Simple Guide to a Complex Framework, The Policy Studies Journal, Vol. 39, No. 1, 2011。

三类，协议缺失规则——如何处理协议没有达成的情况。

（五）　范围规则（Scope Rules）

范围规则确定在行动情境内可能出现的结果的集合。在稳定的行动情境内，一定的行动会导致一定的结果。反过来，范围规则通过改变结果的参数来改变参与者的行为，它并不直接作用于行为。因为奥斯特罗姆的核心研究集中在公共池塘的治理上，所以提出针对公共物品的范围规则，但此规则在本研究中并不明显。

（六）　信息规则（Information Rules）

信息规则决定了哪些关于行动情境总体结构的信息和关于任何个体现在和过去的行动、状态的信息是可以被获取的以及获取程度。信息规则涉及的内容包括信息流通渠道和信息交流的频率、准确性、主题、标准语言等，它能够揭示其他参与者过去的行动，帮助参与者寻找可信的合作伙伴。

（七）　偿付规则（Payoff Rules）

偿付规则决定基于行为选择而产生的结果所带来的回报与制裁。一方面，偿付规则决定个体的回报方式，例如月薪还是年薪、根据时间还是产量、有无合同等。另一方面，它规定了由于行为违规而产生的惩罚性支出。这也将作为本书中影响投票行为和参选行为的重要考量之一。

每一类规则对应行动情境内一组变量，这并不代表它们仅仅作用于一组变量。实际上，它们同时又间接作用于其他变量，从而对行动情境整体结构产生一定作用。例如笔者亲历的生活案例：武汉市的"禁麻"行动。因影响城市交通、破坏城市形象，政府决定禁止"麻木"运行，但如何避免"乱了治，治了乱"的怪圈呢？只有各项规则多管齐下才能"治麻"成功，因为"治麻"不仅对麻木司机的生活状况产生影响，同时也会给市民出行带来不便，于是就需要改变情境中的应用规则。武汉市的成功经验，一是安置工作满足"麻主"生计需要，二是的士降价满足市民出行需要，在这个简单的案例中，规则的改变对整个行动情境都产生了很大影响，所以，奥斯特罗姆强调，应该把这些规则看成一个协作整体。在一个行动情境内，7 类规则并不一定全部存在，任何一类或多类规则都可能缺失，使相对应的变量处于没有规则直接约束的默认状态（default），进而牵连其他变量。如果一个行动情境内没有任何规则，那么这个行动情境处于霍布斯自然状态，势必会导致秩序的混乱和参与者行为的非理性化。所以，不难理解为何奥斯特罗姆认为致力于制度的改革往往就是制定或调整影响行动情境的规则。那么，在农村妇女参与村级治理过程中，有着怎样的规则，怎样通过这些规则来实现两性的和谐治理呢？

二　农村妇女参与村级治理的主要政策

虽然笔者在导论中提及将政策锁定在《中华人民共和国村委会组织法》（1998 年）和新修订的村组法（2010 年）中关于妇女参与村级治理的政策条款。但政策运行的制度基础既包括涉及针对妇女参与村级选举的正式规则，也包括覆盖乡村治理各个方面的非正式规则，换言之，"正式规则都属于应用规则[①]"，同时，还包括传统观念、社会惯习等在内的非正式规则都在本部分所涉猎的范围之内，但这些非正式规则深藏于行动逻辑之中，笔者在后文中会有详述，在此，仅分析涉及农村妇女参与村级治理的正式规则，即国家政策。另外，设置本部分的另外一个原因是政策运行的主体包括三个层面，政治层面的国家政策、执行层面的地方政府和操作层面的村庄及个人，在第二章中已经详细分析了农村妇女的群体特征，本部分将着重分析的是政策运行的另一主体：政治层面的国家政策。

（一）主要政策

既然是研究政策运行机制，必须对政策的内涵和外延加以解释，那么本书所指的主要政策有哪些呢？

1995 年举世瞩目的第四次世界妇女大会在北京召开，在政府级会议致辞中，中国国家主席、中共中央总书记江泽民同志指出："中国政府一

① Marschak, ed. C. B. McGuire, and Roy Radner. Amsterdam: North Holland, 161—176. Sproule-Jones, Mark. 1993. Governments at Work: Canadian Parliamentary Federalism and Its Public Policy.

向认为，实现男女平等是衡量社会文明的重要尺度①。我们十分重视妇女的发展与进步，把男女平等作为促进我国社会发展的一项基本国策。我们坚决反对歧视妇女的现象，切实维护和保障妇女在国家政治、经济和社会生活中的平等地位和各项权益。"

1998 年《中华人民共和国村民委员会组织法》（1998 年 11 月 4 日第九届全国人民代表大会常务委员会第五次会议通过）明确规定了在村委会中，"妇女应当有适当的名额②"。

2002 年 8 月，中共中央办公厅、国务院办公厅 14 号文件也进一步强调"要保证妇女在村委会选举中的合法权益，使女性在村民委员会成员中占有适当名额"。

2005 年全国人大修订的《妇女权益保障法》，"村民委员会成员中妇女应有适当名额"写入法律，为农村妇女参与村民自治实践提供了法律依据。

2009 年 12 月，由民政部和国务院法制办制定的《村民委员会组织法（修订草案）》获国务院通过，之后，该法向社会各界公开征求意见。

2010 年 10 月 28 日第十一届全国人民代表大会常务委员会第十七次会议修订的《中华人民共和国村民委员会组织法》对农村妇女参加村务决策提出了明确的要求："村民委员会成员中，应当有妇女成员。"《中共中央办公厅、国务院办公厅关于健全和完善村务公开和民主管理制度的意见》明确规定："村民代表由村民依法选举产生，妇女代表要占一定比例。"

2011 年 5 月 4 日《中国妇女报》发表了《村委会成员中至少有一名妇女纳入新一轮村"两委"换届重要任务》的报道指出"民政部门进一步完善'专职专选'的有效办法，努力提高妇女成员比例，为农村妇女参与村委会工作创造更加有利的条件，确保妇女村民代表比例达到三分之一以上，村委会成员中至少有一名妇女，特别是村'两委'女性正职比例不断提高"。

---

① 转引自林国全：《构建社会主义和谐社会视角下的妇女发展》，《重庆工学院学报（社会科学版）》2008 年第 9 期。

② 刘筱红、吴治平：《农村妇女竞选村委会成员的政治环境分析——基于湖北省 S 市的经验》，《华中师范大学学报（人文社会科学版）》2008 年第 5 期。

2011 年 12 月 20 日中国妇女网刊登了《河北邯郸市力推村"两委"换届工作》的新闻指出：为了进一步做好女性进村"两委"和农村妇代会直选工作，河北邯郸市妇联紧紧抓住村"两委"换届契机，在全市村"两委"换届动员会召开之前，积极向市委打报告，建议把女性进"两委"工作与农村"两委"换届工作同步谋划、同步安排、同步推进、同步落实。得到市委高度重视，在《全市村党组织和第九届村民委员会换届工作实施方案》中明确提出了"村委会成员中要有妇女"的候选人推选标准，要求各县"条件成熟的地方，村妇代会、村团组织可与村'两委'换届统筹考虑，同步进行"。在选举中"实化'定向推选'举措，做好大学生村官、妇女、治安管理员进'两委'工作。在妇女进'两委'上，推行妇女候选人专职专选"。

这一系列的政策出台，使得农村妇女参与村委会选举并竞选村委会成员面对的情况发生了显著的变化。在村民自治过程中，目前最能体现农民的民主参与意识和行使民主权利的就是村民选举。而对村级选举最核心、最具影响力的公共政策就是《中华人民共和国村民委员会组织法》，笔者并不求政策梳理的"广撒网"，但求核心政策的"深挖洞"。基于此，本书集中对《中华人民共和国村民委员会组织法》①（1998 年）和新修订的村组法②（2010 年）中关于妇女参与村级治理的政策条款以及影响条款进行分析。因为本书的撰写阶段经历了老法退出历史舞台、新法开始发挥作用的时期，所以采取两法比较的方式对当前农村妇女参与村级治理的主要政策进行阐述。

从内容上来说，老法只有粗浅的 30 条，相对比较笼统简单。而新《村民委员会组织法》不但归类编排了六个章节，还增加了许多新的内容，那么，新法究竟新在哪里呢？

1. 删除"适当"二字

老法中，与妇女参政有关的条款只有一条，即"村民委员会中，妇女应当有适当的名额"。之所以有这样的政策，目标是保证妇女参政的权利，促进妇女参加村务管理。但政策目标与政策结果出现了相悖，现实情

---

① 后文简称为老法。
② 后文简称为新法。

况却是有的地方为了适应老法的要求，仅配备一名妇女进入村委会，而这位妇女往往被职位边缘化，并且其他妇女被排除在外；有的地方则以妇女候选人未达到票数，村委会干脆就没有女性，妇女参政的比例在不少地方呈现出下降的趋势。类似研究汗牛充栋，笔者不再赘述，出现这种结果的关键就在于"适当"如何解释？新法对此作出调整，删除了"适当"两字，将该条改为"村民委员会成员中，应当有妇女成员"。不过，也有批评者认为，删除或者不删除，只是表述方法不同而已，没有实质性的意义。无论如何，种种争议表明，农村妇女参与村级治理越来越受到重视。

2. 规定女村民代表比例

村民代表中的妇女比例，从无到有，是为亮点。农村妇女参与村级治理不限于进入村委会任职，还包括出任村民代表。老法第 25 条规定："人数较多或者居住分散的村，可以设立村民代表会议，讨论决定村民会议授权的事项。"新法新增加的内容是："村民代表会议由村民委员会和村民代表组成，村民代表应当占村民代表会议的 4/5 以上，妇女村民代表应当占村民代表会议组成人员的 1/3 以上。"

明确妇女村民代表的数量要求，为保障其在管理村庄公共事务中的话语权，具有极其重要的现实意义。可能有人认为，到北京人民大会堂与国家领导人共商国是，才叫参政；在男性主导的村庄治理中，女性当村民代表也不会有啥作为。事实恰恰相反，其实真正的参政，正是从当基层这种不起眼的"代表"开始。

具体来说，新法赋予了村民代表更大的权利。原来的法律只是规定："人数较多或者居住分散的村，可以推选产生村民代表，由村民委员会召集村民代表开会，讨论决定村民会议授权的事项。"可是，这样的规定过于笼统，在现实中不好操作。如果村委会不召集村民代表开会，是不是就可以不召开村民代表会议？哪些事项由村民会议决定？哪些事项由村民代表会议决定？法律没有明说。也就是说，村民代表的权利被架空了。而这些疑问，在新法中均有了明确规定。如"村民代表会议每季度召开一次"、"有 1/5 以上的村民代表提议，应当召集村民代表会议"、"1/3 以上的村民代表提议，应当召集村民会议"、"1/3 以上村民代表联名，可以提出罢免村委会成员的要求"等。同时，新法还对村民会议可以授权村民代表会议的事项做了列举：第一，审议村委会的年度工作报告；第二，评议村委会成员的工作；第三，撤销或者变更村委会不适当的决定。村民代表通过一定的法律程序，可以对村委会和村委会成员进行监督。但村民代表的权利也不是不受限制，新法规定："村民代表应当向其推选户或村民小组负责，接受村民监督。"关于村民代表的任期，新法规定"与村民委员会的任期相同。村民代表可以连选连任。"

3. 参加选举机会增多

新法中，将参选的门槛放宽，即使无本村户籍，也可以参选。这正是笔者在第一章中提及的"乡土社会现代化"的一个表现，随着现代性进村和城市化进程，原本常年在自己村庄居住的村民，有不少已进入城镇或做生意或务工。这些不在本村居住的村民有没有选举权？他们的选举权通过什么样的方式实现？在新《村民委员会组织法》出台之前，各地的做法很不一样，有的地方要求村民必须回村现场投票，有的地方规定村民可以委托亲朋好友代为投票。甚至一些村庄干脆自行"自治"，由负责选举的人自行做主，不少地方因此引发了激烈的矛盾。对于选举期间不能参加投票的村民，新《村民委员会组织法》做了明确规定："可以书面委托本村有选举权的近亲属代为投票。"按照《民法通则》的规定，近亲属包括本人的配偶、父母、子女、兄弟姐妹、祖父母、外祖父母、孙子女、外孙子女。

另外，新《村民委员会组织法》规定，"户籍不在本村，在本村居住一年以上，本人申请参加选举，并且经村民会议或者村民代表会议同意参加选举的公民"也可以列入参加选举的村民名单。需要注意的是，在主体表述上，此处用的是"公民"而非"村民"。以此推断，凡是在本村居住一年以上，无论其户籍在何地，无论其户口性质为何，只要本人申请，只要村民会议或村民代表会议同意，其就可以参加本村的选举。让没有本村户籍的人在当地参加选举，从保障这些人的选举权来看，具有积极的意义。但让外来人口决定本村村委会的组成人员（虽然设置了许多限制条件），是否可行有待观察。

4. 罢免村官门槛降低

按照老法的规定，村委会在换届选举时，有选举权的村民过半数投票，该次选举有效。候选人获得参加投票的村民的过半数的选票，就可以当选。而对于罢免村委会成员，则要求本村 1/5 以上有选举权的村民联名提出申请。要想把村委会成员罢免成功，必须经有选举权的村民过半数通过。依此规定，选举村委会成员，只要有超过本村 1/4 的有选举权的村民投票同意即可；而要想罢免掉村委会成员，则要求本村有选举权的村民过半数同意。有不少村民抱怨，"我们只能决定村官的'生'，却不能决定村官的'死'！"新《村民委员会组织法》在提出罢免要求方面，除保留"本村 1/5 以上有选举权的村民"可以联名提出罢免村委会成员外，还把"1/3 以上的村民代表"列入了可以联名提出罢免的范围。毫无疑问，1/3 以上村民代表联名比 1/5 有选举权的村民联名要容易得多。

在罢免表决方面，新法将原来的"须经有选举权的村民过半数通过"修改为"须有登记参加选举的村民过半数投票，并须经投票的村民过半数通过"。"参加选举的村民"当然要比"有选举权的村民"人数上少，"投票的村民"比"有选举权的村民"人数上更少。

同时新法规定："村民委员会成员连续两次被评议不称职，其职务终止。"而"民主评议每年至少进行一次"。这些规定，都是对村委会成员的硬性约束。

在新法出台之前，对于犯了罪的村官是否终止职务没有明确规定，有些地方甚至出现了村官被判刑还继续在村委会担任职务的情况，引起了村民们的不满。新法对此作了专门规定，即"村民委员会成员被判处刑罚的，其职务自行终止"。

以上是对农村妇女参与村级治理的新法相关规定作出部分解释，当然，像党支部与村委会的关系之类的争议等由来已久的问题，在新法中依然没有找到明确答案，还需要在实践中继续探索。无论如何，与原来的法律相比，新法已经大大地向前迈出了一步。

（二）政策缘起

为何有如此的公共政策？政策设计基于何种原因？政策制定的深层逻辑是什么？政策目标及期待产出是什么？

1. 原因探寻：历史和现状

对政策设计的原因探寻，恰好是妇女参与村级治理的历程追溯，因前文已有详述，此处仅点到为止。如果套用马克思对生产关系与生产力关系的经典论述，可将此原因概括为：农村妇女参与村级治理的比例太低的现状无法满足农村建设发展的需要。

2. 价值取向：平等和公正

虽然"追溯村民自治的起始，其最初的动因更多是基于工具理性的考虑，即探索人民公社解体后政府对农村的有效管理方式，以实现农村的稳定和发展①。"但随着村级治理三十多年的发展，在男女平等的基本国策之下，在两性和谐的发展诉求之中，性别主流化的价值判断在制度设计中尤显重要。对此，必须提及的两个重要概念如下：

（1）社会性别平等

"男女平等"被视为衡量社会进步的重要尺度，被尊崇为全球共举的普世价值观。但在此笔者需要重申的是"男女平等"并不是"男女一样"。从毛泽东时代以来宣传的"男女平等"所蕴含以男性作为衡量女性的标准并不是"平等"的真正内涵，基于"差别"意义上自由选择的平等机会才是核心之处。

在此引出的概念是"社会性别平等"。社会性别平等包含这样的含义："所有人，不论男女，都有可以在不受各种成见、严格的社会性别角色分工观念，以及各种歧视的限制下，自由发展个人能力和自由做出选择。社会性别平等意味着男性和女性的不同行为、期望和需求均能得到同等考虑、评价和照顾②。"社会性别平等并不意味着女性和男性必须变得完全一模一样，而是说他们的权利、责任和机遇，并不由他们的性别来决定③。

（2）社会性别公正

社会性别公正指对男性和女性的不同需求给予公平待遇。这可以包括同等待遇或在权利、福利、义务和机遇等方面被视为平等但表面上有所不同的待遇④。

---

① 刘筱红：《支持农村妇女当选村委会成员的公共政策分析》，《华中师范大学学报（人文社科版）》2005年第2期。

② 刘伯红：《提高社会性别主流化能力系列之一：什么是社会性别主流化》，《中国妇运》2005年第7期。

③ 参见赵金：《性别平等和大众传媒——访全国妇联妇女研究所研究员刘伯红》，《青年记者》2008年第11期。

④ 参见刘伯红：《提高社会性别主流化能力系列之一：什么是社会性别主流化》，《中国妇运》2005年第7期。

（三）政策目标

"制度安排至少有两大目标：一是提供一种结构使其成员的合作获得一些在结构外不可能获得的追加收入；二是提供一种能影响法律或产权变迁的机制，以改变个人（或团体）可以合法竞争的方法①。"以上政策的目标可以概括为社会性别主流化。

社会性别主流化这个提法最早出现在 1985 年联合国第三次世界妇女大会上；在 1995 年北京召开的第四次世界妇女大会上，社会性别主流化被联合国确定为促进性别平等的全球战略。在 1997 年联合国经社理事会通过了对社会性别主流化的一致定义，即："在处理提高妇女地位的机制问题时，各国政府和其他行动者应提倡一项积极鲜明的政策，将性别观点纳入所有政策和方案的主流，以便在做出决策以前分析对妇女和男子各有什么影响②"、"把性别问题纳入主流是一个过程，它对任何领域各个层面上的任何一个计划行动，包括立法、政策或项目计划对妇女和男人产生的影响进行分析③"，"它是一个战略，把妇女和男人的关注、经历作为在政治、经济和社会各领域中设计、执行、跟踪、评估政策和项目计划的不可侵害的一部分来考虑，它的最终目的是达到社会性别平等。④"

对此，笔者需要强调以下几点：

第一，男女平等不是妇女的自说自话，而是男女两性的共同参与。

第二，性别平等不仅仅是一个倡导性的政策，而应该纳入政府工作和社会发展的宏观决策的主流。

第三，社会性别主流化的责任主体首先是政府，政府应该充分履行对性别平等的承诺。

第四，明确男女平等的内涵，不是男女都一样，而是男人和女人享有平等的权利、义务、责任、机会、资源和评价。

---

① 卢现祥：《新制度经济学》，武汉大学出版社 2004 年版，第 112 页。
② 齐艳英：《关于完善我国社会性别平等的法律思考》，《理论界》2007 年第 7 期。
③ 宁爱凤：《和谐社会理念下农村妇女土地权益实现》，《农业经济》2009 年第 3 期。
④ 金沙曼：《论党校在推进中国特色社会性别主流化中的作用发挥》，《理论导刊》2007 年第 12 期。

三 应用规则模型下的现实分析

笔者在上文已经论述了农村妇女参与村级治理的正式规则，即国家政策，本部分在此基础上，依托应用规则模型，进一步在对非正式规则在内的应用规则进行现实语境下的分析，因本书分析的主要政策都是围绕村级选举，依据的是新《村组法》的相关法律法规，奥斯特罗姆强调在一个行动情境内，7 类规则并不一定全部存在①。所以笔者在行文中并非按照应用规则模型的平衡笔墨、循序分析，并且有些规则在实际运行中交织影响、难以区别，所以笔者依托实证调研突出重点。在此，也引出笔者的实证个案，此个案将应用于后面的各章之中。

笔者耗时最长、研究最深也是本书最重要的个案位于湖北省广水市 C 乡，C 乡地处广水市城区近郊，是城区的南大门。全乡版图面积 120 平方公里，总人口 5.2 万人，辖 20 个行政村，农业人口 46 764 人，其中人口最多的是富康村，为 4 171 人；最少的是跑马场村，人口为 1 052 人。地理区位很优越，北西南三面环绕城区，交通便利快捷，境内十长和平洑两条省道贯穿全境并交会互通，是城区以南的交通枢纽中心。

C 乡为笔者所在课题组从 2005 年以来的试点乡，本课题组依托联合国妇女发展基金会的项目"将社会性别意识纳入村民自治主流"，从 2005 年开始在该乡 20 个自然村试行新的选举制度"性别两票制"，那么，什么是"性别两票制"？为何诞生？又为何在广水市诞生？这是学者的社会性别理论视角与地方的"两票制"实践相联姻的产物②。首先，广水市各级领导经过"两票制"的摸索和实践，具备了政策创新的勇气和经验，这是"性别两票制"得以酝酿和产出的首要条件；其次，任何新政策都难免在合法性上具有擦边性，它能否进入实践层面有赖于村庄社会的理解与支持，这是"性别两票制"能够得以生长和推广的关键。在学者、地

---

① 王群：《奥斯特罗姆制度分析与发展框架评介》，《经济学动态》2010 年第 4 期。

② 陈琼：《保护性政策与妇女公共参与——湖北广水 H 村"性别两票制"选举试验观察与思考》，《妇女研究论丛》2008 年第 1 期。

方领导、村庄社会的相互作用下，新政策才得以进入实验阶段①。所以 2005 年在广水市第六届村委会选举之际实施了"性别两票制"，具体表现为 2005 年 8 月中共广水市委组织部下发的《广水市村民委员会第六次换届选举工作实施细则》和《广水市村民委员会换届选举规程》中的明确规定：村民选举委员会、村民代表中妇女要有 30% 的比例，村民委员职数一般由 3--4 人组成，成员中应有 1 名妇女，正式选举时对妇女候选人采用职位保留制，即设妇女委员职位②。

在此阶段使用的仍然是老法，老法规定"村民委员会中，妇女应当有适当的名额"，广水市的制度创新避开了"适当"陷阱，明确规定，成员中必须有 1 名妇女，这使得 2005 年广水市第六届村委会换届选举结果为：全市有女干部的村占 66.2%，比上届提高 28.4 个百分点③。

表 3 - 1　　　"性别两票制"输入前、后妇女公共参与对比④

主体\n内容	妇女主任		妇女代表		普通妇女	
	前	后	前	后	前	后
参与意识	信心不足，担心落选，但尚能主动参与	有自主意识、竞争意识、服务意识	被动参与较强，基本不参与竞争	部分有自主意识和竞争意识	大部分无政治意识，少部分参与投票	政治热情有所提高，基本无竞争意识
参与内容	市、乡政权建设，村庄层面的部分事务，专管计生、卫生	市、乡政权建设，村庄层面的部分事务，专管计生、卫生	村里重大公益、组内重要事务、协管组内计生、卫生	村里重大公益、组内重要事务、协管组内计生、卫生	与自身利益相关事务	与自身利益相关事务

①　陈琼：《保护性政策与妇女公共参与——湖北广水 H 村"性别两票制"选举试验观察与思考》，《妇女研究论丛》2008 年第 1 期。

②　参见陈辉玲：《村委会选举中的性别两票制研究——以广水市 H 村为例》，2006 年华中师范大学硕士毕业论文，第 25 页。

③　数据来源于笔者对广水市的调研。

④　陈琼：《保护性政策与妇女公共参与——湖北广水 H 村"性别两票制"选举试验观察与思考》，《妇女研究论丛》2008 年第 1 期。

续表

主体内容	妇女主任		妇女代表		普通妇女	
	前	后	前	后	前	后
参与方式	制度化渠道为主	制度化渠道为主	非制度化为主、制度化为辅	制度化成分较多	投票、私下接触、议论、抗拒	投票、私下接触、议论、偶尔抗拒
参与水平	倾向按规则办事	讲究策略、艺术	机会少、水平不高	机会增多、开始注意策略	理性计算（经济利益、人情世故）	理性计算（经济利益、人情世故）
价值取向	村庄公益为主	村庄公益性更强	自我利益为主	兼顾组内利益、村庄利益	自我利益	自我利益

　　同样，在项目组选取的 C 乡，女干部的比例也在逐年上升，近三届村委会选举结果如表 3—2 所示。

表 3 - 2　　　　　　　　湖北省广水市 C 乡的选举数据

时间	行政村个数/个	干部人数/人	女干部人数/人	女干部所占干部比例/%	行政村的女干部比例/%	女主职位的人数/人
2002 年 11 月第五届村委会选举	30	220	17	7.72	56.7	0
2005 年 11 月第六届村委会选举	20①	80	12	15	60	0
2008 年 11 月第七届村委会选举	20	80	20	25	100	1（村主任）

---

　　①　2005 年进行了行政村合并，由 30 个行政村合并成 20 个，在合并过程中减掉了 5 名女干部。

2008 年选举后的成绩非常喜人，20 个村实现了村村都有女干部，但同时也发现每个村都只有一个女干部，即使是产生女主任的村，此女主任也同时兼任了村妇女主任、计生专干等职位，那么提出问题："村委会是否只能有且只有一个女性，如果该女性承担起主职工作，那么她是否必须附带着妇联主任和计生专干的兼职？此个案显示的问题背后蕴含着怎样的应用规则？如何在应用规则模型下对当地的政策运行进行分析？

对于问题"村委会是否只能有且只有一个女性，如果该女性承担起主职工作，那么她是否必须附带着妇联主任和计生专干的兼职？"的分析逻辑是：

（1）村委会是不是必须有女性？

（2）村委会是不是只能有一个女性？

（3）女性成员是不是只能做妇联主任？

（4）女主职是不是必须身兼妇联主任或计生专干的职务？

（5）女主职不做计生工作的话，谁来做？

（一）边界规则：村干部的"角色"和"期待"

正如前文所述，边界规则可以是一种"邀请"，即具有特定身份的参与者可以"邀请"其他参与者并确定他们的身份；边界规则也可以是一种"竞争"，即个体通过考试、竞拍等方式取得某种身份。作为村干部，女性党员身份的缺失成为其进入"内委"的重要阻碍之一，因为无法入党而无法参政，限制了妇女参与村级治理。"党员身份"属于边界规则之中，因为此身份是进入行动情境的必要条件之一，属于"进入边界"，但同时也属于职位规则之中，因为党员的身份属于职位的要求，笔者因行文需要，将"党员身份"列入职位边界之中进行论述，在边界规则中着重从村干部的角色来探讨村委会组织中的性别边界，即"村委会是不是必须有女性？"

学界对村干部的角色已有众多探讨。徐勇教授认为，村干部在村民自治制度背景下，既是乡镇的代理人，又是村民的当家人①。吴毅则认为，如果村干部得不到足够报酬，则他们既不会成为称职的代理人，又不会成

---

① 贺雪峰、董磊明：《中国乡村治理：结构与类型》，《经济社会体制比较（双月刊）》2005 年第 3 期，第 42—52 页。

为称职的当家人，而仅仅是一些图谋个人利益的"撞钟者"，他们甚至利用乡村关系的矛盾来获取私人好处[1]。徐勇是从制度层面来定位村干部角色的；吴毅则从村干部作为一个行动者，从行动动力机制的角度来定位村干部的角色[2]。本书的"角色"只是从村委会职位要求的角度，村委会的各个职位中除了妇联主任有性别凸显性之外，其他的职位都没有性别要求，村委会和村党支部成员清一色是男性的村被戏称为"和尚村[3]"，学界已对"和尚村"在村级治理上存在的问题做过探讨，本书不再赘述。

因为此后的分析将使用笔者调研问卷的分析结果，首先介绍湖北省广水市 C 乡所使用的调研方法。概括而言是问卷调查与参与式观察并重，具体来说，在定量调查上，随机性抽取该乡 550 名村民进行问卷调查，在质性调查上，主要采取的方式有：第一，访谈。事先编写了 4 种类型的访谈提纲，从 2005 年起分阶段、分内容对该乡不同村落进行近 30 场结构式和非结构式访谈，受访人数达 40 人次，整理出 10 万字的访谈记录。访谈对象涉及普通妇女、乡村妇女干部、男村民和男干部等以及县级相关政策的决策者。第二，查阅该乡近年来的相关文件、统计数据和资料。第三，参与式观察：该乡的 Q 村是课题组的长期调研基地，在第四章"行动情境"中将有更细致的阐述。

问卷发放时间为 2007 年 4 月中旬，共随机发放 550 份问卷，回收 534 份，其中，男女性比例分别为 47.8% 和 52.2%；年龄分布为 18—25 岁占 3.8%，26—35 岁占 27.1%，36—45 岁占 48.5%，46—60 岁占 13.7%，61 岁以上占 6.9%。样本人群年龄主要集中于 26 岁至 55 岁之间，虽然年轻人的比重偏小点，但考虑到该乡年轻人外出务工比例较高以及他们对村民自治等问题不是很关心，所以，样本的年龄分布还是具有代表性的。样本人群的受教育程度为：从未上过小学占 6.2%，小学文化程度占 40.5%，初中占 45.0%，高中或中专占 7.1%，大专及以上占 1.1%，与全国农村的基本情况吻合。

力求对问题的分析更加全面客观，在此引出笔者的第二个调研点：河北省邯郸市魏县 Y 乡，Y 乡隶属于河北省邯郸市魏县，位于魏县西南部，

---

① 贺雪峰、董磊明：《中国乡村治理：结构与类型》，《经济社会体制比较（双月刊）》2005 年第 3 期，第 42—52 页。

② 同上。

③ 村"两委"班子里没有女性，全部都是男性成员，这样的村被称为"和尚村"。

距县城 9.5 千米。面积 21 平方公里，人口 2.01 万（2002 年）。辖院中、院西、院东、西薛村、况庄、中三家西、中三家中、中三东前、中三东后、陶三家、杨三家、司三家、连三家、磨庄、马丰头、岳庄、东来庄、西来庄 18 个行政村，乡政府驻院堡中村。魏（县）北（皋镇）公路、魏（县）成（安县）公路、魏（县）临（漳县）公路交会过境①。在 Y 乡共投放 500 份问卷，投放问卷时间为 2011 年 10 月下旬，随机选取了投放地 Y 乡的 Y 村、院东村、西薛村等 5 个村，主要以调研志愿者携带问卷入户走访的形式进行调查。村民参与村级治理状况调查问卷主要包括四部分。第一部分是个人及家庭基本情况分析（1—11 题）；第二部分是法律知识掌握情况（1—6 题）；第三部分是参选参政情况（1—31 题）；第四部分是社会性别意识分析（1—8 题）。前期发放调查问卷 500 份，收回问卷 500 份，回收率达到 100%。对回收的 500 份问卷进行清理，剔除无效问卷后，有效问卷 499 份，问卷的有效率为 99.9%。本问卷的 500 个受调查者，男性有 237 人，女性有 263 人，比例分别为 47.4% 与 52.6%，总体来说，女性略多，但整体较为均衡。从年龄上来说，受访者 18—30 岁年龄段为 119 人；31—50 岁年龄段为 262 人；51—70 岁年龄段为 99 人；71—90 岁年龄段为 18 人。从文化程度来说，初中文化程度占到了51.2%，小学、高中或中专所占比例相近，均约为 18%。大专及以上文化程度所占比例仅为 2.4%，以上是对问卷受访者基本情况的介绍。

在两地的调查问卷中都设计了"您投妇女票的原因是？"的问题，问卷结果如表 3—3 所示：

表 3 - 3　　　　　　　"您投妇女票的原因是？"（多选）　　　　　单位:%

投妇女票的原因	计划生育工作需要妇女管	应有人代表妇女说话	上级规定要选一个妇女	妇女很优秀，符合我选干部的标准	别人都选妇女，所以我也选	其他
湖北 C 乡	52.5	30	11.4	6.4	2.1	1.9
河北 Y 乡	47.6	39.0	10.7	8.6	3.2	5.9

---

① http://baike.baidu.com/view/2034547.htm 百度百科资料。

2007 年 C 乡所做的问卷调研中针对问题"您投妇女票的原因是?"的回答,认为计划生育工作需要妇女管的占 52.5%,应有人代表妇女说话占 30%,上级规定要选一个妇女占 11.4%,如表 3—3 所示。显而易见,村民对村委会干部的期望是应该有女性参与做计划生育工作,他们期望由女性来担任妇联主任这个角色,比例高达 52.5%。无独有偶,2011 年 Y 乡的问卷中,投妇女票的主要原因仍然是"计划生育工作需要妇女管",这个比例占到了 47.6%,认为妇女更适合管理计划生育工作。其次是把妇女代表看成妇女的代言人。同时,不少人投妇女票是为了服从上级规定,认为妇女很优秀才为妇女投票的占较小的比例。

社会资本理论认为,角色由期望所创造,同时它们也创造了对那些承担(据此行事)已确定的并且得到公认的角色的人们和那些与角色现有承担者相协作的人们的各种期望①。那么对妇联主任"角色"的女性"期待"来自何处?为什么 C 乡 52.5% 受访者、Y 乡 47.6% 的受访者都有着如此的"认同"和"期望"?

除了历史和传统的原因之外,一来是国家保护性政策的推动。《中华人民共和国村民委员会组织法》规定"村民委员会成员中,妇女应当有适当的名额",所以地方政府在村委会选举中落实对妇女保护的政策时,多将保护的对象具体锁定为村妇联主任。然而这种"锁定"又形成了一种消极的"路径依赖"。布莱恩·阿瑟指出新技术的采用往往具有报酬递增的机制,由于某种原因先发展起来的技术通常可以凭借先占的优势,实现自我增强的良性循环,从而在竞争中胜过自己的对手;相反,一种较之其他技术更具优良品质的技术却可能因为晚一步,没有能获得足够的追随者等而陷入困境甚至"锁定"在某种恶性循环的被动状态之中难以自拔②。锁定是新制度经济学的一个重要概念,它是说一个团体、一个社会一旦选择某种制度,就会对这种制度产生一种依赖并在一定时期出现制度自我强化现象。换句话说,就是制度可以在某一方向上不断繁衍复制③。无独有偶,在村民的投票行为中也发现,如果以往妇联主任的职位由女性

---

① 诺曼·厄普霍夫(Norman Uphoff):《理解社会资本:学习参与分析及参与经验》,《社会资本——一个多角度的观点》,中国人民大学出版社 2005 年版,第 278 页。

② 卢现祥:《新制度经济学》,武汉大学出版社 2004 年版,第 169 页。

③ 罗必良:《新制度经济学》,山西经济出版社 2005 年版,第 156 页。

承担，村民在下一次投票时会无意识地把她定位为妇联主任的最佳人选，而该妇女被无意识地排除在主职之外。

二来是妇联主任在权力结构中的地位。农村当前最大的问题是农民负担过重，在一些地方，税费改革之前乡镇以及村委会的工作重心是收取税费，与此相应，经济以及掌握资源分配的权力是村民关注的重点。然而妇联干部在公共权力分配中，所管的工作大多仍属于"村内""家内"的事，如计生、调解等工作，与村民最关心的"大事"无多大关系①。这个职位在乡村权力结构中通常是一个无关痛痒的角色。因而，在村委会选举中，也是一个不受重视的角色。如果政策保护工作到位，强调必须有一名妇女进村委会，那么，妇女委员是竞争性最小，也可能是票数最多的一个职务。实际上，这种现象通常与对妇女干部认可度无太大关系，其一是保护政策起作用，其二是大家对这个职务并不重视，无关紧要，可以慷慨出让②。

总而言之，从村干部的角色来探讨村委会组织中的性别边界，也就是问题（1）村委会是不是必须有女性？得出的第一条结论是：不管是村民"期望"，还是法律规定，村级干部的"角色"要求有女性参与更好。但此处产生一个新的问题：村民的"期望"是通常认为女性参与是计生工作的需要。

（二）职位规则：村委组织的职位结构和职数要求

职位规则规定职位的种类和数量，把参与者和容许的行为联系起来。《中华人民共和国村民委员会组织法》（1998 年 11 月 4 日第九届全国人民代表大会常务委员会第五次会议通过）第九条规定："村民委员会由主任、副主任和委员共三至七人组成。"一般情况下，村党委班子成员包括：书记、副书记、宣传委员、组织委员等；村委会班子成员包括：主任、会计出纳、妇联主任、治保主任。笔者 2008 年 11 月③在 C 乡的 Q 村

---

① 刘筱红：《农村村级妇代会组织与妇女在村委会选举中的地位》，《华中师范大学学报（人文社会科学版）》2001 年第 6 期，第 112—120 页。

② 同上。

③ 本次访谈了解的情况是 Q 村 2005—2008 年村委会的情况，数据都来自于第七届村委会选举之前，Q 村于 2008 年 11 月底进行了换届选举。

做入户访谈时，原 Q 村副书记指出 Q 村的村干部任职情况是"村里有村干部 5 人，分别是书记、主任、副书记兼会计出纳、副书记兼组织委员、妇联主任兼计生专干、村委和党委是交叉任职的"。当被问及村干部的人数是否有限制时，他提到"人多了，没钱发啊"，"整个村财政经费 1 年是 46000 元，"五保"40% 是村里，60% 是乡里的，这 40% 大概是 4500 元，低保是国家的。另外有报纸杂志费 2000 元，每个干部都有报纸，民兵也有杂志费。书记一年工资 3800 元，主任也是，妇联主任是 3400 元，其他委员是 3200 元，每人每年电话费 300 元，交通费 200—400 元，还有村里的招待费，会务打印费几千元。这些都要支出，所以人不能再多。"所以针对问题（2）村委会是不是只能有一个女性？得出的第二条结论是：因为村级财政的限制，村委组织的"结构"要求人数不能再多，所以不能说村委会只能有一个女性，只能表明不管村委会的男女比例是多少，按照当前村庄的现实来说，总体成员的数量不宜增多，但此处又产生两个新的问题。一是女性党员身份的限制；二是村庄"力治"的现状。

　　为了使本书的分析更加全面客观，在此引出笔者的部分个案访谈资料以备后文使用，此处仅部分显示笔者 2005 年以来直接或间接访谈的全国范围内 50 名女主职干部的资料。此访谈虽然不是严格社会学意义上的随机抽样，但笔者与被访者取得联系的方式非常具有随机性，所以仍然具有相当强的代表性，其中第一部分访谈资料得益于每年一届的"百名女村官论坛"的平台，通过论坛的主办方中国妇女报和北京农家女文化发展中心的引荐，与到会的部分女干部取得联系，进而进行访谈；第二部分是由北京农家女文化发展中心的参政项目组、《女村官》杂志编辑部提供访谈录音或记录，间接建立个案访谈资料；第三部分是依托联合国民主基金会在河北、黑龙江和陕西三省进行的实地调研，尤其是以"女村官"著称的陕西合阳县，因得到陕西合阳女村官协会的大力支持，获得了非常珍贵的访谈资料，也因为女村官协会的帮助，使笔者能与陕西省合阳县 G 镇 H 村建立联系，将 H 村作为笔者的第三个调研点；第四部分是笔者利用私人关系在能力范围内建立联系，进行访谈。被访者全部是女主职干部，即村委会主任或者党支部书记，因为历时较长，有些女干部现已离任，所以访谈的对象可以概括为：全国范围内 50 名现任或者离任的村级女主职干部。因涉及个人隐私，在此隐去受访对象的真实信息。

　　回到前文论述，按照当前村庄的现实来说，总体成员的数量不宜增多，但此处又产生两个新的问题。一是女性党员身份的限制。本书的调查对象全部都是党员，这体现了村委会选举的"规则"和"程序"的党员身份的边界，村委组织的"结构"和当前村庄的现实要求总体成员的数量不宜增多。在这种背景下产生了"一肩挑"和"交叉任职"。"一肩挑"模式是指党支部书记和村委会主任由一人兼任，"两委"其他成员交叉兼职，实现两套班子、一套人马。对于支书主任"一肩挑"，在笔者访谈个案的 50 个女主职中"一肩挑"的比例达到了 34%，笔者认为这是限制非党员参与村级治理的一个重要因素，本来可以参加村委会选举的村民因为限于没有党员身份而被排斥在村"两委"之外，"交叉任职"的现象极为普遍，类似的研究相当多，在此不再赘述。笔者所需强调的是因为村委会选举的"规则"与"程序"都要求参选人的党员身份，男性党员比女性党员数量多已经成为不争的事实，所以政治面貌是导致"男性偏好"的一个因素。

　　二是村庄"力治"的现状，迫使在总量不增加的情况下会优先考虑男性。徐勇教授在 2002 年发表的文章《农村社会观察（五则）——礼治、理治、力治》中认为，当今中国农村，大量存在的治理形式是"力治"，即依靠个人能力、权力和暴力来进行治理。徐勇教授指出"在家户个体利益本位的冲击下，乡土社会内部的传统礼俗维系力愈来愈弱，外部的国家力量更多的是要求完成各种政府任务，难以将分散的家户组成有机的共同体，并形成共同体权威，从而造成乡土社会的失范和失序。村民为维护和扩展自己的利益，更多的是寻求和依靠暴力，当今的乡土社会因此出现了不少不讲道理，只讲暴力的强人、狠人、横人、恶人。这种人有时连政府也无可奈何，有的甚至还得借助于他们进行治理。[①]"正如笔者在访谈中接触的一个案例："2008 年 4 月 22 日，县福利院建设工地与我村群众发生纠纷，当时有一方请了几十人拿着刀准备大打一场[②]"，这种情况在乡村并不鲜见，刘筱红教授在其《以力治理、性别偏好与女性参

---

　　① 徐勇：《农村社会观察（五则）——礼治、理治、力治》，《浙江学刊》2002 年第 2 期。
　　② 笔者 2008 年 12 月对湖北省谷城县城关镇邱家楼村党支部书记村委会主任姚（女）所做的访谈。

与——基于妇女参与乡村治理的地位分析》中也指出"农村以能力、权力和暴力为特征的力治形式以及由此产生的性别偏好和性别排斥，极大地制约了农村妇女参与乡村治理的进程[①]"，并且"从农村的实际情况看，尽管改革以后的农村性别分工的配置发生了变化，但性别分工中仍遵循的是'男性优先'的选择模式[②]"。

总而言之，从职位规则来说，针对问题（2）村委会是不是只能有一个女性？得出的结论是：因为村级财政的限制，村委组织的"结构"要求人数不能再多，所以不能说村委会只能有一个女性，只能表明不管村委会的男女比例是多少，按照当前村庄的现实来说，总体成员的数量不宜增多，但是又因为女性党员身份的限制和村庄"力治"的现状使得性别分工中仍遵循的是"男性优先"的选择模式。

（三）选择规则：村庄治理的"先例"与"分工"

选择规则规定从属于身份的行为集合，包括"必须、可以、不可以"等，不管是村民投票行为还是干部的参选行为都受到"选择规则"的影响，对各种行为的分析将在后文详述，此部分仅分析现有的选择规则，奥斯特罗姆认为选择规则"不仅与身份属性相关，也与之前此个体或其他个体采取的行为选择相关[③]"。本书中提出的"先例"，即先有的选择为现在的选择提供了"先例"，村庄治理的"先例"体现在政治领域的性别分工上。

从性别层面看，本质主义总是假设世界、事物预先存在一个人们无法绕开的本质，它是世界的终极基础。在性别问题上，本质主义将男女在群体特征、行为方式、性别分工、社会地位等方面的社会差异或社会不平等（男刚女柔、男优女劣、男强女弱、男外女内、男尊女卑等）归因于其生物本质差异，将女性的从属地位和低素质归结于她们与男性不同的生物特征。生物决定论认为，性的差异即生理差异决定了妇女贤妻良母的性别角

---

① 刘筱红：《以力治理、性别偏好与女性参与——基于妇女参与乡村治理的地位分析》，《华中师范大学学报》2006 年第 4 期，第 2—6 页。

② 同上。

③ 王群：《奥斯特罗姆制度分析与发展框架评介》，《经济学动态》2010 年第 4 期。

色和男主外女主内的社会性别分工①。然而"当今男性的平均寿命和健康预期寿命均低于女性也从另一侧面证明女性生理劣势并非事实②"。如此看来，男女两性生理差异很大程度上也就仅仅反映在妇女必须承担生育这一男女两性生殖差别的自然分工上③。从村治现实看，各种结构型社会资本都受以前经验的影响，因为先例影响着回报未来行为所得的期望值，不论是物质的还是非物质的④。所以历史的因素和村庄治理原有的"先例"都影响着选举中的选择规则。

　　虽在笔者 C 乡 2007 年的问卷调查中，只有 39.5% 的村民同意"妇女做计划生育工作可以，但当村主任还是差了点"的说法，但在问及"您为什么投妇女票"时，有 52.5% 的调查对象选择了"计划生育工作需要妇女管"，该选项位居第一位。同样，在笔者 2009 年 8 月的访谈中，绝大多数的村民也表示他们更认可妇女做计划生育的工作，如某村民所谈道的："妇女要做一把手，没有这个能力……妇女干部就是做计划生育，调节纠纷，只能干那些事，像村里面经济财务那些事，女的干不了，女的干不了大事⑤"。

表 3-4　　　　湖北省广水市 C 乡问卷：您同意"妇女做计划生育
　　　　　　　工作可以，但当村主任还是差了点"的观点吗？　　　　单位:%

		Frequency	Percent	Valid Percent	Cumulative Percent
Valid	非常同意	28	5.2	5.4	5.4
	同意	176	33	34.1	39.5
	不同意	256	47.9	49.6	89.1
	非常不同意	56	10.5	10.9	100

　　① 李斌：《性别意识的缺席与在场——改革时期"妇女回家"论争透视》，《山西师大学报（社会科学版）》2006 年第 11 期，第 112—116 页。

　　② 同上。

　　③ 同上。

　　④ 诺曼·厄普霍夫：《理解社会资本：学习参与分析及参与经验》，《社会资本——一个多角度的观点》，中国人民大学出版社 2005 年版，第 290 页。

　　⑤ 笔者 2009 年 8 月作为华中师范大学"百村观察"项目调研员在湖北省广水市 C 乡 Q 村所做的调研记录。

		Frequency	Percent	Valid Percent	Cumulative Percent
	Total	516	96.6	100	
Missing	System	18	3.4		
	Total	534	100		

　　所以从选择规则来说，针对问题（3）女性成员是不是只能做妇联主任？在所调研的 C 乡，村民依托原有村庄治理的"先例"，遵循原有的消极"路径依赖"，对政治领域的性别分工存在着较高的认可度。但这能说明女性成员只能做妇联主任吗？不能。例如，"2005 年村级'两委'换届选举中，合阳县选出女支部书记 17 名，占全县支部书记的 4.8%；女村委会主任 20 名，占全县村委会主任的 5.7%，其中'一肩挑'3 名[①]"。特别是 20 名女村委会主任的选出，和第五次村民委员换届选举相比实现了零的突破，创造了合阳县历史最高纪录，被媒体称为"合阳模式"。2008 年"两委"换届选举时，"推选出女支部书记 19 名，较上届增加 2 名，占农村支部书记总数的 5.4%，推选出女村委会主任 24 名，较上届增加 4 名，占村委会主任总数的 6.8%，村党支部书记、村委会主任'一肩挑'8 人。其中女村党支部书记连选连任 14 人，女村委会主任连选连任 12 人。[②]"以上事实证明"只能做妇联主任"非常荒谬。但是妇联主任的职位往往是农村妇女进入村委会最初始的"分工"，北京农家女文化发展中心创办人谢丽华在其博客中提道"大多数女村官有担任妇代会主任的经历[③]"。此结论得自其 2006 年和 2008 年举办的百名女村官论坛，其对与会的近 200 名女村官进行了问卷调查，虽然不是严格意义上的抽样

---

　　①　数据来源于 2008 年底合阳女村官协会为笔者提供的《从"合阳模式"看女村官在新农村建设中的作用》打印稿。

　　②　数据来源于笔者与合阳县妇联主席仵淑梅的访谈资料。（访谈时间：2011 年 11 月 2 日）

　　③　《对女村官现状的分析》，谢丽华博客 http://blog.sina.com.cn/s/blog_4b55b12a0100jk2h.html 2010.7.3 18：24：36。

调查，但因为参会者大多是自己报名或县一级妇联推荐，某种程度上类似于抽样调查，笔者认为比较有代表性，采用其数据，"2006 年数据显示，曾担任妇代会主任的占 64.6%。到 2008 年担任过妇代会主任的略降为 63%。其他有担任过调解员、支部成员、小学校长、团支部书记、乡村医生等①"。

如何从"妇联主任"的"先例"规则中跨越出来？从 2011 年 Y 乡的问卷中可以看出，被调查者对于"男人比女人有办法，选干部还是应该选男人"这一观点，非常同意的有 38 人，占被调查总人数的 7.6%；同意的有 107 人，占总人数的 21.5%；不同意的有 274 人，占总人数的 55.1%；非常不同意的有 78 人，占总人数的 15.7%，这说明 70.8% 被访者对女性参政持肯定态度，这也说明妇女有突破妇联主任"先例"规则的可能性。

表 3-5　　　　河北省邯郸市魏县 Y 乡问卷："男人比女人有办法，
选干部还是应该选男人"的回答　　　　　单位：人

A1. 性别 * D4. 男人比女人有办法，选干部还是应该选男人。交叉制表

计数

		D4. 男人比女人有办法，选干部还是应该选男人				合计
		非常同意	同意	不同意	非常不同意	
A1. 性别	男	23	62	127	23	235
	女	15	45	147	55	262
合计		38	107	274	78	497

同时，在河北 Y 乡的问卷中，还有数据表明：被调查者对于"如果妇女有机会在村委会主持工作，也一样能做好"这一观点，非常同意的占被调查总人数的 19.5%；同意的占总人数的 66.0%；不同意的占总人数的 13.3%；非常不同意的占总人数的 1.2%。这说明大部分村民在思想

---

① 《对女村官现状的分析》，谢丽华博客 http://blog.sina.com.cn/s/blog_4b55b12a0100jk2h.html 2010.7.3 18：24：36。

上对妇女的工作能力是持期许态度的，但这种期许需要更多有能力的妇女用优秀的表现来推动。

总而言之，从选择规则来说，针对问题（3）女性成员是不是只能做妇联主任？在所调研的 C 乡和 Y 乡，村民依托原有村庄治理的"先例"，遵循原有的消极"路径依赖"，对政治领域的性别分工存在着较高的认可度。但也有数据显示，妇女有突破妇联主任"先例"规则的可能性，这也与笔者在第一章"农民价值"部分展现的"改观"趋势不谋而合。

（四）聚合规则：村庄类型和参与者自身资源的合力

聚合规则体现为处于某一身份状态的个体对结果的控制力。在村级治理中体现为村干部的决策权以及村民的投票权，而这种决策权与村庄类型息息相关。根据奥斯特罗姆的理论，聚合规则包括三种形式，如图 3—2 所示。

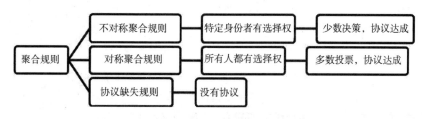

图 3 - 2　聚合规则的分类

具体来说，聚合规则大致可以分为三类：不对称聚合规则——并不是所有参与者都有选择权，只有某些具有特定身份的参与者或者由参与者组成的参与组织的代表可以参加决策；对称聚合规则——所有参与者均享有选择权，比如在村委会选举中一旦某一选择的人数超过半数或者 2/3，就能成功当选，协议也将达成；协议缺失规则——如何处理协议没有达成的情况。

笔者认为，包括控制力和决策权在内的聚合规则取决于村庄类型和参与者自身资源，在两者的相互作用下产出村级治理的效果。而这种效果既影响着参选行为也影响着投票行为，就村庄类型而言，贺雪峰等学者提出了乡村治理的四种类型，如表 3—6 所示。

表 3 - 6　　　　　　　　　　乡村治理的四种类型①

类型	特点	表现	村干部职位	乡村关系
原生秩序型乡村治理	村庄具有很强的原生秩序能力②	（1）村庄提供公共物品的能力；（2）村庄自身有生产价值能力	村庄精英为了获取社会性收益，而愿意出任村干部，充任村庄的保护型经纪	更注重村民关系，与乡级关系温和
次生秩序型乡村治理	村庄缺乏原生秩序的能力	村级治理状况较多受成文制度的决定。村庄缺乏生产价值的能力	因为村干部可以获取较为可观的正当经济收入，村庄精英竞相争夺村干部职位	不会因为乡镇的要求而过分损害村庄利益
乡村合谋型的乡村治理	缺乏原生秩序能力	利用村庄现实及可能的资源，造成对村庄的毁灭性损害	村干部职位不能获取社会性收益，也无可观的正当经济收益，村庄精英不愿竞争村干部职位	讨好甚至贿赂乡镇主要负责人。村干部与村民的关系会变得极其紧张且不信任
无序型的乡村治理	缺乏原生秩序能力	除非乡镇行政事事亲为，否则不能在村庄实现任何有价值的政务	村干部既不能获取社会性收益，又不能获取经济收益，村干部职位不再对村庄精英具有吸引力	乡村之间无任何利益可言。村庄大量的公共事务没有村干部出面主持

---

① 此表的内容总结来自贺雪峰、董磊明：《中国乡村治理：结构与类型》，《经济社会体制比较（双月刊）》2005 年第 3 期，第 42—52 页。

② 依据村庄自主生产秩序时是否主要借重自上而下的制度安排（文本），可以区分出原生秩序型和次生秩序型两种类型，依据村庄能否自主生产秩序，可以区分为内生秩序型和外生秩序型两种类型。原生秩序即主要依据村庄内非正式组织的力量来生产村庄秩序，比如依靠村庄舆论和血缘组织来实现合作，获取秩序。次生秩序即依靠外来制度安排实现村庄秩序的生产，典型为通过村民自治制度来达成村民的自我管理和自我服务。次生秩序往往不仅需要有一个外来的制度文本，而且需要与农村本身的状况联系起来，并以此作为基础。参见贺雪峰、董磊明：《中国乡村治理：结构与类型》，《经济社会体制比较（双月刊）》2005 年第 3 期，第 42—52 页。

　　基于此，笔者在社会性别视角下，将在四种村庄类型中对农村妇女的参与行为整理，详情如表 3—7 所示。

表 3 - 7　　　　社会性别视角下的四种村庄类型下的农村妇女行为

村庄类型	聚合规则的类型	村庄治理形式	村民对村干部的期待	村民的投票权	女干部的参与决策权
原生秩序型乡村治理	对称聚合规则	多数投票，达成协议	民主治村	投票权得到保证，认真对待投票权	良好的参与环境，积极的参与行为
次生秩序型乡村治理	不对称聚合规则	少数决定，达成协议	精英治村（有能力、有资本、有关系）	可能投给能人，可能投给乡镇偏好的人，可能投给"顺水人情"	依靠个人资源参与。容易出现职位边缘化或女干部的"男性化"
乡村合谋型的乡村治理					
无序型的乡村治理	协议缺失规则	没有协议	狠人治村	无所谓、不愿参与	弱势地位。无竞争力，无良性参与

　　具体来说，在原生秩序型的村庄里，发挥作用的聚合规则是对称聚合，即村庄能在多数投票的情况下达成村级治理的协议，体现村级治理的民主性，而正因为这种民主性，每一张选票都能发挥其作用，村民的投票权得到了保证，村民也更加认真和慎重地对待投票权，既然是一种民主的村级治理环境，两性都在符合自身意愿的情况下积极参与。这是推动农村妇女参与村级治理最理想的状况，但这种状况并不时常发生，在此笔者在河北省 Y 乡的调研问卷中设计了"在决定村里重大公共事务（乡村道路、桥梁、自来水、农业灌溉等）的时候一般由谁来决定？"的问题，问卷结果如表 3—8 所示。

表 3 - 8　　　　河北省邯郸市魏县 Y 乡问卷：在决定村里重大
公共事务的时候一般由谁来决定？　　　　单位：%

决策者	村委会	村民代表大会	村民大会	村党支部	其他	不知道
有效占比	31.8	24.3	7.8	14.1	1.0	20.9

由表 3—8 可知，在村务管理中是由村委会来做出决策，但本问卷中涉及的被调查者大多数都没有担任过任何职务，比例占到了 73.6%。在担任过一定职务的村民中，担任过村民代表的居多，而担任过村干部和财务管理等相关职位的则非常少。这说明，被调查者大多处于权力中心的边缘，最多的职务类型也主要集中在代表职位上。所以，本问卷的对象更多的是普通村民，这也能在一定程度上说明，产生高比例的"不知道"的原因，普通村民存在着信息和知识有限的认知困境。根据调查结果，在决定重大公共事务时，村"两委"的决策权比例占到了 45.9%，除去"不知道"的 20.9%，在能够给出答案的受访者中占到了 58%。既然村里重大事务 58% 由村"两委"干部决定，这体现的是次生秩序型和乡村合谋型的村庄治理，这两种类型的村庄治理都体现的是不对称聚合规则，村庄事务由少数人决定，而这少数人往往是村庄精英，包括政治精英、经济精英或者文化精英，面对有资本或者有资源的精英们参选村委会成员时，村民在投票过程中可能投给能人，可能投给乡镇偏好的人，也可能投给"顺水人情"。

顺便提及，还有一种无序型的村庄，这种村庄往往出现狠人治村，村民对投票持无所谓的态度，也不愿参与选举，妇女更是在"狠人治村"的环境中处于弱势。

总而言之，包括控制力和决策权在内的聚合规则取决于村庄类型和参与者自身资源，在两者的相互作用下产出村级治理的效果。

（五）范围规则：社会空间超越性别分工

范围规则确定在行动情境内可能出现的结果集合。因为奥斯特罗姆的核心研究集中在公共池塘的治理上，所以提出针对公共物品的范围规则更多地表现在"物理空间"概念之上，但同样可用于妇女参与的"社会空间"之中，本书将探讨村级女干部的"社会空间"范围，即问题（4）女主职是不是必须身兼妇联主任或计生专干的职务？

湖北省广水市 C 乡的 20 个行政村中，X 村在 2008 年选举后产生了有史以来的第一位女主任天蓉，也是 C 乡唯一的一个女主任。她在 2005 年村委会选举中担任的是代理主任、副书记、妇联主任和计生专干；在 2008 年第七届村委会选举中担任的是村主任、副书记、妇联主任和计生专干，也就是说，不管她是不是女主职，她都是村"两委"的唯一女性成员，自然而然承担起了妇联主任和计生专干的职责。

然而 C 乡 Q 村的情况却不相同。Q 村有 800 多户，3 374 人，其中男性有 1 800 多人，女性有 1 500 多人，2008 年第七届村委会选举后，Q 村现有村干部 4 人，其中支委人数 3 人，女干部 1 人，名为国珍①，她在 2008 年选举中被党员高票当选为书记，但 3 个月之后被乡镇停职，后改职位为副书记，所以笔者在前文介绍 2008 年 C 乡选举结果时已经将退为副书记的国珍排除在女主职之外。在国珍停职之前，Q 村的村委班子总共有 4 人，担任村支书的国珍，代理村主任李某（男）（兼副书记和会计出纳），副书记向某（男）和妇联主任兼任计生专干闻某（男）。

这里出现了奇怪的现象，笔者以及众多学者无数次批驳了女性承担"妇联主任"的角色定位的限制，有趣的是在 Q 村，当女性承担主职之后，妇联主任兼计生专干的工作反而由男性来承担。这也用事实批驳了问题（3）女性成员是不是只能做妇联主任？同时，这个事实又从侧面回答了问题（5）女主职不做计生工作的话，谁来做？Q 村选择了一位男性来从事性别凸显性较强的妇联主任和计生专干的职务，虽然在前面已经证明了村委会并非只能有一个女性，但村民对村委会干部的角色期待是女性承担妇女主职的职位，而 Q 村的例子又形成了一个悖论，即当女主职不承担计生工作的时候，反而有男性来承担，那么村民对妇联主任职位的

---

① 本书为了保障当事人的隐私，三个调研点的人名和地名都进行了学术性处理，请勿对号入座。

"女性期待"能简单从"性别"上认定吗？政治领域的"性别分工"能从外在的"性别"上划分吗？回答都是否定的。

所以从"社会空间"意义上的范围规则来说，妇联主任并不是女性的专属职位，女主职也并不一定需要兼任妇联主任或计生专干，农村妇女参与村级治理应有更为广阔的发展空间。

（六）信息规则：信息不完全

信息规则涉及的内容包括信息流通渠道和信息交流的频率、准确性、主题、标准语言等，它能够揭示其他参与者过去的行动，帮助参与者寻找可信的合作伙伴。就本书而言：

1. 妇女较低的知名度造成信息不完全

在湖北 C 乡的问卷中"正式选举时没有女候选人"、"不了解想竞选的妇女"、"妇女工作能力不行"、"别人都没选妇女，所以我也没有选"和其他，比例分别为 29.2%、10.3%、10.3%、6.4% 和 21.3%。在这里，尤其值得注意的是"不了解想竞选的妇女"选项，由于绝大多数妇女长期扮演"主内"角色，对外交往的机会大大少于男性，加之在 2005 年 C 乡进行了大规模的村村合并，群众对妇女精英可能更不熟悉，例如在访谈中我们注意到村里人在提及某位妇女时常用的称呼便是"某某老婆"，这在一定程度上也限制了妇女的竞争力。

2. 对候选人的有限认知造成信息不完全

天蓉所在的湖北省广水市 C 乡 X 村的一个现实状况是"年轻人都出去打工了[①]"，在场选民绝大部分为 40 岁以上的中老年人。这在各地的选举中都很普遍。而这些人家里可能近几年乃至近十年都没有涉及计划生育问题，可以说他们对天蓉的工作状态、个人能力并不是很了解，也有很多人并不清楚参选的候选人，有人接受访谈的时候说"不晓得选哪个，反正总是那几个人"，所以很多投票人选举是相对盲目的，在信息不完全的情况下很多人选择遵循集体行动的逻辑，"别个选哪个，我就选哪

---

① 根据笔者 2008 年 11 月赴湖北省广水市 C 乡 X 村第七届村委会选举现场的观摩所得。

个①"。X 村选举中很多村民即使投票给天蓉也更愿意投她当妇联主任，是因为天蓉担任了近 22 年的妇联主任，投票人对天蓉的认知就是"她是妇联主任"，而对她是否有能力担任主职并不太在意，这种有限的认知造成了信息的不完全。

（七）偿付规则：交易费用的存在

偿付规则决定基于行为选择而产生的结果所带来的回报与制裁。用交易费用的理论来说：

1. 妇女本身因交易费用选择不交易

在湖北和河北两地的调研问卷中都设置了问题："您没有投妇女票的原因是？"

表 3 - 9　　　　您没有投妇女票的原因是？（多选）　　　　单位:%

没投妇女票的原因	妇女工作能力不行	妇女家务劳动重，影响工作投入	不了解想竞选的妇女	别人都没有选妇女，所以我也没有选	正式选举时没有女候选人	其他
湖北 C 乡	10.3	41	10.3	6.4	29.2	21.3
河北 Y 乡	21.3	38.7	12.3	6.5	20.8	10.4

在两地"您没有投妇女票"的原因中，排列第一位的选项都是"妇女家务劳动重，影响工作投入"，湖北 C 乡有 41% 的调查对象选择该项，河北 Y 乡的比例是 38.7%，许多村民在分析妇女为何不能当村干部时，较常使用的话语也是"她们要做饭、洗衣、带孩子、照顾老人……"而对于已当选的妇女干部，无论当选者个人还是其他村民都无一例外地认为，"有公婆帮忙照看孩子，不被家务束缚"是其最大的优势。经济学假设每个人都是理性的经济人，他们会自动地选择对自己最有利的方案。②所以农村妇女在选择是否参选的问题上会比男性承担更多的压力，在

---

① 根据笔者 2008 年 11 月赴湖北省广水市 C 乡 X 村第七届村委会选举现场的观摩所得。

② 罗必良：《新制度经济学》，山西经济出版社 2005 年版，第 576 页。

2007 年湖北 C 乡的问卷调查显示：愿意当干部，并会积极争取的女性只有 57%，而同题的男性比例为 84%。

表 3 - 10   湖北省广水市 C 乡问卷：如果有机会，您愿不愿意当村干部？

		Frequency			Valid Percent		
		Women	Men	total	Women	Men	total
Valid	愿意,并会积极争取	57	84	141	23.3	30.1	26.9
	愿意,但不会积极争取	44	50	94	18.0	17.9	17.9
	无所谓	74	69	143	30.2	24.7	27.3
	不愿意	70	76	146	28.6	27.3	27.9
	Total	245	279	524	100.0	100.0	100.0
Missing	System	4	6	10			
	Total	249	285	534			

在河北的情况也基本雷同，这说明当妇女认为个人及其家庭的投入高于当村干部的产出时，她就会选择不交易，尤其是经济能力有限的家庭妇女，面对高昂的所谓拉票费用望而却步，进而对参选敬而远之，这就使得女候选人少之又少，村民选择的余地很小，而女性又有做计划生育工作的先天优势，所以当有一个女性参选的时候他们自然就将这来之不易的女性候选人当成了妇联主任的绝对人选。

表 3 - 11   河北省邯郸市魏县 Y 乡问卷：您想当村干部吗？   单位：人

A1. 性别 ＊ C1. 您想当村干部吗？交叉制表

计数

		C1. 您想当村干部吗？			合计
		想当	不想当	选我就当	
A1. 性别	男	77	73	87	237
	女	57	143	63	263
合计		134	216	150	500

由表 3—11 可以看到，26.8% 的村民想当村干部，43.2% 的村民不想当村干部，30% 的村民认为选我就当。其中不想当的女性比男性要多出近

一倍，对于男性来说，"想当"和"不想当"的比例相当，但女性的差别就很大，想当的女性仅有 57 人，不想当的有 143 人，为什么妇女参政的意愿那么低呢？

从交易成本理论来说，妇女参选参政比男性具有更高的交易成本，笔者界定为额外的交易成本，即一切与参与村委会选举有关的相对于男性参选者多出的成本，包括选举过程中多于男性参选人所耗费的人、财、物等经济性成本、帮助自身选举的社会资源成本、因参与选举而损失的机会成本等。

为何妇女比男性有更高的交易成本呢？原因何在？

正如前文所说，信息不完全迫使农村妇女要想参选并成功当选，就要加大对社会资源的投入，提升知名度、扩大影响力，并积累广泛的人脉以获得更多的选票，这都增加了额外交易成本。

2. 投票人因私利违背偏好进行投票

阿罗指出人们可能因为得到了某种回报而违背自己的偏好进行投票[1]。在村委会选举中出现了很多贿选、拉票的现象，这些不正常现象只是表象，其深层原因则是经济利益，一些村的财务长期不公开，村民意见很大，希望通过选举将他们认为的"贪官"选下去，而一些干部也力图在选举中保住自己的"官位"，维护和扩大自己的利益[2]，所以就出现了"投一票，两百块"的交易，使得有些村民因回报而在投票行为上违背自己的偏好。奥尔森在其《集体行动的逻辑》一书中得出一个惊人的结论：个人从自己的私利出发，常常不是致力于集体的公共利益，个人的理性不会促进集体的公共利益。奥尔森得出这一结论的关键在于大团体与小团体的划分，这一划分之所以对奥尔森的理论至关重要是因为根据奥尔森的逻辑，小团体的利益互动可能产生集体利益，因而并不明显违背传统理论，而大团体中的利益互动则不可能自发地产生集体利益，因而与传统理论完全相违[3]。所以选民越多，越认为自己的选票无足轻重，越容易导致集体

---

① 戈登·塔洛克：《论投票——一个公共选择的分析》，李政军、杨蕾译，西南财经大学出版社 2007 年版，第 54 页。

② 吴重庆、贺雪峰：《直选与自治——当代中国农村政治生活》，羊城晚报出版社 2003 年版，第 55 页。

③ 奥尔森：《集体行动的逻辑》，上海三联书店 1995 年版，第 13 页。

行动的不理性。

同时，这种制度安排可以让很多人受益，受益者不愿改变这种制度安排，并且不管是群众还是乡镇干部都在试图不断自我强化这种制度，自我强化是因为人们由于从这个制度安排中得益，才会积极地学习它、主动适应它，结果使制度安排之间的协调更强化了初始的制度变迁方向①。以 C 乡 X 村为例，对乡镇权力而言，天蓉的计划生育工作驾轻就熟，工作了 20 余年积累了丰富的经验和资源，如果继续让天蓉做妇联主任就能减少对新进妇联主任的培训费用，继续任用天蓉做妇联主任的边际收益最大，所以就有了一人兼任三职的状况。

总而言之，经济学假设每个人都是理性的经济人，这也是本书的基本假设之一，作为理性人的参选个体自然都有自己的成本与收益核算，会自动地选择对自己最有利的方案。从参选者自身来说可能因为昂贵的交易费用而对参选望而却步，而作为投票人的普通村民，可能会因为路径依赖而继续保持投票中的偏好，而作为政策运行主体的地方政府来说，可能因为受益于原有的制度安排而继续限制女干部的社会空间。

四　现有选举模式的典型分析

上文对农村妇女参与村级治理的主要政策进行了梳理，并且在应用规则模型之下对现实进行了分析，以下将着重阐述与农村妇女参与村级治理息息相关的选举模式，选取最具典型意义的三种模式：直接竞选制、妇代会直选制和性别两票制。

（一）直接竞选制

在 1998 年九届全国人大常委会第五次会议中，修订了《中华人民共和国村民委员会组织法》（以下简称《村民委员会组织法》），其中明确规定了村民委员会成员由村民直接（差额）提名候选人，由选民直接投票选举产生。依据村民委员会组织法，省级人大常委会有的制定了实施村民委员会组织法办法，有的制定了村民委员会选举办法（以下统称地方法

---

① 罗必良：《新制度经济学》，山西经济出版社 2005 年版，第 156 页。

规）。根据村民委员会组织法和地方法规的规定，结合各地的选举实践，可以发现以"海选"（即由本村有选举权的村民直接提名村委会成员候选人）为基本特征的具有中国特色的村委会选举呈现出较强的统一性，选举程序也基本相同，这就是全国普遍采用的选举方式①——直接竞选制。直接竞选制相对于其他选举模式来说，其民主化、规范化更胜一筹，尤其是由村民直接推举村民选举委员会、由选民直接提名村委会候选人、由选民直接投票选举村委会成员的"三个直接"做法保证了村民民主权利的直接行使，也保障了村民意志的真实表达②，正因为以上种种优点，直接竞选制也成为了推动农村妇女进村委的支持制度之一，虽然制度本身没有强调对妇女的政策倾斜，但恰恰是这种无性别意识，使一些真正有能力的妇女能与男性有同台竞争的机会、能平等地参与竞选，但令人大跌眼镜的是实施结果却使妇女进入村委会的人数大为下降，制度所营造的机会平等却导致了结果的不尽如人意！原因何在？本书从三个维度对平等抑或不平等进行了思辨，并列举了 C 乡 X 村的案例。

1. 平等抑或不平等？

直接竞选制创造的是参选机会的平等，罗尔斯在《正义论》中设置了两个基本的正义原则：第一是平等自由的原则，这一原则要求每个人享有与别人的自由相一致的、最大限度的、平等的自由。第二是机会的公正平等原则和差别原则的结合，这一原则从属于第一个原则。同时，第二原则中的机会公正平等原则又优先于差别原则。基于这种认识，他认为社会上原初利益（如收入、权利、机会等）不平等的存在，只有当这种不平等有利于每一个人的时候才被允许存在。因而他主张社会的主要目标在于通过调节主要社会制度，来消除历史的和自然的因素对人们生活前景的影响。社会通过再分配或一些补偿性措施来使所有社会成员都处在一种平等的地位③。罗尔斯所提出的这一原则对于村委会选举中的男女平等也是有着重要借鉴意义的。罗尔斯认为对这种由起点上不平等而导致的结果上的不平等，可以有这样几种可供选择的方案：（1）对强者加以不利的条件；

---

① 马福云：《村委会直接选举的模式研究》，《中国农村观察》2006 年第 4 期。

② 同上。

③ 罗尔斯：《正义论》，中国社会科学出版社 1988 年版，第 102—103 页。

（2）对弱者加以有利的条件；（3）在竞争的结果上作二次分配，即对强者利益实行部分剥夺①，所以国家层面为支持农村妇女进村委出台了很多的倾斜政策，比如妇代会直选制、职位保留制等，但就出现前两种方案的实施，显然是难以贯彻执行的，因为这涉及竞争本身的规则是否具有公平性的问题，如若对竞争的某一方面加以附设条件，就破坏了竞争规则的公平性。对妇女参选的政策倾斜实际上也是一种对男性参选人的不平等，不仅是男性反感，恐怕很多女性也有异议，这并不是真正意义上的男女平等。同时，这还涉及给强者以多大程度的不利条件，给弱者以多大程度的有利条件的困难命题②。所以从这个意义上说，直接竞选制是平等的，提供的是一种机会平等。但机会平等只是一种争取权利的平等，最终的目的是结果的平等，结果平等的实现对于效率的提高有着不可忽视的作用。其一，主体内在的评价机制是其能否积极参与活动的主观条件，如果一个社会的政治、经济、道德等秩序被活动主体所认同、肯定，主体就能做出积极的反应，其活动的结果也往往有较高的效率。反之，若主体对现有的社会秩序状况持否定的态度，他就会采取消极的甚至是对抗性的行为，其活动的效率也往往是低下的。所以如果男女在村委会选举的结果始终有失偏颇的话，这种制度安排难以起到凝聚社会成员参与社会生活的作用，就本书所讨论的领域，就很可能造成农村治理的单一性别现象，出现所谓的"和尚村"。其二，公平所反映的秩序的合理性会促进社会整体效率的提高。按照结构功能主义的观点，社会各部分的工作是相互协调的，它们的功能是相互关联的。从社会整体上来说，社会就像一个有机体，要有效地发挥各部分的作用就应保持社会整体的均衡，在不同的角色之间建立一种相对一致或协调的步骤。就支持农村妇女参与村级治理来说，当前农村妇女占农村总人口半数以上，经济政治女性化是农村今后相当长一段时间内的突出表现③。农村妇女已成为村庄的核心力量，也是参与村委会选举、推动村委会选举制度不断完善的重要力量④。其参与村民自治的重要性毋

---

①　罗尔斯：《正义论》，中国社会科学出版社 1988 年版，第 102—103 页。

②　孙来祥：《规范经济学与社会选择理论》，北京大学出版社 1990 年版，第 198 页。

③　魏宪朝、栾爱峰：《中国农村妇女参政障碍中的文化和传统因素研究》，《聊城大学学报（社会科学版）》2005 年第 6 期。

④　全雪、张艳玲：《中国农村妇女参政研究综述》，《技术与市场》2005 年第 12 期。

庸讳言。如果直接竞选制所制造的机会平等能帮助农村妇女顺利进入村民自治主流，让农村妇女能有村委会这个平台，她们就有更多的机会得到锻炼，以提高她们的治理能力和水平，并且因为部分精英妇女的示范作用，将有更多的农村妇女加入她们的行列，这就由单个精英妇女的行为变成群体妇女的参与行为，从而逐渐影响和改变传统社会文化中对农村妇女的偏见和不支持，提高村民自治的民主化程度。但实现这种结果的平等何其艰难，因为交易成本的差异、能力的差异、传统文化的差异，使得即使妇女拥有机会平等，也难以达到结果的平等。如图3—3所示。

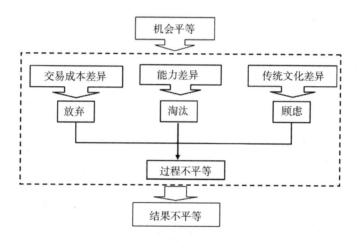

图3-3 直接竞选制平等抑或不平等分析图

（1）机会平等＋交易成本差异＝结果不平等

交易成本差异促使农村妇女面对参选选择放弃机会。正如前文所说，经济学假设每个人都是理性的经济人，他们会自动地选择对自己最有利的方案①。一般而言，个体会受到家庭因素的影响，特别是传统农村社会的女性，这些家庭因素包括家庭成员的支持、家务的繁重程度、家庭经济状况等。当妇女认为个人及其家庭的投入高于当村干部的产出时，她就会选择不交易，尤其是经济能力有限的家庭妇女，面对高昂的所谓拉票费用望而却步，进而对参选敬而远之。

（2）机会平等＋能力差异＝结果不平等

① 罗必良：《新制度经济学》，山西经济出版社2005年版，第576页。

能力差异导致淘汰。由于历史的原因，广大农村妇女普遍受教育程度低①。文化水平偏低制约了农村妇女综合素质的提高②，也制约着农村妇女参政的水平。面对正式的民主规则和程序，只能感到无能为力，无法参与其中，即使勉强参与了，也不能理解，无法通过民主规则和程序维护自己的正当权利③。因为文化教育水平的高低是与政治参与的能力成正比的，所以，这就从根本上约束了农村妇女政治能力的发展④。

阿玛蒂亚·森认为必须将自由的不同而且不可还原的两个方面作出区分，这就是"机会"和"过程"⑤。直接竞选制可以帮助有能力、有威望的妇女直接参加海选，完全凭自己的能力和威望当选，不受性别职务的限制冲击村委会主职。这为能者提供了"自由"，阿玛蒂亚·森的自由是一种能力自由，是目的性、抽象的能力自由和工具性、实质的能力自由的结合。就目的性、抽象层面的自由而言，它包括两部分，最基本的自由是生存能力自由，生存能力自由意味着每个人平等地享有生存下来免遭死亡的自由。在这一层面上，平等原则是首要的，是社会应当提供的。另一部分的自由是终极自由，它是指人们享有过所珍视的生活的能力。这一自由具有终极价值，它要求社会在按照应得原则分配的基础上，把需要原则作为促进社会正义目标的辅助原则。就工具性、实质的自由（森列举了五种工具性自由——政治自由、经济条件、社会机会、透明性担保以及防护性保障）来说，森通过规定弱平等原则，保证每个人公平享有这一层面的自由。在村委会选举中，保证机会的平等就是保证了公民工具性、实质的自由。然而，阿玛蒂亚·森又指出在估价机会的时候，我们应对集中关注个人在追求他

---

① 顾协国：《中国农村妇女的非制度政治参与研究》，《长春工业大学学报（社会科学版）》2007 年第 6 期。

② 魏宪朝、栾爱峰：《中国农村妇女参政障碍中的文化和传统因素研究》，《聊城大学学报（社会科学版）》2005 年第 6 期。

③ 顾协国：《中国农村妇女的非制度政治参与研究》，《长春工业大学学报（社会科学版）》2007 年第 6 期。

④ 魏宪朝、栾爱峰：《中国农村妇女参政障碍中的文化和传统因素研究》，《聊城大学学报（社会科学版）》2005 年第 6 期。

⑤ 阿玛蒂亚·森：《理性与自由》，中国人民大学出版社 2006 年版，第 7 页。

有理由重视的事物时的实际能力①。所以仅有机会的平等并不能一定会得到过程的平等，即使实行直接竞选制，使得男女在平等的舞台上竞争，可是因为"实际能力"的差异，依然最终导致了村委会的"和尚班子"。

（3）机会平等 + 传统文化差异 = 结果不平等

传统文化差异增加了妇女参选的顾虑。男权文化所塑造的女性角色有两个明显的特征：其一，贬低妇女价值，并使之成为男性的附庸；其二，将妇女排斥在政治生活以外或者说将妇女定位于"主内"的角色，若她们参与到政治领域，必会引起家庭、社会的嘲笑和谴责。另外，从夫居是我国绝大多数农村实行的婚姻迁徙制，这一模式下，女性不像男性一样有一个所属地方，她们的社会关系资源贫乏，宗族文化维系力弱，故而得不到族群或宗派的支持，这给妇女的发展带来不利影响②。家庭内部分工模式也是农村妇女远离政治的关键③。有研究者指出：农村的社会环境中"男主外女主内"的性别分工模式和从夫居的婚姻模式，以及农村传统的以男性为本位并在男性审视之下的文化④⑤⑥，给妇女的参政带来了许多顾虑。男性当村干部会得到家庭乃至家族的支持和认可，觉得光耀门楣、光宗耀祖，而妇女则会比男性承担更多的压力，这种社会舆论使农村妇女参选顾虑重重。

所以，直接竞选制为促进村委会选举中的男女平等起到了举足轻重的作用，虽然制度本身没有强调对妇女的政策倾斜，但正是这种无性别意识，使一些真正有能力的妇女勇敢地站出来平等地参与竞选，并且决不仅仅是竞选村委会委员，而是要竞选村委会主任或副主任，这实际上是向以男性为主体的政治结构发起了冲击。但是直接竞选制

---

① 阿玛蒂亚·森：《理性与自由》，中国人民大学出版社 2006 年版，第 7 页。

② 仝雪、张艳玲：《中国农村妇女参政研究综述》，《技术与市场》2005 年第 12 期。

③ 魏宪朝、栾爱峰：《中国农村妇女参政障碍中的文化和传统因素研究》，《聊城大学学报（社会科学版）》2005 年第 6 期。

④ 杨翠萍：《性别与民主：村委会选举中的妇女参与——以河南曹村为例》，《华中师范大学学报（人文社会科学版）》2002 年第 6 期。

⑤ 李慧英、田晓红：《制约农村妇女政治参与相关因素的分析——村委会直选与妇女参政研究》，《中华女子学院学报》2003 年第 2 期。

⑥ 刘中一：《对一次民主选举的考察——农村政治民主化进程中妇女参政的难点及制约因素分析》，《妇女研究论丛》2001 年增刊。

使得妇女有机会问鼎主职的同时进入村委会的妇女总人数大为下降，制度所营造的机会平等却导致了结果的不尽如人意，因为男女本身的起点不一样，所以即使男女站在同一平台上进行竞争，结果也未必是平等的，仅仅一种选举制度很难实现真正意义上的平等，这就需要有更多配套的措施。

2. 以 C 乡 X 村的个案为例

X 村于 2005 年由彭家冲、熊家庙、曹家湾三个大队合并而成。2008 年第七届村委会选举应到选民 1 394 人，实到选民 858 人，超过应到选民的半数，所以选举有效。实发选票 858 张，收回选票 858 张，有效选票 858 张，通过等额选举，天蓉以 699 票当选为 X 村第七届村民委员会主任，成为实行村民自治以来该村第一个当选的女主职（村主任）。高票当选的村主任天蓉的个人情况：现年 47 岁，中共党员，高中文化，1987 年以来一直担任村妇联主任，2005 年合并村之后担任 X 村妇联主任、副书记、代理村主任。在任期间，吃苦务实，带领村民修路挖塘，方便群众生产生活，获得一致好评。正因如此，天蓉在该村有一定的群众认可度，她有代理村主任的工作经历，所以群众在投票时会忽略性别及其他因素，而主要以她前三年的工作表现为参考，也就是其能力。之所以在试点乡 20 个试点村里只有天蓉一人成功当选为主职（村主任），一个重要的偶然因素是在 2005 年 X 村第六届村民委员会选举时，因为村主任的选票未过半数，所以整个这三年主任的职位都是空缺，而身为妇联主任的天蓉作为代理主任承担了村主任的所有工作，这段经历为其当选积累了经验和人脉，也充分地展现了天蓉的个人能力，得益于直接竞选制，有能力的天蓉获得了机会和结果的平等。如图 3—4 所示。

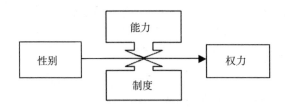

图 3－4　天蓉的个案分析图

仅有个人能力还不够，还需要制度保障，从实证调研的情况看，绝大多数受访者表示[1]，每次选举时，村委会、村支书职位的竞争较激烈，贴大字报、游说拉票、贿选等方式层出不穷，但妇女候选人的竞选活动就较少，很少出面拉票。有的村民解释说，一是女干部的竞争没什么悬念，如果规定要选1个妇女的话，只要现任的女干部工作不是很差，就肯定是她的了；二是妇女从心理上不愿意拉票，认为不太光彩、出风头，因而妇女通常在选举中都是顺其自然的态度。与男性相比，妇女在村委会选举中更多地是采取消极被动的竞选策略。这就更需要提供一系列切实可行的制度才能有效地提高女性进"两委"的比例。

新制度经济学认为，制度是一种经济资源，它可以为人们提供有价值的服务。这也就是制度的两个功能：一方面，制度有安全的功能。制度使人类的经济交换行为，在一系列规范制约下，成为稳定的和可以预期的，从而减少了非规范经济行为中的不确定性所带来的风险。另一方面，制度有经济的功能。制度作为一种交易各方共享的社会规范，促进了人们之间的相互信任与合作，它使经济行为变成一种超越个体的集体行动，由此形成的规模经济和外部效果，将大大降低交易成本。就目前中国的情况看，村民，尤其是农村妇女，主动参与村庄治理的欲望极其淡薄，在这种条件下实行强制性制度变迁有其现实合理性。

所以平等抑或不平等无法简单地一言概之，需要考虑参选者个人能力、选举制度等多种因素。

（二）妇代会直选进入制

为何在众多的选举模式中选取妇代会直选制作为笔者的第二个典型模式，这与笔者所选的调研地河北有关。从严格意义上说，妇代会主任不属于"两委"职位，但笔者调研的河北省邯郸市的众多乡镇实行的是"妇代会直选制"，在曲周县甚至实现了妇代会主任全部进入村"两委"[2]。

妇代会直选进入制，即在妇代会选举中当选的妇代会主任直接进入村委会担任委员。这种制度安排强制性地提高了村委会中妇女的比例，但是

---

① 根据笔者2008年11月在X村的访谈资料。

② 根据笔者2011年10月在河北邯郸市的访谈资料。

进入村委会的妇女干部"顺理成章"地成为了妇女主任，而对其他主职望尘莫及。妇代会直选进入制为妇女进村委创造了一种框架和途径，或直接称为"捷径"，但这种"捷径"仅能从数量上保证妇女参政比例，仅能帮助妇女进入到村委的圈子，但不能将农村妇女推向村民自治主流。

妇代会作为村一级妇女组织，是党组织联系妇女群众的桥梁和纽带，妇代会主任基本上是由上级党委委任（或指定）或间接选举（妇女代表选举），妇代会干部能进不能出，没有竞争，缺少生机和活力。这种任命制限制了妇女参政热情。并且妇代会主任在村委会中任职并不普遍，此时的妇代会仅为一个组织，农村妇代会主任进"两委"的比例很低，并未与村委会直接挂钩。1999年，迁西县妇联为了改变这种状况，在村委会换届前，开展妇代会直选，并规定直选出来的妇代会主任直接进入村委会担任委员，这种做法从试点到普及连续三年都取得了成功，并使之成为了制度和规范，现在妇代会直选已经在河北省全面铺开，大大激发了妇女参政参选的热情，为妇女进入"两委"会打下了基础，推进了农村民主化的进程。

无可否认，妇代会直选唤醒了妇女的参与意识，有利于人才脱颖而出。在河北省迁西县的第五届村委会选举中，出现了村村有妇女参与竞选村委会的局面。据白庙子乡统计，全乡共有26个村，共有187名妇女报名竞选村委会职务，占全乡报名人数的2/3。有21名妇女进入村委会（上届8人）。全县417个村有301名妇女当选，比例为72%，较上届提高2.7个百分点；有5名妇女进入村委会主任候选人之列，有2人当选，还有18名妇女当选副主任[1]。在村委会选举中，实现了女村委会主任零的突破，女性副主任人数显著提高。但是，通过这样的保护性政策能否获得身份认同呢？

本书的身份认同主要是指通过保护政策进入村委会的女性干部在乡村特定的社会文化中，个体对环境的感受，个人对集体的归属、对自我身份的体验和对社会身份的认可，它不仅仅是简单的个人心理过程，它反映了个人与社会、个体与集体的关系；具体而言，包括村民对其的认可，村委会其他成员对她的评价，角色转变后的自我定位等。由于保护性政策得以

---

① 根据迁西县妇联1999年选举统计资料。

进入村委会的妇女，如果能力上不能胜任工作，势必会导致职位边缘化、没有发言权，即使有发言权，也没有影响力，势必会得不到村民和村委会其他成员的支持和认可，势必很难为广大妇女争取权益、维护利益。所以笔者认为保护性政策治标不治本，并不能有效地解决入选女性的身份危机，要寻求身份认同必须加强可行性能力建设。笔者提出，保护性政策可以帮助妇女获得村委会成员的"身份"，用以提升妇女的可行性能力的能力建设才能帮助她们被"认同"。

（三） 性别两票制

之所以将"性别两票制"作为典型选举制度进行分析，是因为此制度 2005 年后应用于本书调研点之一的湖北省广水市。前文已经阐述过此制度的缘起以及选取广水市为试点的缘由，在此仅着重分析其特点。

性别两票制"从实质意义上而言，是妇女按规定比例参政的一项试点性地方政策，具有法律的强制性和结果的保障性；从程序意义上而言，它指在实验村村委会选举进程的各个阶段，设计男性票和女性票，投票和计票按规定的性别比例进行，两性之间互不竞票。"[1] 具体而言，做法如下：明确妇女当选比例"三个 30%"，即村选委会成员、村民代表、村委会成员中当选的女性比例各达到 30%；在选举村选委会成员、推选村民代表和推荐村委会候选人时分别采用女性推荐票和男性推荐票；在正式选举中，选票上明确设立"妇女委员"职位，并在说明栏中注明妇女应有 1 个以上名额[2]。在 2005 年第六届村"两委"会换届选举中，"性别两票制"发挥了良好的作用。在村组撤并后全市的 372 个村，共选出了 1193 名村干部，其中 239 个村有女干部，女干部在村委会干部中的比例占 20%，高于全国 16% 的平均水平。有女干部的村占 66.2%，比上届提高 28.4 个百分点。取得成绩的同时，问题也随之暴露。以 C 乡为例，全乡 20 个村委会仅有 1 位女性担任村主任、村支书等权力核心职位。"性别两票制"的"制度的设计只是考虑了选出妇女委员，而没有考虑村庄中的

---

① 陈琼、刘筱红：《保护性政策与妇女公共参与——湖北广水 H 村"性别两票制"选举试验观察与思考》，《妇女研究论丛》2008 年第 1 期。

② 陈辉玲：《村委会选举中的性别两票制研究——以广水市 H 村为例》，华中师范大学 2006 年硕士毕业论文，第 25 页。

具体情况采取不同的实施细则"，"设计的职位保留制的职位是妇女委员，其实是使妇女边缘化的地位加剧和稳固"①，未改变妇女在村治格局中的权利边缘化状态。同时，只依靠自上而下的支持性政策推广，势必会遭遇到旧有传统和势力的阻挠，并且向其他地区的推广相当难。

五　本章小结

本章涵盖的内容非常多，并且在论述过程中笔者的三个调研点纷纷登场，分别是湖北省广水市 C 乡、河北省邯郸市魏县 Y 乡和陕西省合阳市 G 镇，对三者的介绍在第四章中将更加具体详细。在本章中，笔者首先从理论上对应用规则分析模型作了阐述，进而介绍了农村妇女参与村级治理的主要政策，这属于正式规则，随后依托应用规则模型，进一步在对包括非正式规则在内的应用规则进行现实语境下的分析，笔者依托的是湖北省广水市 C 乡的案例，通过案例提出的问题是"村委会是否只能有且只有一个女性，如果该女性承担起主职工作，那么她是否必须附带着妇联主任和计生专干的兼职？"的分析逻辑是：（1）村委会是不是必须有女性？（2）村委会是不是只能有一个女性？（3）女性成员是不是只能做妇联主任？（4）女主职是不是必须身兼妇联主任或计生专干的职务？（5）女主职不做计生工作的话，谁来做？在对问题的分析过程中不仅使用到从 2005 年至今在 C 乡的调研问卷和资料，为力求分析得客观全面，还使用笔者 2011 年在河北省邯郸市和陕西省合阳县的调研所得，并且辅之笔者 50 位村级女主职的访谈资料，这些问卷调研和访谈资料将在后文中得到更为充分地使用。

通过应用规则模式来分析，从村干部的角色来探讨村委会组织中的性别边界，也就是问题（1）村委会是不是必须有女性？得出的一条结论是：不管是村民"期望"，还是法律规定，村级干部的"角色"要求有女性参与更好。但此处产生一个新的问题是村民的"期望"是通常认为女性参与是计生工作的需要。从职位规则来说，针对问题（2）村委会是不

---

①　陈辉玲：《村委会选举中的性别两票制研究——以广水市 H 村为例》，华中师范大学 2006 年硕士毕业论文，第 27 页。

是只能有一个女性？得出的结论是：因为村级财政的限制，村委组织的"结构"要求人数不能再多，所以不能说村委会只能有一个女性，只能表明不管村委会的男女比例是多少，按照当前村庄的现实来说，总体成员的数量不宜增多，但是又因为女性党员身份的限制和村庄"力治"的现状使得性别分工中仍遵循的是"男性优先"的选择模式。从选择规则来说，针对问题（3）女性成员是不是只能做妇联主任？在所调研的 C 乡和 Y 乡，村民依托原有村庄治理的"先例"，遵循原有的消极"路径依赖"，对政治领域的性别分工存在着较高的认可度。从聚合规则来说，包括控制力和决策权在内的聚合规则取决于村庄类型和参与者自身资源，在两者的相互作用下产出村级治理的效果。从"社会空间"意义上的范围规则来说，妇联主任并不是女性的专属职位，女主职也并不一定需要兼任妇联主任或计生专干，农村妇女参与村级治理应有更为广阔的发展空间。从信息规则来说，信息不完全是农村妇女参政一个重要的制度性障碍。从偿付规则来说，作为理性人的参选个体自然都有自己的成本与收益核算，会自动地选择对自己最有利的方案。从参选者自身来说可能因为昂贵的交易费用而对参选望而却步，而作为投票人的普通村民，可能会因为路径依赖而继续保持投票中的偏好，而作为政策运行主体的地方政府来说，可能因为受益于原有的制度安排而继续限制女干部的社会空间。

回顾对此系列问题的分析，发现处处充满了悖论。村委会是不是必须有女性？有女性参与更好，但女性通常做计生工作，那么女性成员是不是只能做计生工作，事实证明女性可以承担主职工作，但村民也存在政治领域的性别分工，那女性承担主职工作还要不要身兼妇联主任和计生专干的工作，显然因人而异、因村而异，没有定论，那如果女主职不承担妇联主任和计生专干的工作，谁来做？如果是女性，那么村委会就不止一位女性的承载量；如果是男性，那说明村民在政治领域的性别分工可以打破，同时也说明村委会的女性承载量就只有一个。所以，如果是陷入这个思维的陷阱会发现农村妇女参与村级治理的问题处处悖论、无从解答，本书换个思考的路径，回到问题的初始：为什么研究农村妇女参与村级治理？是因为村级治理中女性的"缺席"或"边缘"，为什么会出现"缺席"或"边缘"？是因为女性历史的劣势积累。如何来改变这种历史的劣势积累？需要保护性政策的倾斜和社会性别意识的主流化。这就引出了现有典型的选举模式，笔者列举的主要是直接竞选制、妇代会直选制和性别两票制，但是每种制度都有其适用性。直接竞选制使一些真正有能力的妇女勇敢地站出来平等地参与竞选，实际上是向以男性为主体的政治结构发起了冲击。但是直接竞选制使得妇女有机会问鼎主职的同时进入村委会的妇女总人数大为下降，制度所营造的机会平等却导致了结果的不尽如人意，因为男女本身的起点不一样，所以即使男女站在同一平台上进行竞争，结果也未必是平等的，仅仅一种选举制度很难实现真正意义上的平等。妇代会直接竞选制虽然有助于妇女依托保护性政策进入村委会，但治标不治本，用保护性政策并不能有效地解决入选女性的身份危机。性别两票制的设计只是考虑了选出妇女委员，其设计的职位保留制的职位是妇女委员，其实是使妇女边缘化的地位加剧和稳固。这都是农村妇女参与村级治理政策运行的现状，也是下文讨论的制度基础。

第四章　政策运行的行动情境

本章从宏观的视野拉回到微观的场景，立足笔者对三个调研点的实地调研，试图分析三个调研点的行动情境如表4—1所示。在此，笔者首先针对案例的选择做如下几点说明：

第一，从地理位置上说，我国东部、中部、西部的社会经济发展不平衡并呈现出三大地带的特点，本书所选取的三地个案分别地处我国东部、中部和西部。笔者对案例的选择仿效项继权教授《集体经济背景下的乡村治理——南街、向高和方家泉村村治实证研究》中的选点逻辑。

第二，从发展程度上说，本书所选取湖北省广水市、河北省邯郸市、陕西省合阳县的三个村分别体现了农村妇女参与村级治理的中、低、高的程度。虽然选取的是三个村，但对此三个县或乡的其他村也有涉及，这种选典型的方式仿效毛泽东的划类选点，即"一类事物分为几个亚类继而分类调查①"，将调查的典型分为三种："先进的、中间的、落后的②。"湖北省广水市农村妇女参与村级治理的比例属于全国中等。而河北省邯郸市的比例偏低，笔者走访的邯郸市魏县Y乡的下辖五个试点村的"两委"中都没有女干部。而"合阳女村官"成为了全国的典型，是享有盛誉的农村妇女进村委"合阳模式"的所在地。这三个层次也正好从某种程度上体现了农村妇女参与村级治理的变迁历程和发展趋势。

第三，从随机选择上说，本书可以说是随机抽样，但也不是严格意义上的随机抽样，所涉及的三地分别是笔者从2005年开始调研的重点地区，虽然不是西方的随机取样，但进入调研地的过程也是处处蕴含着机缘巧

---

① 中共中央文献研究室编：《毛泽东农村调查文集》，人民出版社1982年版，第57页。
② 同上。

合，如果不参加联合国妇女发展性别小组项目，就不会深入湖北省广水市长达六年之久，如果不参加联合国民主基金会的项目就不能明晰河北省邯郸市的状况，如果合阳县没有引人注目的"合阳模式"也不会远赴陕西省合阳县参观学习，细想此中之机缘必定伏脉千里。

表 4 - 1　　　　　　　　　样本村概要特征

样本村 概要特征	Q 村	Y 村	H 村
	C 乡	魏县 Y 乡	G 镇
所处政区	湖北省广水市	河北省邯郸市	陕西省合阳县
分布地带	中部	东部	西部
区域经济	中等	贫困	发达
外出务工状况	多	多	较少
妇女参与程度	中等	低	高

第四，本书所选取的典型调查方法比西方流行的随机抽样调查更容易把握调查对象的总体特征，进而能够比较全面地反映现实。但同时，虽然此典型实证研究所提供的翔实资料对定性的宏观研究和理论分析必不可少，但不能看成是全国的总体结论，为了弥补此种缺陷，在研究中也尽可能利用笔者及其他学者的成果，力求获得更加全面的结论。

第五，在下文的分析中除了村庄的调研结果，还涉及乡镇、市级的资料，之所以将乡级也纳入样本资料之中，是因为在进行区位对比的时候，为力求研究得更加科学性，笔者时常自问：此问题是不是可以从生态学的角度，如果在同样的乡镇，村级治理情况是否一样，基于这样的考虑，在三个试点村的基础上将范围扩大到乡镇层面，试图在同一区位的不同村庄的比较之中，再剔除不属于区位的原因。而对县市级资料的引入，既为在更广的视角中明白自身处行动情境中的参与者的行为逻辑，也为探寻作为政策运行主体之一的地方政府在政策运行过程中的行为和作用。

以上是对调研点的五点说明。运用制度分析与发展框架分析制度时，可以采取的第一步是确定一个概念单元——行动场景——它也是在特定约束条件下分析、预测并解释人类行为与结果。行动情境位于 IAD 框架的核心位置，是政策运行的中心场景。它决定着个体在整个制度框架中如何通过行为把外生变量和结果连接起来。

奥斯特罗姆认为，在开始进行制度分析时，应首先观察影响行动场景的因素而不是场景本身①，并且指出运用制度分析与发展框架必须注意的是，对这些参数的变化进行分析是完整的制度分析非常重要的组成部分②。在她 2009 年获得诺贝尔经济学奖之前的文献中，她将行动场景包括两个组成部分：行动情境与行动者③。而在 2009 年之后的文献中，都将行动者融入行动情境之中，作为行动情境的参与者，属于研究行动情境的核心要素之一。分析问题的第一步是明晰概念。在王巧玲博士翻译的《规则、博弈与公共池塘资源》中将行动情境翻译为人们进行互动、交换物品与服务、提取与提供、解决问题或争斗等在行动情境中可能采取的诸多行为选择的社会空间④。笔者结合奥斯特罗姆的原文，将行动情境定义为被用来描述、分析、预测和解释在制度安排下的行为⑤，是个体间的相互配合、交易物品和服务、解决问题、个体与行动情境中众多元素之间控制或抗争的社会空间⑥。在实地环境中，人们很难分辨出一个情境究竟终于何处，而另一个情境又始于何处。生活中的各个情境宛如一张无缝之网一样紧密相连⑦。但奥斯特罗姆同时指出，若要分析特定情境下的恒定结构，就必须找到区分各种情境的方法，而且参与各种情境的人们也必须了解不同情境间的差别⑧。

---

①　埃莉诺·奥斯特罗姆：《规则、博弈与公共池塘资源》，陕西人民出版社 2011 年版，第 29—30 页。

②　同上。

③　同上。

④　同上。

⑤　原文：Action situation can be utilized to describe, analyze, predict, and explain behavior within institutional arrangements. Elinor Ostrom, Background on the Institutional Analysis and Development Framework, Policy Studies Journal, 2011. 1.

⑥　参见原文：Action situations are the social spaces where individuals interact, exchange goods and services, solve problems, dominate one another, or fight (among the many things that individuals do in action situations). Elinor Ostrom, Background on the Institutional Analysis and Development Framework, Policy Studies Journal, 2011. 1.

⑦　埃莉诺·奥斯特罗姆：《规则、博弈与公共池塘资源》，陕西人民出版社 2011 年版，第 29—30 页。

⑧　同上。

一　行动情境的外部系统

因为奥斯特罗姆更多的研究集中在社会生态系统中的公共治理，所以其 IAD 框架中提出了嵌入在社会生态分析框架中的行动情境。如图 1—1 所示。

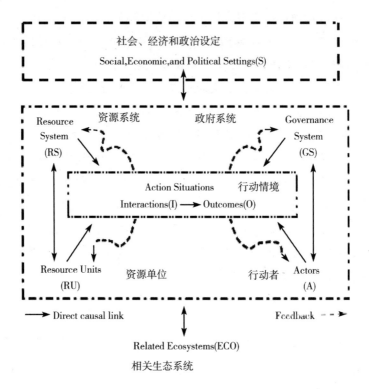

图 1 - 1　社会—生态系统（social - ecological system，SES）框架图①

笔者认为，结合村级治理实际的社会、经济、政治背景（SES）已在"外生变量"章节中详细论述，SES 框架非本章重点，此处提及，只是为说明对行动情境的考量必须立足于宏观政经文化背景之中，也对前文做一回应。在此强调的是 SES 框架是动态发展的，所以"外生变量"是处于变化之中的，所以笔者将"外生变量"着重在"乡村巨变"之上。

---

① 此图在第一章出现，所以编号仍然为图 1 - 1。

二　行动情境的内部变量

当运用制度分析与发展框架解释个体行为时，如果行为比较简单或者行动者掌握相关变量的完全信息，可以假设个体拥有无限计算能力和净收益最大化的博弈论及新古典经济学理论相对有效。然而，如果行动情境复杂且不确定，则需要选择有限理性的假设来取代上述极端化的假设。如何理解个体在这种有限理性情况下的行为取舍呢？

与其他立基于某个单一社会学科的分析框架相比，制度分析与发展框架的特色是，所有情境都被视为由同样的要素组合组成[①]。博弈论同制度分析与发展框架特别兼容的一个原因是，博弈论也把所有的行动情境——用术语博弈来表示——都看成是由相同要素构成的。这也就是说，市场、公共池塘资源、等级制与立法机构都被视为拥有相同的构成要件[②]。奥斯特罗姆通过细致观察，将行动情境众多复杂、抽象的影响因子归纳为 7 组变量。如图 4—1 所示。

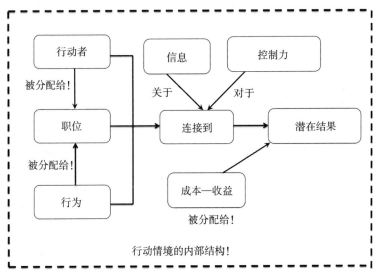

图 4 - 1　行动情境的内部结构图

---

① 埃莉诺·奥斯特罗姆：《规则、博弈与公共池塘资源》，陕西人民出版社 2011 年版，第 29—30 页。

② 同上。

由于其中许多要素本身就比较复杂，因而，这些要素构建出来的行动情境具有无限的多样性①。由此可见，虽然我们的框架强调组成要素的普遍性，但它同时又能用于分析具有特殊性的不同场景②。而且，正如后文将会讨论的，其中每一个要素的特性都是相关的自然、文化与规则因素综合作用的结果③。

（一）行动者(Actors)

行动情境的第一个要素是参与情境的行动者④，根据行动者的定义，参与者也是联结行动者与行动情境的要素，最小的行动情境只包括一个参与者⑤。行动者是指在决策过程中承担某种身份且具有决策能力的实体。既可以是个人，也可以是复合个体，如国家、城市、公司、非政府组织。在行动情境中，这些复合个体均被看作等同于个人的个体。所以，在村级治理中的行动者，既包括独立个体，即每个投票或者被投票的个体等，也包括复合个体，即乡镇政府、村委班子及相关组织等。

其具有三个重要属性：（1）行动者数量：在行动情境中，行动者的数量影响着行为模式、行动效果，不管是独立个体还是复合个体在"理性"选择中都会不同程度地考虑行动者的数量。以第二章提及的政治代表性来说，以数量为表示的"描述性代表性"是获得"实质性代表性"的必要条件，这也是全球多数国家推行比例制（quota）的原因之一。（2）行动策略：以独立个体还是以复合个体的方式出现，都是行动者的策略选择。（3）影响因素：其他如年龄、受教育程度、性别等个别属性都会影响到行为策略，最终影响到行动情境的作用模式和产出，这也是在众多社会科学领域的调查问卷中需要涉及的基本问题。在此需要说明的

---

① 埃莉诺·奥斯特罗姆：《规则、博弈与公共池塘资源》，陕西人民出版社 2011 年版，第 29—30 页。

② 同上。

③ 同上。

④ 在奥斯特罗姆2011 年的文献中基本将"行动者"改为"参与者"，但之前的文献中并没有区分，"行动者"其实就是采取行动的参与者，不一定非得独立出来，然而在有些场景下两者很难区分，所以本书使用的文献中两个名词都有使用，没有特定说明时，两者表意大致趋同。

⑤ 埃莉诺·奥斯特罗姆：《规则、博弈与公共池塘资源》，陕西人民出版社 2011 年版，第 31 页。

是，"行动者"和"参与者"在 IAD 框架中并没有完全的区分。奥斯特罗姆经常互用两个概念①。"行动者"其实就是采取行动的参与者，不一定非得独立出来。

情境中的行动者可被认为是单个人或作为共同行动者发挥作用的集团，但不管是单一个体还是复合个体，奥斯特罗姆都给出了预测行动者行为的四组变量：第一，资源。行动者带入行动情境的资源②。第二，估值。行动者在现实世界中对行为价值的评估③。第三，方式。行动者获得、处理、维持和使用知识和信息的方式④。第四，过程。行动者选择特定行为的过程⑤。

以上是对行动者以及其"三个属性"和预测行动者行为的"四组变量"的介绍，这些都将成为后文个案中行动者的分析维度。

（二）行动者的职位(Positions)

职位指把过程参与者与一组获得授权的（与结果相关联的）行动联系起来的地位⑥。在有些情境中，每个参与者都拥有同样的位置或身份，比如在投票情境中，每个普通村民有着同样的投票者身份，而在另一些情境中，每个参与者拥有的位置互不相同，比如在村级治理情境中，有主任、书记、副书记、委员等职位的区分。职位体现的是身份象征，村主任、书记、妇联主任、普通村民等都是行动者行为选择的身份载体。在行动情境中，行动者可能有不同或相同的身份，也可能有多重身份，但整体来讲，身份的数量通常小于行动者的数量，例如"普通村民"是一种身

---

①　参见 Ostrom, E. (2005), Understanding Institutional Diversity. Princeton University Press.

②　参见原文：The resources that an actor brings to a situation；Elinor Ostrom, Background on the Institutional Analysis and Development Framework, Policy Studies Journal, 2011. 1.

③　参见原文：The valuation actors assign to states of the world and to actions；Elinor Ostrom, Background on the Institutional Analysis and Development Framework, Policy Studies Journal, 2011. 1.

④　参见原文：The way actors acquire, process, retain, and use knowledge contingencies and information；Elinor Ostrom, Background on the Institutional Analysis and Development Framework, Policy Studies Journal, 2011. 1.

⑤　参见原文：The processes actors use for selection of particular courses of action. Elinor Ostrom, Background on the Institutional Analysis and Development Framework, Policy Studies Journal, 2011. 1

⑥　埃莉诺·奥斯特罗姆：《规则、博弈与公共池塘资源》，陕西人民出版社 2011 年版，第 31 页。

份载体，但在此身份载体之下的行动者数量却相当庞大。所以，第一，多数时候，情境中的位置数目少于参与者的数目。

第二，特定位置上的能力与局限性取决于其他要素的界定方式①。例如在村委会中村主任职位的能力和权力，可能非常大也可能非常小，既有独权的可能也有权力被架空的可能，这与众多其他要素相关。所以，职位仅为分析行动情境、行为者行动策略的变量之一，但这一变量将参与者和容许的行为集合相连接，此点在图 4 - 1 中有所展现，在后文中将予以详述。

第三，一个行动者选择的行为更多的基于其身份考虑，与独立于行动情境结构之外的人品、个性等特征的相关性较之身份变量要弱。这一基本认识很重要，既回应了第二章讨论的政治身份优先性别考虑，也为后文作出铺垫，在此，笔者需要提及的是将在后文提到的村级女干部的"去女性化"或者"中性化"，虽然德鲁克早在 1954 年就说过"时代的转变，正好符合女性的特质"，他早已经预料到，管理是一个很重要的领域。管理就是管人，需要对人的关注、关爱，这正是女性的天性。女性的特点更符合管理发展的一些要求。正如德鲁克所言，女性特质确实带给她们许多男性所无法比拟的优势，她们相对男性更人性化的管理方式使她们取得了前所未有的成绩，但在村庄治理中女村官身上不同程度地存在着"去女性化"或"中性化"现象，女村官的"去女性化"，是女村官在男权社会里迫不得已的一种无奈选择。因为乡村管理层是一个男性化程度很高的群体，很多女性进入其中是以牺牲自己的女性气质为代价来换取某些职位的，这也正好印证了行动者的行为选择可能基于身份，女政治精英的"政治"标签往往重于"性别"标签，而处于"力治"情境中的女政治精英更偏向于"身份认同"而非"性别认同"。

（三）容许行为（Actions）

第三个要素指处于特定位置的参与者在过程的不同阶段（或在决策

---

① 埃莉诺·奥斯特罗姆：《规则、博弈与公共池塘资源》，陕西人民出版社 2011 年版，第31 页。

树的节点上）所可能做出的行动选择①。在行动情境里行为者容许采取的行为中，有些是正式制度规定的，例如在村级选举中容许自我宣传，但不允许拉票贿选。有些行为是行为者选择的，比如参不参选、投票给谁，在决策的各个阶段，承担某种职位或者身份的参与者必须要从众多容许的行为中做出理性或者非理性的选择。在有些情况下，个体的一系列行为或者众多个体的共同行为才能导致预期结果或者部分预期结果。所以也能理解某些村民参与态度冷淡的现象，因为即使从个体自由意志出发，也许选择了某位候选人，但由于村民之间关联度低，缺乏一致行动的能力，并且在外生变量的影响下，行为与结果的关联存在一定的不确定性和风险性。从而使他们不相信自己个人的投票会影响选举的结果，所以也不积极参与投票。此种情况比比皆是，行为选择的原因纷纷种种，所以奥斯特罗姆指出，在很多行动情境中，行动的排列组合是无限的，而且有可能超越当前理论工具的分析能力②。因此，多数分析都只是希望辨识那些在某一情境中最为重要的行动，这里所谓的"重要"是指所做的行动选择对后果有着决定性的影响③，这里所说的结果，必须是事物在行为的作用下产生、消失或者程度、数量的改变。

（四）潜在结果（Potential Outcomes）

第四个要素是参与者的行动可能带来的结果，是与个体行为相关联的潜在结果。这种结果可能是在特定规则条件下个人互动所得④。在行动情境中，潜在结果由三部分组成：（1）由参与者的一连串行为引起的事实结果；（2）由偿付规则决定的和行动相关的物质回报和支出；（3）参与者对事实结果和物质收支的综合评估。这里假设参与者能够自主地决定是否去改变某一特定结果，即参与者可以依自己的意愿选择行为。潜在结果的考虑会影响参与者的行为选择，例如，假如某村在选举中用形式上的民主选举掩盖了直接任命的实质，村民对形式主义的选举丧失了信心，他们

---

①　埃莉诺·奥斯特罗姆：《规则、博弈与公共池塘资源》，陕西人民出版社2011年版，第31页。

②　同上。

③　同上。

④　同上。

基于现实状态用最朴素的价值观去分析其潜在结果，然后明确态度，采取行为，如果选举制度的落实、选举在他们眼里只不过是糊弄人的把戏，于是就出现了"谁当，人家早定好了。要不是为了那几块义务工钱，我才不去投票①。"从经济学的角度看，"失望②"是与效用相对，但又不同于负效用的一个概念。效用体现的是消费或参与活动给人们带来的满足，负效用体现的是消费或参与某种活动不仅没有带来满足，反而造成了损失或不满，而失望可能给人们带来正效用，也可能带来负效用，但与预期目标存在差距。

（五）控制程度（Control）

每个参与者对其控制力有着不同的预期，参与者对结果控制能力也不一，可以是绝对控制和零控制之间任何一种情况。在村民投票中，"村民是游散的个体，是沉默的大多数，他们不知道谁是自己的利益代表，他们的投票一向是模糊的，是一种被动式参与③。"在行动情境内，个体的"势力"等于机会价值（在结果中占的比重）与对决策的控制力的成绩。所以如果机会价值非常小，个体即使对决策过程有绝对的控制权，也只能拥有较小的势力。机会价值和控制力不一定在参与者之间平均分配，个体一般情况下享有不同程度的势力。在这种情况下，"如果有人四处游说积极拉票，大多数村民都会给一个'顺水人情'，把选票投给拉票者。与其说这是'黑金政治'，毋宁说是'无政治的政治'；与其说是农民民主意识差的反应，毋宁说是村民选举中村民控制力低的结果④"。

选举这一制度的法律化和由中央推动的背景，无疑减少了乡村组织运用正式权力资源"规划"人选的作用空间，也形成了对其超越法律规定规划"人选"的责任追求的威慑力量，减少了乡镇组织的控制力，乡镇

---

① 吴重庆、贺雪峰：《直选与自治——当代中国农村政治生活》，羊城晚报出版社 2003 年版，第 186 页。

② ［美］艾伯特·O.赫希曼：《转变参与——私人利益与公共行动》，上海人民出版社 2005 年版，第 4 页。

③ 吴重庆、贺雪峰：《直选与自治——当代中国农村政治生活》，羊城晚报出版社 2003 年版，第 254 页。

④ 吴英姿：《法院调解的"复兴"与未来》，《法制与社会发展》2007 年第 3 期。

也不得不小心翼翼地另谋他途，所以科学的制度设计非常重要，然而乡村组织在长期的乡村行政中，已经积累了相当多的地方性知识，熟谙并利用乡村社会的各种非正式权力资源来完成自己的任务。对非正式手段的借用轻车熟路，运用起来得心应手。所以研究政策运行机制的研究也刻不容缓，这也是笔者研究农村妇女参与村级治理的政策运行机制的考虑之一。

（六）信息（Information）

行动者可得到的关于行动情境结构的信息。行动者有可能获取完全信息，也有可能获取不完全信息。如获取完全信息，那将掌握行动情境结构的全部信息，包括参与者数量、身份类型、潜在结果等。但从村级治理的实际来看，从 2005 年以来自然村合并行政村，"熟人社会"的特征越来越淡化，即使是在自然村范围内，村民之间的社会关联程度也是极为低下的，在村民（尤其是新生代）之间，没有共同体意识，没有道德舆论的约束力，而只有个人利益的计算。所以哪怕极为相互熟悉，依然不具有"熟人社会"的构成指标之一。另外，在村民投票过程中，信息很难完全，而当信息不完全时，谁在决策过程中的某一节点掌握哪些信息成为问题的关键。当一个基于众多个体联合行动而导致的结果难以估量时，投机情绪便开始滋生。一些个体通过推卸责任和欺骗，在牺牲别人利益的基础上实现自己利益最大化。这种情形进而加重了不完全信息所带来的困难，"要使代理人能够真实地公开其掌握的信息，就必须向代理人提供足够份额的经济剩余或租金。如果信息是连续的变量，比如说代理人的技能水平，那么必须建立租金与信息之间的联系，以提供正确的边际激励，促进所需信息的公开化，对委托人而言，放弃租金是一种成本，因此他不能像在假想的完全信息世界中那样最优地利用信息，同时代理人的能力也不能得到充分发挥。这就是信息不对称的社会成本。[1]" 所以信息不完全和信息不对称是分析行动策略的重要考量。

（七）收益和成本（Costs and Benefits）

收益和成本是行为及其结果的激励和阻碍因素。任何一个结果都与一

---

① ［美］阿维纳什·K. 迪克西特著：《经济政策的制定：交易成本政治学的视角》，刘元春译，中国人民大学出版社 2008 年版，第 62 页。

定的收益和成本相关。在奥斯特罗姆研究的公共池塘领域中，将收益定义为某结果产生的经济回报，将成本或支出定义为包括税费、罚金等在内的为实现某一结果而产生的费用①。但本书中的收益和成本的概念都要更为宽泛，从收益层面说，不仅包括以物质形式表现的经济回报，还包括诸如提升社会地位、满足成就感等体现自我价值的回报，从成本上说，也不仅包括经济费用，还包括时间成本、身体消耗、社会资源的使用等无形成本。

影响收益和成本的因素众多，笔者将在后文中依托个案进行详析，在此着重提及的是，组织化是降低成本提高收益的重要途径之一，这也是笔者的调研点合阳县所展现的一个突出优势。在乡村研究中有学者提到群体的自组织能力，"群体的自组织能力是指它的组形态、规划、动员能力、行动协调性和特定人群的涵盖与囊括程度②"。无组织形态的群体，就像一盘散沙，"装在袋子里的马铃薯"，不仅难以形成群体合力，而且大大增加在市场上讨价还价的成本，即交易成本高昂。所以，在投票情境中，因为村民的离散状态，提高了自我管理的成本，在治理情境中，因为女干部的数量少，导致了职位的边缘化或者女干部领导气质的"男性化"。所以，在后文中笔者将详述组织化对农村妇女参与村级治理的重要性。

三　行动情境内部变量的相互关系

前文已经将行动情境内部变量的结构图予以了展示，并且将7个核心变量进行了逐一介绍，反映行动情境的标准数学结构是博弈③。在精心设计的实验室实验中，参与者所面临的决策环境也属于行动情境。不过，行动情境的概念要比任何具体的理论实例更广泛。任何行动情境——无论是

---

① 埃莉诺·奥斯特罗姆：《规则、博弈与公共池塘资源》，陕西人民出版社2011年版，第33页。

② 吴重庆、贺雪峰：《直选与自治——当代中国农村政治生活》，羊城晚报出版社2003年版，第251页。

③ 参见 Weissing, Franz J., and Elinor Ostrom. 1991. "Irrigation Institutions and the Games Irrigators Play: Rule Enforcement without Guards." In Game Equilibrium Models Ⅱ: Methods, Morals, and Markets, ed. Reinhard Selten. Berlin: Springer – Verlag, pp. 188 – 262.

公共池塘资源、委员会、市场或等级制——都能由这七个要素建构出来①。例如，可用下面的假设构建一个最简单的委员会②：

　　a. 存在一个位置；成员的位置。

　　b. 成员是三个参加者。

　　c. 受成员影响的结果包含两个组成要素，指定其中一个为现状。

　　d. 成员被分配到行动组，行动组包括两个组成要素：投票赞同现状；投票选择其他结果。

　　e. 如果两个成员投票选择其他结果，那么就要改变现状；反之，他们维持现状。

　　f. 有关要素一到五的完全信息是可利用的。

　　对于这个最简单的委员会，通过利用界定良好的理性行动者模型，就能知道是否存在均衡结果。除非其中两个成员更喜欢其他结果而非社会现状，且两人都投赞成票；否则，社会现状就是均衡结果，如果两个成员确实更喜欢且投票选择其他结果，那么替代性的结果就是均衡。若考虑第三个结果，就无法真正预测结果了。对于这些简单的、拥有三个成员与三个潜在结果、使用多数原则的委员会情境，只有当参与者的评估模式满足约束条件，才可预测出均衡结果③。只要任何要素发生了变化，就会产生不同的行动情境，并可能导致截然不同的结果。如果增加了要素的复杂性，就可以建构出有关公共池塘资源、委员会、市场或其他情境的更复杂的模型。例如要构建一个更复杂的委员会情境，在情境中加上第二个位置，即会议召集人的位置，且会议召集人的行动组包括其他人不能选择的行动。

　　以上是对使用行动情境的内部变量进行分析的举例说明，以下将着重分析这些核心变量之间的相互关系。

　　所有对微观行为的分析，必须有关于参与者价值取向、拥有资源、信息的获取及运用能力、行为选择的策略和内在机制等的假设。行动者使用

---

　　①　埃莉诺·奥斯特罗姆：《规则、博弈与公共池塘资源》，陕西人民出版社 2011 年版，第34 页。

　　②　案例来自：埃莉诺·奥斯特罗姆：《规则、博弈与公共池塘资源》，陕西人民出版社 2011 年版，第 35 页。

　　③　参见 Banks, Jeffrey, Charles R. Plott, and David P. Porter. 1988. "An Experimental Analysis of Unanimity in Public Goods Provision Mechanisms." Review of Economic Studies 55：301—322.

一种隐性的或显性的理论或者模型来推论在情境中的可能行为和可能产生的结果范式，如图 4-1 所示，行动者被分配给不同的职位，不同的行为分配给不同的职位，而行动者、职位和行为的三者合力影响到潜在结果，在三者合力的联结过程中，也受到信息和控制力的影响，收益和成本是行为及其结果的激励和阻碍因素，也被分配给潜在结果。

　　然而这些情境往往是充满悖论的、不确定的、复杂的，因此需要更多基于信息最大化和公共选择理论的理性假设[①]。可是信息的获得是需要成本的，信息的加工是需要能力的，而个体的能力是有限的，所以信息不充分和应用信息能力的不足往往使得个体在选择其行为策略时很容易导致目标的错误设定。所以分析如此复杂、不确定而又充满悖论的行动情境的困难度可想而知，在此状况下奥斯特罗姆和其合作者在三十余年的探索中提出了两个步骤，第一步，深挖影响情境结构的要素[②]。第二步，探索行动情境的变化，以及变化怎样影响产出预测和行为策略[③]。认为主要通过这两步可以应用特定情境的变量和行动者的激励和认知结构预测个体可能性行为。对影响情境结构要素的深挖，笔者在上文中已经做了充足的理论铺垫，在后文中将结合案例做更加细致的阐述，而这种对"变化"的关注也是笔者将第一章外生变量概括为"乡村巨变"的思路来源之一，在后文中将时常显现。

　　按照这两种思路，笔者对后文的撰写思路是，首先分别对此三个按照农村妇女参与村级治理的程度在全国范围内选择的三个县市（湖北省广水市、河北省邯郸市、陕西省合阳县）进行详细的阐述，在下一部分中，融合三个调研点，重新整合分类，着重分析在应用规则作用下的行动情

---

　　① 参见 Jones, Eric C. 2003. "Building on Ostrom's 'The Rudiments of A Theory of the Origins, Survival and Performance of Common - Property Institutions.'" Journal of Ecological Anthropology 7 (1): 65—72.

　　② 参见 Kiser, Larry L., and Elinor Ostrom. 1982. "The Three Worlds of Action: A Metatheoretical Synthesis of Institutional Approaches." In Strategies of Political Inquiry, ed. Elinor Ostrom. Beverly Hills, CA: Sage, 179—222.

　　③ 参见 Cox, Michael, and Elinor Ostrom. 2010. "Applying A Social - Ecological System Framework to the Study of the Taos Valley Irrigation System Over Time." Paper presented at the 13th Economics of Infrastruc - tures Conference, Delft University of Technology, May 27—28, 2010, Delft, the Netherlands.

境，即在政策运行所处的参选情境、投票情境、治理情境，在每个情境中体现农村妇女参与治理发展程度的地区有着怎样的共性和区别，并在第五章中，按参选情境、投票情境、治理情境中分析每种情境下的作用模式。

如何分析一个地方，需要哪些信息，有怎样的维度？笔者沿用华中师范大学政治学研究院"百村十年"项目问卷调查涉及的政治、经济、文化、地方特色、农村生活、参政状况等维度，同时也参考裴宜理教授在《华北的叛乱者与革命者（1845—1945）》中对淮北环境的分析维度：地理、人口密度、种植模式、农业产量、土地占有情况、商业、政府与税收、生活标准、农民心态等，予以综合考虑，并因各地情况有异，不能机械照搬，所以下文中对以上分析维度也并非面面俱到、均衡用墨，而是根据实际情况合宜处理。

四　个案：湖北省广水市 C 乡 Q 村

笔者所在课题组对 Q 村的观察从 2005 年就开始，历时近七年，该村的特色是妇女参政有一定基础，但举步维艰、一波多折。该村曾出现妇女参与村级治理高积极性时期，妇代会也能发挥良好作用，并且在 2008 年第七届村委会选举中该村出现了有史以来的第一个女书记，但此女书记三个月后被停职，后在 2009 年 12 月被降职为副书记，终于在 2011 年 11 月第八届"两委"换届选举中重新被选为村书记，其间波折后文详述，农村妇女参与村级治理的复杂情境在此案例中可见一斑。就本书的三个案例，合阳县女村官现象是妇女参与治理的一朵奇葩，河北省邯郸市魏县 Y 乡 Y 村的从未有女性进"两委"的现象也略显偏激，Q 村的情况应算是最为普遍的农村妇女参与治理的现状。结合本书研究的主题"农村妇女参与村级治理"特从以下五个方面对 Q 村的状况进行展开，即：村庄概况（包括地理、人口、种植模式等信息）、村庄经济状况、村庄政治情况、性别视角下的村庄特色、村庄中的女干部——国珍。

（一）村庄概况

Q 村隶属于 C 乡，此乡的基本情况已在第三章中略作介绍。因 Q 村没有村志，所有关于村庄的数据都来自对村干部和部分村民的访谈，2005

年 7 月 19 日访谈当时在任的吴（男）书记，他提供的数据是：面积 4 平方公里，耕地面积 1894 亩，山场面积 4000 亩左右，大致概况是三冲三山（平峰山、锡山、大坡山），基本上是山区，地处三乡（长岭、骆店、城郊）交界，无人管地带，过去是山路十八弯。全村是 1 537 人，差不多是男女各一半。2009 年 8 月 12 日对时任的村书记国珍进行访谈，她提供的数据是村庄以丘陵地形为主，有 3 000 余亩耕地，农民承包地面积也有 3 000 余亩，村内没有草场，有 1 000 余亩的林地（包括退耕还林的面积）。村内有 8 000 多户，3 374 人，其中男性有 1 800 多人，女性有 1 500 多人，主要民族是汉族。因为两者的数据相距较大，笔者在村庄内进行更广泛的调查了解到，2005 年实行了村村合并，现在的 Q 村合并了当时的平峰和双河两个大队，而 2005 年访谈的数据都来自原平峰大队。

据当地的老人讲，"Q 村原先是很苦的地方，单身汉比较多，说不到媳妇，靠天吃饭，分田到户以前整个村仅有一台手扶拖拉机，一台柴油机，大队比较穷，经济水平属于低下等。承包田地以后，经济状况有所好转，有多种经济作物，到现在，整个大队里有三台拖拉机，两个加工厂（带电的），都是私人自己添置的，三轮车 4—5 台。村内有一条河，流经村庄至少 3 公里，河这岸住的是史家湾的人，河对岸住的是闻家湾人。相传，几百年前，有一个姓史的运粮官修了河上的石板桥。从此，村里有一个几百年来约定俗成的规矩：这条小河的水就只能是史姓村民用，而闻姓村民就不能用这条河的水。①"

2009 年 8 月的统计表明，Q 村现有通电的农户数量已达到 810 户，即基本实现家家都通电，2007 年使用沼气的农户达到 130 户，2008 年数量已攀升到 200 户，实现了 1/4 的家庭能使用沼气，目前已经实现"村村通"公路但还未实现"组组通"。

（二）村庄经济状况

C 乡是个农业大乡，共有耕地 43 160 亩，人均耕地面积 0.9 亩。近年来随着产业结构的调整和民营经济发展，该乡第二、第三产业有所发展，现三大产业间比值为：1.7∶2∶0.8，人均国民生产总值为 9 800 元，人均

---

① 所有访谈资料全部来自笔者在该村的调研。

收入是 3 300 元，在广水市各乡镇中排名第六。从村级经济状况看，除上级转移支付外，该乡各村基本上没什么集体收入，且近一半的村子无任何私营企业。Q 村一无经济组织，二无集体统一经营收入，2008 年村庄总收入只有上级补助拨款的 1 万多元，而仅 2008 年村里修公路花费 30 多万元，村里要承担 18 万元，村里其他公益福利支出每年还需 15000 元以上。这个情况在 2005 年 7 月 19 日访谈时也有涉及，通过当时的吴（男）书记了解到村级治理的不利方面有：上一届村委会负债 78 万元，吃喝白条 42 万元，走假账无去向的 12 万元，对于村里来说是一个包袱，每个干部垫了不少钱，经济状况不好，以前的村长笼络了一帮人，当了两届，把村里搞得一塌糊涂，土改前的两个老村长作为理财小组的成员将原来的村长清理出去了。吴（男）书记刚开始上任时根本无法开展工作，天天有人讨要债务，村干部想尽一切办法，每年 10% 还款，才稳住了群众，还款来源主要是山区扶贫款、贷款、债权 28 万元。

截至 2009 年 8 月中旬，村内只有 2 家属于私营的养猪场和五六家商店，卖些村民必需的日用品，其他例如餐馆、理发店等一概没有。20 世纪 90 年代以前，农业收入曾是该村村民的主要收入来源，但随着全国性务工潮流的席卷，该乡大批农民也外出务工，务工收入现已成为家庭的主要收入来源。据 2005 年统计资料显示，C 乡外出务工人数 23543 人，其中妇女为 11078 人，Q 村总人口 3374 人中有超过 1200 人外出打工，常年外出务工的农户达到 800 个家庭，即除少数个别家庭外，其他家庭都有成员外出务工。并且较多是 30 岁以下的年轻女性，在访谈中，村民解释说，由于中年妇女家庭负担较重，需要照顾老人和孩子，因而出去的比例相对来说少一些。据访谈调查，男性务工的主要行业是建筑业，妇女则为手工制造和餐饮服务业。从统计资料看，两性务工比例没有明显差异，但在访谈中笔者了解到，该乡不少村子仍然存在着明显的农业女性化现象，一般性田间劳作主要由妇女承担，男性只在农忙时节帮忙收割种植，可能的原因在于农业现在主要由中年人来负责耕作，而中年男性务工的比例要高于中年妇女。

（三）村庄政治情况

第一，村级组织构架和运作程序。Q 村的正式组织可分为两类，一是村级领导机构，包括村党支部和村委会，前者对后者起领导作用。二是村级权力和议事监督机构，包括村民会议、党员大会、村民代表会议和村务监督小组。除村民会议和党员大会外，其余各组织均由群众推选产生，每三年为一届。其中，村委会成员和村民代表由群众投票选举产生，村务监督小组则由村民代表会议和党员大会从内部推选产生。2002 年，广水市在村支书选拔上创造了著名的"两票制"选举，即由党员、群众投信任票，党员投选举票选拔村支书，从而在基层政治制度建设方面走在了全国前列。从组织运作角度看，广水市各村于 2004 年推行了"两会"决策制度，即村务要事的决策按照先党内后党外、先党员后群众的原则，由党员大会提出决议预案，交村民代表会议讨论形成决议，由村务监督小组监督村"两会"执行，Q 村也按照这些运作程序。

通过 2008 年第七届村委会选举，Q 村现有村干部 4 人，其中支委人数 3 人，女干部 1 人，即为村支书国珍，代理村主任兼会计国栋，支委以华和计生专干闻某。但在 2009 年春夏之交，因为计划生育一票否决，国珍在上任三个月后被停职，然后被乡镇降为副书记。

第二，近两届的村委会选举情况。因为笔者撰文期间，2011 年第八届选举的数据还未得出，所以此部分的分析主要立足于 2005 年第六届和 2008 年第七届村委会选举的数据，从村级选举来看，据 2007 年的调查，发现群众对第六届（2005 年）村委会选举结果和过程公正性评价一般。有 34.6% 的群众对选举结果表示"满意"和"非常满意"，40.6% 的表示不满意，还有 24.7% 的群众选择"不知道"。同样，认为选举过程"非常公平"和"比较公平"的占 35.5%，"不公平"的占 40.2%，"不知道"的占 24.4%；从村务管理来看，在访谈中了解到，由于场地有限和程序繁杂，村民会议通常只在选举期间召开，村民代表会议和党员大会则各村每年都定期召开一定次数，但由于同普通村民关联度不是很大，所以超过一半以上的村民选择了"并未召开过"这些会议或"不知道"，这个情况也反映在了 2009 年 8 月的调研中，笔者在 Q 村填写的问卷总共有 20 份，其中 2 份村庄问卷和 18 份农户问卷，所有的被访农户都直言村里整个 2008 年都没有举行过村民大会，只是妇女在三八妇女节的时候由妇代会组织了一次聚会。此外，村务公开是村级管理和监督的一项重要内容，不少受访的 Q 村村民表示村里没有将村级财务和公共事务向群众公布。如表 4—2、表 4—3 所示。

表 4 - 2 您对本村上次的选举（2005 年第六届）结果满意吗？ 单位：%

		Frequency	Percent	Valid Percent	Cumulative Percent
Valid	非常满意	49	9.2	9.4	9.4
	比较满意	131	24.5	25.2	34.7
	不太满意	145	27.2	27.9	62.6
	非常不满意	66	12.4	12.7	75.3
	不知道	128	24.0	24.7	100.0
	Total	519	97.2	100.0	
Missing	System	15	2.8		
Total		534	100.0		

表 4 - 3 您觉得本村上次（2005 年第六届）的选举过程公不公平？ 单位：%

		Frequency	Percent	Valid Percent	Cumulative Percent
Valid	非常公平	44	8.2	8.5	8.5
	比较公平	139	26.0	26.9	35.5
	不太公平	152	28.5	29.5	64.9
	非常不公平	55	10.3	10.7	75.6
	不知道	126	23.6	24.4	100.0
	Total	516	96.6	100.0	
Missing	System	18	3.4		
Total		534	100.0		

2008 年 11 月，笔者到 Q 村调研，观摩了该村 2008 年 11 月 5 日进行的第七届党支部选举，"这次选举非常严肃，认真得很，透明得很，发出选票 53 张，收回 53 张，划票唱票没有出任何错。我当时 38 票，别个村都是当场宣布，但是我们村没有当场公布"（国珍口述）。原本应该当场唱票、计票，然后宣布选举结果，可是 Q 村的选票结果出来两个多月都一直悬而未决，这是为何？直到 2009 年 1 月 10 日才在多方压力下宣布获得最高票的国珍当选为 Q 村的党委书记。因为随后是春节，所以村委会

选举一直拖着，时至今日 Q 村都仅由党员投票选出了书记，而未举行第七届村委会选举，所以在 2009 年 8 月进行"百村十年"调研中该村的村民异口同声地说该村没有进行村委会选举。虽然没有进行村委会选举，但会计国栋（原书记）一直代理着村长职务，履行村长职责。

第三，两性的政治参与意识。通过数年的观察，发现该村村民在两性的政治参与意识上表现出如下三个特点：

一来是两性对村民自治知识的了解程度都较低。由于没有相关的渠道和措施宣传，绝大多数村民都不了解村民自治的程序和相关知识，在 2007 年调查的有效样本①中，仅有 8.5% 的村民非常了解《村组法》，50.5% 的村民表示没有听说过《村组法》，或听说过但不知道怎么回事。为了进一步验证结果的真实性，我们还以一道基础性知识即"村民会议的决定必须获得几分之一以上与会人员的同意才能有效？"作为检测标准，结果发现，有 54.6% 的调查对象选择"不知道"，而答对选题的样本仅占 6.2%，与前述 8.5% 的数据基本吻合。值得注意的是，男女两性的政治认知程度并没有明显的差异，例如男性答对《村组法》知识的比率为 5.9%，妇女为 6.4%。如表 4—4 所示。

表 4 – 4　　　　村民会议所做的决定必须获得几分之一以上
参加会议人员的同意才能有效？　　　　　单位：%

		Frequency			Valid Percent		
		Women	Men	Total	Women	Men	Total
Valid	1/3	10	21	31	4.3	7.8	6.2
	1/2	15	16	31	6.4	5.9	6.2
	2/3	33	56	89	14.1	20.7	17.7
	3/4	40	38	78	17.1	14.1	15.5
	不知道	136	139	275	58.1	51.5	54.6
	Total	234	270	504	100.0	100.0	100.0
Missing	System	15	15	30			
Total		249	285	534			

————————

① 此调查样本已经在第三章中给予了介绍。

二来是男女两性参与村民自治的自觉意识都不强，更多的是利益驱动的结果。首先，就民主选举而言，在参加过2005年第六届村委会选举的307个调查对象中，认为这是"我的权利，我自己想参加"的仅占24.4%，绝大多数是在村里的硬性强制和利益刺激下才决定参加选举。问卷调查的结果与质性访谈结论基本一致，在访谈过程中不少群众表示："要不是为了领个奖品，谁愿意去参加选举?"、"对老百姓来讲，不管谁当村干部都行"。其次，就民主管理而言，56.8%的村民表示对村级公共事务不感兴趣，其中女性样本的政治冷漠程度比男性更高一些，为65.1%，男性样本的比率为49.5%。如表4—5、表4—6所示，

表 4 - 5　　　　　　　您为什么参加选举?　　　　　　　单位:%

		Frequency			Valid Percent		
		Women	Men	Total	Women	Men	Total
Valid	村里要求我参加	59	49	108	37.6	32.7	35.2
	家里让我当代表	8	11	19	5.1	7.3	6.2
	大家都去,所以我也去	21	17	38	13.4	11.3	12.4
	我自己想参加	39	36	75	24.8	24.0	24.4
	选举对我有好处	20	27	47	12.7	18.0	15.3
	其他	10	10	20	6.4	6.7	6.5
	Total	157	150	307	100.0	100.0	100.0
Missing	System	92	135	227			
	Total	249	285	534			

表 4 - 6　　　　您有没有兴趣了解村里的公共事务?　　　　单位:%

		Frequency			Valid Percent		
		Women	Men	Total	Women	Men	Total
Valid	非常有兴趣	31	54	85	12.7	19.3	16.3
	比较有兴趣	54	87	141	22.1	31.2	27.0
	不太有兴趣	105	90	195	43.0	32.3	37.3
	完全没兴趣	54	48	102	22.1	17.2	19.5

续表

		Frequency			Valid Percent		
		Women	Men	Total	Women	Men	Total
	Total	244	279	523	100.0	100.0	100.0
Missing	System	5	6	11			
	Total	249	285	534			

三来是男女两性对村干部职位的兴趣都不高，但男性的积极程度较高。在"如果有机会，您是否愿意当村干部"问题中，选择"不愿意"的男女两性比率分别为 28.6% 和 27.3%，"无所谓"选项的妇女为 30.2%，男性为 24.7%，妇女比男性高 5.5%，而选择"愿意并会积极争取"的男性则比女性高出 6.8%。妇女对村干部职位缺乏兴趣的原因可能在于：一是经济利益的权衡，调查中该乡妇女干部对笔者坦言："现在农村人都外出打工，每个月都能挣一两千元，工资比村干部的都高，所以很多人都不愿意当干部。"二是许多妇女认为，计划生育是件既费事又得罪人的工作，尤其在群众不理解的情况下，容易落得一身骂名，所以不愿意去当村干部。

第四，两性的政治参与行为。一来是与男性相比，妇女参与村级组织的比例较低，且处于边缘位置。据 2006 年调研统计，C 乡 20 个村委会中妇女干部仅 12 名，且均负责已经女性化了的计划生育和妇女工作，村主任、村支书、会计等处于权力核心位置的职位则全由男性占据，职务的性别分工相当明显。在这 12 名妇女中能够进入村支部委员会的仅 3 名，分别是城西、三星和胡家桥村；从村民代表的情况来看，20 个村总共有代表 752 名，其中女性仅 121 名，占总数的 16.1%，最高的为石桥村，女代表比例为 41.7%，最低的是富康村，57 个村民代表中仅有 2 个妇女。在农村，党员身份是一个重要的政治资源，这不仅在于党员可以借助于党内会议发表意见，享有比一般村民更多的话语权，更重要的是党员还拥有推选村党支部书记的权利，因此，成为党员是参与村民自治的一个重要渠道。但在该乡，农村女党员的比例相当低，1 474 名党员中，女性仅有 120 人，而且相当一部分是在 20 世纪六七十年代入的党，女党员的更新换代速度非常缓慢。以 Q 村为例，该村共有 76 名党员，其中妇女 2 名，而自 1990 年以来，仅发展了 1 名妇女入党，就是本研究中常出现的村支书国珍，并且截至 2009 年 8 月中旬的统计，目前该村 30 岁以下的党员人数只有 1 人。

二来是与男性相比，妇女亲自参加投票的比率明显高于男性。在 2007 年调查的 244 个有效样本中，亲自参加上届村委会投票选举的妇女有 156 名，占妇女总数的 63.9%，而男性中只有 51.9% 亲自参加了投票，低于妇女 12 个百分点。但对此不应持一种乐观的态度，从访谈中可发现，许多农村家庭之所以推选妇女为代表进行投票，主要原因在于性别的分工，丈夫需要外出打工挣钱，妻子留守家中务农，妻子每日所创造的货币性收入低于丈夫，所以，妇女仅仅是为了降低家庭为投票而可能损失的货币性收入才去投票，用她们的话说就是："让他（丈夫）去投票吗？我还不舍得他浪费这一天的工钱！"这也提醒笔者在进行数据分析时并不能以投票选举中妇女的参选率作为衡量其参政意识高低的标准。如表 4—7 所示。

表 4 - 7　　您亲自参加本村上次举行的村委会投票选举了吗？　　单位:%

		Frequency			Valid Percent		
		Women	Men	Total	Women	Men	Total
Valid	参加了	156	146	302	63.9	51.9	57.5
	没有参加	86	134	220	35.2	47.7	41.9
	3	0	1	1	0	0.4	0.2
	4	1	0	1	0.4	0	0.2
	5	1	0	1	0.4	0	0.2
	Total	244	281	525	100.0	100.0	100.0
Missing	System	5	4	9			
Total		249	285	534			

三来是与男性相比，妇女在村委会选举中更多地是采取消极被动的竞选策略。从 2009 年 8 月访谈的情况看，绝大多数受访者表示，每次选举时，村委会、村支书职位的竞争较激烈，贴大字报、游说拉票、贿选等方式层出不穷，但妇女候选人的竞选活动就较少，很少出面拉票。有村民解释说，一是

女干部的竞争没什么悬念，如果规定要选一个妇女的话，只要现任的女干部工作不是很差，就肯定是她的了；二是妇女从心理上不愿意拉票，认为不太光彩、出风头，因而妇女通常在选举中都是顺其自然的态度。

（四）性别视角下的村庄特色

1. 妇女参与村级治理有一定基础

因为 Q 村妇代会发挥良好作用，并且在 2008 年第七届"两委"换届选举中出现了该村历史上的第一位女书记，这些都显示了当时该村妇女参与村务管理的积极性较高。有两则新闻可证实：

《我们也能治理好村庄》[①]

"我们村山清水秀，美得就像画一样，过几天我准备去找乡政府，请求乡里支持我们发展旅游业！" 4 月 24 日，笔者慕名到湖北省广水市 C 乡 Q 村采访，刚见面，村妇联主任国珍就忍不住说出了她酝酿已久的规划。

"Q 村妇女参与村级管理的热情非常高！" 村支部书记爱国告诉我们。据了解，从去年开始，华中师范大学刘筱红教授负责的联合国研究项目"将社会性别意识纳入村治主流"课题组将该村确定为试点村进行深入研究，目前已取得阶段性成果。据介绍，Q 村现有人口3 303 人，其中女性 1 640 人。村妇联主任国珍说："村子里男人大多出去打工了，我们女人在家要管好家、管好村！而且我们也有这个能力。"去年 7 月，在刘筱红教授的指导下，Q 村成立了村级妇女代表大会，全村 500 多名留守妇女进行海选投票，选出了 13 名能力强、威望高的妇女为妇代会委员。村里男人们说："这么多女人聚在一起开会，近 10 多年都没见过！""我们不能辜负全村姐妹的信任！"村妇代会的 13 名委员满腔热情地投入工作中，协助村"两委"带领全村妇女搞建设、抓环境、管村务、树新风。她们大胆走向经济建设一线，引领姐妹们致富奔小康。

在村妇代会的鼓励和支持下，该村妇女各显所能，发展农村经

---

① 李明清、张书广：《我们也能治理好村庄》，《中国妇女报》2008 年 4 月 29 日。

济。刘永秀发挥自身优势，引进资金200多万元，在马家湾办起了养猪场；秦大嫂多方筹资，在山上放养三黄鸡500多只……Q村的妇女们积极、主动参与村级事务管理，在村里的一些重大决策、事项上表达出了她们自己的声音。该村是高产农田整理项目区，村里的农田经整理后，原有的界线被打破，小田变成了大田。如何进行再分配？受村"两委"委托，村妇代会的10多名委员上门到农户家中座谈，广泛听取农友的意见，并依照有关政策规定，制定出了详细的分配方案。该方案公布后，得到了农友的一致认可。为了在村里倡导文明新风，妇代会还在村里开展"美化环境标兵""热爱公共事务标兵"等"十大标兵"及"好婆婆""好媳妇""好母亲"等"十好"评选活动，全村妇女踊跃参与。妇女程爱兰主动到村前湾后收集塑料袋等垃圾，集中进行处理，被评为"热爱公共事务标兵"；再婚妇女朱艳，将改嫁后不久老伴就死了的婆婆接回家奉养，她自己没有生小孩，对待丈夫的儿女却像亲生的一样，荣膺"好媳妇"奖……更有意思的是，她们还为村里的男人设了个奖——"好男人奖"。开始，村里的男人们有些不乐意："大老爷们好不好，还要女人们来评？"国珍据理力争："男人好不好，当然要听女人的意见。就是要让有些男人看看人家是怎样做男人的，不要动不动在家里打老婆、骂孩子！"经过全村妇女的认真评选，办了大米加工厂、买回了旋耕机，服务热情、乐于助人的曹国平获得了这一"含金量"颇高的奖项。

妇代会还组织文化素养较高的姐妹们创作了好记易懂的《新女儿经》，请原随州市委宣传部副部长吴治平修改后，印发到村里每个妇女手中，引导妇女用《新女儿经》规范自己的言行。

今年3月8日，Q村举办了首届妇女文化节，全村500多名妇女参加了活动。在文化节上，该村妇女们进行了才艺展示、《新女儿经》诵读比赛，表彰了一批"好母亲""好婆婆"等先进典型。"妇女文化节我们要坚持办下去，争取一年办一届！"国珍满怀信心地说。

《Q村：妇女群众齐心协力来修路 政府支持农村农业共发展》①

---

① 《Q村：妇女群众齐心协力来修路 政府支持农村农业共发展》，广水电视台杨辉 http：//www.hbgstv.com/show.aspx？id＝3535 2008.5.11。

　　5月6日，C乡Q村村委、村妇联组织500多名妇女群众参加义务修路，积极投身新农村建设和农村经济发展。十长线至平峰林场这条路长约2公里，平日里群众不但出行时"晴天一身灰，雨天一身泥"，而且也阻碍了当地农业经济发展。日前，得知市政府下拨20万元扶助款支援修路工程建设，可把大伙儿们可乐坏了。他们一大早就拿着锄头、铁锹等工具来铺石修路，干得是热火朝天。经济要发展，道路需先行。这是一个有3000多人的合并村，也是一个典型的以打工经济为主的村落。道路交通基础条件好了，赋闲在家的500多名妇女们就能发展以绿色农业为主导的农村经济，还能发展刺绣针线手工业、休闲旅游业等多元化农业农村经济体系。

2. 社会性别主流化的项目推动

　　之所以Q村的妇女对村务管理有着这么大的热情，与华中师范大学刘筱红教授主持的联合国妇女发展基金会项目"将社会性别意识纳入村民自治主流"有关①。该项目组在Q村做了大量行之有效的推动工作②。

　　第一，游说政府，宣传社会性别意识，改善妇女参与村民自治的政治环境③。2006年5月，项目组与随州市政府、广水市政府、广水市妇联、广水市C乡政府就项目目标、完成项目的路径、政策推动等问题达成了共识，并确定了行动计划。广水市领导召集C乡领导及项目组成员共同商讨，在工作会议上确定了以C乡Q村、城南村两个村作为项目试点村，试验后再推广。在项目开展期间，项目组成员多次与广水市领导会面，汇报工作，提出设想，争取政策及行动支持。

　　"广水市党委和政府对项目给予了充分的理解和积极的支持。2007年3月8日，市委召开妇女工作会议，下发了广发〔2007〕4号《关于深入贯彻男女平等基本国策开创广水妇女事业发展新局面的意见》文件，明

---

① Q村为该项目的试点村，见附录1。

② 以下介绍部分摘自联合国妇女发展基金会"将社会性别意识纳入村民自治主流"项目结项报告。

③ 刘筱红：《将社会性别意识纳入村民自治主流》，《华中科技大学学报（社会科学版）》2010年第4期。

确指出要进一步加强和改善党对妇联和妇女工作的领导，推进妇女事业与经济社会协调发展。[①]"

市委组织部也出台了广组字〔2007〕3号文件《关于加强"党建带妇建"工作的意见》，提出"适度倾斜，硬性要求，统一调配，重点保护"的对策，给予培养选拔女干部工作强有力的政策支持，不断优化了妇女儿童工作环境[②]。

2008年3月8日，市长周静出席Q村妇女文化节，专门看望妇女委员们，在听取妇女委员呼声后，特批30万元支持Q村公路建设。这一工程已被命名为"Q村联合国妇女参政议政基地公路建设项目"。

2008年9月8日，市委副书记吴超明带领组织部、妇联、民政等部门负责人到Q村调研，了解农村妇女参政议政状况。听取了项目组的汇报和提案，初步确定了"性别两票制基础上的一村一策"的广水模式。

2008年9月10日，市委书记李耀华听取联合国项目组成员汇报后，组织召开专题会议研究第七届村"两委"换届中妇女进村"两委"问题。正式肯定了在广水市第七届村委会换届选举中实行"性别两票制基础上的一村一策"模式。针对妇女进村"两委"比例过低问题，责成市委组织部专门出台确保女委员当选的"性别两票制"、"妇女职位保留制"、妇代会主任直接进村委会等制度，为推动农村妇女进村委提供了制度保证。

2008年10月7日，广水市委办公室印发《广水市2008年村级组织换届选举工作实施方案》的通知（广办发2008年16号），文件中明确要求：支持和引导优秀农村妇女进村委，争取村村有妇女干部，在规定职数内，设置一个妇女委员职位，通过职位保留、差额选举，确保村党组织和村委会中有妇女干部。在村民选举委员会成员、村民委员会成员候选人和村民代表中，妇女所占比例不低于30%。广水市委常委、组织部长10月7日在全市农村"两委"换届选举工作会议上明确强调：要通过实行"性别两票制"、"妇女职位保留制"、妇代会主任直选直接进村委制等形式，确保每个村都有女干部。

---

① 刘筱红：《将社会性别意识纳入村民自治主流》，《华中科技大学学报（社会科学版）》2010年第4期。

② 同上。

第二，依托妇联，成立农村妇女民间组织，改善妇女参与公共事务的组织环境。项目的合作方是广水市妇联，广水市妇联始终以高度热情、积极的态度参与项目工作，项目组每次活动都是在市妇联的支持、参与下进行①。

广水市有很好的妇女组织基础，在项目介入前，广水市的女能人协会、农村妇女养猪协会在湖北省就有知名度，但这些组织主要在市级层次活动，没有下沉到乡镇、村级。项目介入后，广水市妇联进一步发挥组织优势，在 C 乡各村成立了妇代会组织。在此之前，农村妇代会基本处于虚置状态，所谓的妇代会，仅妇女主任一个人，而且主要是做计划生育工作，没有委员，妇女处于原子化离散状态②。2007 年 7 月，在项目组提议下，广水市妇联在试点村 C 乡召开妇女代表大会，选出 13 名委员、1 名主任、2 名副主任，通过妇代会组织妇女开展活动。在此基础上，在项目组建议之下，根据各村的村情和特点，项目组与市妇联商定，在城南村成立女能人协会，通过经济组织的纽带，将妇女组织起来；在 Q 村成立妇女文化活动中心，通过文化活动来组织动员妇女。有了组织，开展有组织的活动，有效激发了妇女参与村级事务管理的热情。

2008 年市妇联作为第七届农村"两委"换届选举领导小组成员，在换届选举前到各乡镇调查研究，在对全市基层妇联组织全面摸底的基础上，10 月 6 日市妇联专门召开了乡镇妇联主席动员会，要求各乡镇妇联主席协助做好第七届村委会换届选举工作，及时了解本地区妇女参选参政工作情况，发现并解决工作中存在的问题，定期向市妇联汇报工作进展情况。市妇联针对上届换届选举中妇女进村"两委"比例低的 8 个乡镇，及时向组织部门汇报。组织部分管组织的谭志强部长在听取汇报后，带领组织部、民政、妇联等部门到重点乡镇检查落实支持妇女参选的措施。

第三，基层培训、说服乡镇、村级干部，改善妇女参政的运作环境。由于各自的具体困难以及利益原因，相对市级领导，部分乡镇及村干部对妇女的民主参与，相对不太重视、不太支持。项目组成员克服了很多困

① 刘筱红：《将社会性别意识纳入村民自治主流》，《华中科技大学学报（社会科学版）》2010 年第 4 期。

② 同上。

难，不怕坐冷板凳，主动向他们汇报，提出建议，建立感情，争取支持。

项目组于 2007 年、2008 年两次在 C 乡培训乡镇干部，请乡镇主要领导作为培训教师讲课，宣讲男女平等的基本国策、国际经验以及农村妇女参与村民自治的重要性，在一定程度上提高了乡镇干部的社会性别意识。特别是 C 乡主管妇女工作的乡妇联主席刘芝兰，顶住了很大压力，支持和配合项目组的工作，其敬业精神及为妇女谋利益的热情，使项目组成员深受教育。

C 乡有 20 个村委会，第六届选举后，有 8 个村是妇女干部空白村。第七届村"两委"换届前，项目组成员在乡妇联主席刘芝兰的陪同下，深入其中 4 个空白村与村干部座谈，动员他们支持妇女进村委，到第七届村委会海推候选人时，这 4 个村全都选出了妇女候选人。事实说明，选不出妇女干部，问题不在妇女本身，而在组织动员工作没有做到位。

第四，动员妇女，培训扶持农村妇女骨干，提高妇女参与村民自治热情和能力。项目组进入试点村后，在 Q 村召开农村妇女建设社会主义新农村的动员大会，向妇女们宣讲项目的意义，动员妇女走出家门，参与公共活动，做建设新农村的主人，激发了 Q 村妇女参与村务管理的热情。

2007 年夏，项目组协助组织全村妇女选举妇代会成员，并对 13 名妇代会成员进行培训，提高她们参与村务管理的能力。在此基础上，项目组在 C 乡对全乡各村妇女骨干进行培训，鼓励她们肯定自己、相信自己、开发自己，积极参与村级事务的管理。培训调动了妇女骨干的参与热情，有妇女骨干写信给项目组成员，谈自己的经历和感悟，寻求支持。

项目组还配合 Q 村妇代会组织妇女参观"自力更生，用自己双手建设村中城"的黄郁林场，开展座谈，相互鼓励，共同建设美好家园。村妇女主任兼妇代会主任国珍及妇代会成员还组织妇女作为志愿者参与村级公路的修建活动，既提高了村妇女干部的组织能力，也调动了广大妇女互助合作的积极性。

在 Q 村，项目组成员不仅自己捐书，还从华师和北京中国妇女杂志社筹集到 10 多万元图书，帮助 Q 村建起了五个"星星火妇女图书室"，从随州文化局争取了两张塑钢乒乓球桌，帮村里建起了妇女儿童文化体育活动中心。

2008 年三八妇女节，举办了"Q 村第一届妇女文化节"，这是由村妇代会委员们自己组织、自己主持举办的文化节，她们自己写颁奖词、自己颁奖、自己组织女红才艺展示、组织妇女吟唱自己编写的《新女儿经》①，深受农村妇女的欢迎。妇代会自己提议和组织评选村里十佳村民。经过委员们民主评议，她们评出了"致富能手"、"美化庭院标兵"、"好母亲"、"好婆婆"、"好媳妇"、"好村民"、"好女人"、"好男人"等10名先进村民。在文化节上，Q村妇女还发表了妇女绿色宣言，宣言要把Q村建成文明富裕、村容整洁、鲜花盛开的村庄。通过开展系列文化活动，组织妇女参与，在文化活动中宣传社会性别意识，提高农村妇女参与公共生活的积极性。而且妇代会的干部们在组织活动中，自信心更强，工作能力明显提高。

项目组成员还配合妇代会主任国珍，通过游说随州市扶贫办、农业局和广水市农业局等单位，为Q村争取到农户建沼气项目，在国珍带领下，全村目前已建沼气农户达103户。争取了30万元的修路资金，使Q村部分村落行路难的困境得到缓解，村民们用沼气、走平路，从妇女参与村务管理中得到实际好处，妇女的离散状态有了很大改变，妇女的组织能力和组织程度有了很大提高，大大提升了妇女干部在村级社会的知名度。

3. 妇代会培训及其作用

中国农村村级妇代会组织虚置是一个较为普遍的现象，即使选出一个妇女主任，下面既没有委员也没有组织网络，妇女基本处于一盘散沙的无组织的原子状态。针对此困境，在项目实施过程中，项目组在Q村进行妇代会选举，对新当选的13位村妇代会委员运用游戏形式进行社会性别意识培训，在卡片贴游戏中，分别准备了男、女两个画像，请在座妇女将自己认为是男性特点的词组填在男的画像上，是女性特点词组填写在女的画像上。13位女委员填写结果如下：

卡片贴结果：13名妇女委员将"能干大事""有领导能力""有号召力""胆大""敢冒风险"都贴到男人头像上去了，没有一个妇女填女人"能干大事"，女人头像里贴的都是"善良""温柔""有爱心""会关心人"。

男人：有事业心（13）、有领导能力（12）、能干大事（12）、大胆（11）、严肃（11）、性格粗犷（11）、号召力强（10）、兴趣广（9）、冒

---

① 见附录2。

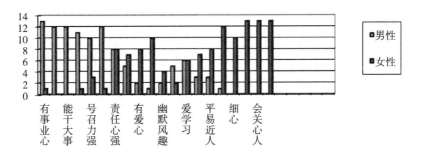

图 4 - 2 Q 村 13 名妇代会委员第一次培训时给男性和女性画像比较图

险（9）、肚量大（12）、责任心强（8）、有经济头脑（7）、爱学习（6）、宽容（6）、果断（6）、坚强（6）、吃苦耐劳（5）、善于交际（5）、精力充沛（5）、平易近人（3）、任劳任怨（3）、有爱心（2）、乐观（2）、幽默风趣（2）、乐于助人（1）、和蔼可亲（1）、心灵手巧（1）、节俭（0）、善良（0）、细心（0）、勤快（0）、贤惠（0）、会关心人（0）、热情（0）。

女人：贤惠（13）、善良（13）、会关心人（13）、热情（13）、心灵手巧（12）、勤快（12）、节俭（11）、和蔼可亲（10）、细心（10）、乐于助人（9）、有爱心（8）、平易近人（8）、责任心强（8）、乐观（8）、吃苦耐劳（7）、任劳任怨（7）、宽容（7）、爱学习（6）、幽默风趣（4）、坚强（3）、号召力强（3）、兴趣广（3）、善于交际（3）、有经济头脑（2）、有事业心（1）、精力充沛（2）、大胆（1）、冒险（1）、果断（1）、肚量大（1）、有领导能力（0）、能干大事（0）、性格粗犷（0）、严肃（0）。如图 4—2 所示。

半个月后，再次到村，对村上述 13 名妇女委员进行测试，测试结果：

第二次对女人的评价：吃苦耐劳（13）、善良（13）、细心（13）、心灵手巧（13）、贤惠（12）、会关心人（11）、有爱心（11）、大胆（11）、坚强（11）、乐观（11）、勤快（10）、爱学习（10）、节俭（10）、平易近人（10）、能干大事（10）、乐于助人（10）、有经济头脑（9）、和蔼可亲（9）、宽容（9）、任劳任怨（9）、有事业心（8）、号召力强（8）、热情（8）、冒险（7）、肚量大（7）、有领导能力（7）、善于交际（6）、果断（5）、兴趣广（5）、精力充沛（5）、幽默风趣（2）、严肃（2）。

13 名妇代会委员培训前后变化见图 4—3，：

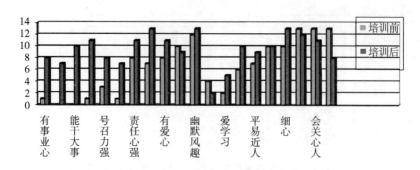

图 4 - 3　Q 村 13 名妇代会委员培训前后变化图

表 4 - 8　　　　　　　Q 村培训前后妇代会委员参政意识的转变

比较项目 姓名	培训开始前自我评价	培训结束后许愿
刘秀兰	喜欢在家给孩子们做袜垫拖鞋	想带村里的妇女发家致富
文淑珍	喜欢打麻将	想带领本组妇女把被水冲垮的堰堤修通
国珍	只要任何人找到我,我就喜欢为他们服务	想把湾湾通的公路修通
汪宏玲	最喜欢的是与同龄人在一起玩	想让村里的妇女都能以诚相待
邱明凤	最喜欢做家务、种田,吃饭我总是吃一碗	组织本组的妇女养猪走上富裕道路
黄秀珍	喜欢看书看电视	想为提高我组妇女的文化素质做点事
刘礼兰	喜欢在屋里理家,干农活不愿落后	想通过培训提高妇女素质
王红英	爱好是打牌	要为村妇女做一个把每个家庭带动起来的好榜样
李良珍	喜欢搞活动,是活动积极分子	想把我组的妇女带动起来,好好学习
付贵玲	最喜欢的是喂猪	想把村里妇女们组织起来共同把门前的卫生搞好

比较项目 姓名	培训开始前自我评价	培训结束后许愿
史诗菊	喜欢打麻将	想为我们村妇女每家夫妻不吵架、夫妻恩爱、相互理解做点事
韩厚菊	爱好是打牌	想为我们村妇女能找一些事做，但是这里没有一个工厂
李国蓉	爱好是与姐妹们一起玩，别人吵架我爱劝和	想带动我组妇女共同致富

上述实验说明：在 Q 村实施的妇代会委员的培训取得了显著的成效，这也说明，教育和培训成为了提升妇女参与治理意识和参与能力的重要途径。

（五）村庄中的女干部——国珍

本村的女干部是国珍，笔者对她参与村级治理一路走来的评价是：一波多折。

在我国农村妇女参政比例一直不高。她们相对于男村官来说面临着更大的压力、更多的困难。本书的访谈对象国珍，1990 年开始当村妇联主任，一当就当了 18 年，2008 年 11 月 5 日进行了该村第七届党支部选举，当笔者 11 月 12 日对 Q 村党支部选举最高票得主国珍进行访谈时她这样说道："这次选举非常严肃，认真得很，透明得很，发出选票 53 张，收回 53 张，划票唱票没有出任何错。我当时 38 票，别个村都是当场宣布，但是我们村没有当场公布。"按选举程序本应当场唱票、计票，然后宣布选举结果，可是该村的唱票结果出来之后当选人却一直悬而未决，这是为何？直到 2009 年 1 月 10 日乡里才在多方压力下宣布获得最高票的国珍当选为该村有史以来第一位女书记，三个月之后被乡政府停职，然后在 2009 年 12 月又被降职为村党委副书记。在 2011 年 11 月的第八届村党支部换届选举中又被选为村书记，这其中有着怎样的波折？她的从政之路有着怎样的坎坷？引发我们怎样的思考？

第一折：无钱缴被撤职

2003 年我与当时的吴（男）书记搞翻了，因为那人很粗暴。那天他要我们去栽树，要我们三点去，还没到时间他就来吼了一顿，第二天他让我栽树自己却去钓鱼，他不去我也不去，他就说我与组织不合。到 2003 年 6 月收农业税，他要每个村干部每人代缴一万块钱，当时只有吴（男）书记和副书记王某两个人完成了任务，他们还是通过王的侄子贷的款，另外三个人都没有完成，但偏偏只撤了我一个人的职。我说当时吴和王他们办了贷款交了钱完成了任务，而其他两个人都没有交，当时吴书记说不管你去偷也好、抢也好，只要完成就行，于是我就去收钱，谁知有人打电话给我爱人说他们开会已经把我的职撤了，说我的任务没有完成。当时我非常生气，对书记有很大意见，我打电话给书记，他支支吾吾。我是选上的计生干部，和乡里签了合同的，凭什么撤我的职。第二天去乡里找领导，乡书记说，即使我有理，也要让村书记出一下气，他是村干部，已经把话说出去了，不可能把话收回。我就去上访，各地上访，我认为不合理，我说要告。然后乡里就找了教育局，教育局找了学校，学校找我丈夫（我丈夫是小学校长）做工作，怕影响到我丈夫的工作，我就没告了。

第二折：利益联盟搞破坏

2003 年 6 月被撤职，9 月份开学我又到小学代课，2005 年 11 月选举，老百姓又把我选上了。当时我不想参加选举，不想过钩心斗角的生活，给亲朋好友说不要选（我），但 2005 年 9 月合并村，11 月份选举，我的得票又最高。

文忠是村长，我是会计兼妇联主任，计划生育工作包括下通知、迎检、办置，都是我一个人。当时是爱国书记亲自找我，说党委政府要我担任会计，可是文忠他通通接到他的手里，他是村长，还自己做会计，2006 年收了十几万元就花了十几万元。我爱直言，有一次我拍桌子说：“文忠你好大的胆啊，好大的权啊，你收十几万元就用十几万元。”他太不像话了，没人敢说，为此他怀恨在心。2006 年又挑拨是非，他让玉梅来跟我吵架制造矛盾。玉梅是退休的民办教师，跟电工宝贵有关系，两个人非常霸道。文忠不敢和我干，就挑拨玉梅和我吵，后来让书记爱国出面解决，蛮横的宝贵还和书记爱国打了一架，2008 年选举为什么复杂就是这个宝贵想当村主任。

2003 年我被撤职后没当计生专干，文忠选上了，当时是宝贵帮忙拉票，两人一直是利益关系，之前文忠给他好处，宝贵就支持他当选村长，后来两者的利益关系不合之后就闹翻了。现在宝贵说让文忠吃瓦头吐砖头（吃得少吐得多）。

第三折：第七届党支部选举
选前：人鬼蛇神齐出动

宝贵是村里唯一的电工，村里不管什么人，有红白喜事就送烟送酒去宝贵家里，他是电老虎，谁对他不好，他就让谁家的电不稳。他开口就骂，伸手就打，每年的收割季，他都跟人打架，所以村民对他敢怒不敢言，其实心里很恨他，对他恨得要死要命，表面上对他还很好。他这人挺爱面子，选举结果一出，听说国珍票最高，他就呆了，他曾说过即使我选了，他也会把我拉下来。他没想村里的党员没听他的，没给他面子，因为选举前几天他到处跑，天天说不要选别个，要选他，选起来给老百姓办实事，办好事，修路，搞五保，帮一些群众补六千元的房贴，鱼塘不用拿出来。他扰得咱们选举有些复杂，2008 年选举他到处拉票已经花了一万多元。宝贵之所以想选村长，是因为几个原因，一是文忠在位当村长得了十几万元，他当上之后也可以得钱，所以舍得花一万多元去拉票；二是要报复文忠和我，他说要让玉梅当妇联主任，说他选不上也要把我拉下来。在选举那天上午，宝贵骑着摩托车到处跑发传单，上面说千万莫选爱国、国珍、文忠。他挨门挨户说，他在市里有人，乡里有人，说乡里市里让他出来搞，实际上不是，就是为了前面的原因。

以华有官瘾，喜欢当官，上两届都没有选上，但是向乡里要求聘用，成为副书记，聘用工资和选上的一样。以华送了礼的，跟乡里的关系不错，每次他一聘上村里就有人去乡里告状，乡里领导就要他到告状的每户去道歉。这次选举他拉了好多外出打工的回来，他和文忠拉回了一个有高血压，站都站不稳的人，还出车费路费，报一切开支，让在天津打工才十天的人回来，还有两个人也是他们拉回来的。以华与乡里的关系不错，这几天都是在城关请客拉票。以华不得人心，见钱就抓，老百姓最不喜欢，反感的就是贪官，这一次他把外面党员，我知道的有五个，都拉回来投他的票，因为如果海选他一定选不上，所以他就拉关系当书记，不用再参加海选了。以华经常跟人打架，很多老百姓给我打电话说要我一定不要退出选举，以免被他们得逞。

选上：个别人施压力

2008年11月5日村党委选了之后，我当时38票，别的村都是当场宣布，但是我们村没有当场公布。这次选举非常严肃，认真得很，透明得很，发出选票53张，收回53张，划票唱票没有出任何错。可是乡里民政办雷（女）主任当场说这次选举我非常不满意，离党委要求相距很远，她在选举前一天，也找我谈话，她说换届不是换班。

2008年11月7日下午，雷主任说她代表党委政府跟我谈话，但是她又不是党委，她提的问题是，假如你当了村书记，你的盘子怎么拿。我说：1. 与党委政府保持一致。2. 团结村委会一班人。我相信我能做到这一点。3. 遇到大事与党员商量，先民主后集中。4. 财政透明公开。5. 每年至少开一两次党委会议。6. 以前老干部没有完成的事我接着完成。可以说，她从没考虑过要支持女干部，她想国栋当书记，她又不是组织委员，说话就说代表党组织，选举前后几天谈了三次，她总是想各种方式让我退出。

选后：悬而未决

乡党委政府在选举上设了很多障碍，因为：1. 我与乡里领导的关系不密切；2. 文忠的账在我手里，和有些乡领导有关系，我为文忠的事情上报过乡里，由乡里解决，乡里怕我捅出去了，乡里保文忠；3. 我是女的，怕我搞不住搞不到（村）；4. 他们认为女的何必出来搞，何必操这个心；5. 不想计生专干职位给别人，别人没我那么熟，我群众基础好，能吃苦。

所以直到去年腊月十三（阳历2009年1月8日）才决定第二轮、第三轮选举，这距离第一轮投票（2008年11月5日）已经过去两个多月了，第二轮在我们三个人中选出以华担任支委，第三轮选出我是书记，国栋三百多票，我有九百多票。当时乡里书记吴X军和吴X中正准备宣布我是书记，可是以华不让宣布，他说国珍管计划生育，超生了七八个，不能当书记。因为计划生育具有一票否决权，当时党员们赶他走，以华还不服气，依旧攻击我，他说连续几年超生七八个有什么资格当书记，如果不把这个问题解决好，我就告到中央去，乡书记还是当场宣布了我的当选。因为虽然超生我也有责任，但计划生育超生又不全是我的责任，当时我只是一个妇女主任，各个组都有包村的干部，超生又不是发生在我包的组。

第四折：上任后烦事多

腊月十四（阳历2009年1月9日）我就去开广水市人大代表会，回来都腊月十八了。回来之后又被人上门催账，一是搞路基的33万元，这是在上任村长文忠手里搞的，可是包工的人来找我要，说新官要理旧事；二是国栋、文忠、爱国、以华以15万元将两个水塘三十年的承包权卖出去，还把平峰山和西山也一起承包出去了。然而原来的两个水塘承包的合同期都没有到，这事情又甩到我这里。这个工作做不通，一来我没时间，二来是村里的水库本来就少，把两个大的水库都给人家了，我岂不是成了千古罪人？一直到腊月二十九，一个村民威胁说要死到老书记爱国家里，他说那时候农业综合开发把他的田占了，没有给他补田，也没有赔偿，并且当他和其他村民发生矛盾时候爱国偏心，有个人挖塘泥的时候把泥弄到这个村民家里，爱国倾向于别人。一直没个消停，我年前的十几天都没法睡觉，每天都有人找。

正月初八，文忠的岳父被人家的狗咬了，人家家里没有人，文忠岳父找我解决，我没有证据我怎么解决呢？当时没有证人，养狗的人也不承认，他也没有看到自家的狗咬人，我没有办法解决，后来只有找派出所。从正月十六开始为村里的这条公路奔波，以前以华和文忠已经和别人包工签合同了，一公里4万块钱，这需要村里贴钱，所以在他们手里村里没有修。玉梅和他爱人就来我们家来找我，想承包修公路，人家合同已经签了，得看人家想不想转让，可是玉梅说非要修，说狠话威胁我，说如果不让她修，她也不会让别人修。她们是地头蛇，她们不做也不会让别人做，我们想想就让她做，免得影响工程进度，我们就做工作让人家那边放弃合同，开始那个承包的人说要2万元的转让费，后来我们做了好多工作，最后以7000块钱了结。

第五折：被人告遭停职

2009 年 6 月 12 日我被停职。停职的主要原因是几年前的计划生育工作曾经超标。玉梅在乡里告状一个多月，上告了之后乡里就只好停我的职务，其实玉梅告我的原因是修路问题，修路过程中，宝贵要我拿钱出来请修路的民工吃饭，要买酒、割肉，我说我们村没有钱，拒绝了他，他就记恨我。另外宝贵要求所有的工程要让他包，一公里至少可以赚几万元（1 万—2 万元），我没有答应，我不能说没有你的份，也不能说都给你，他们因为这两件事情一直都想报复我，路验收之后他们就开始告状。玉梅是宝贵的相好，要乡里撤我的职务，开除我的党籍。所以乡里打电话要我做她的工作，我不想做，我宁可站着死，不想跪着生，我也不怕，行得正坐得直，我十几年当干部，经济上没有问题。超生的也不是我的亲戚，不是我的邻居，也不是我的熟人，我也没有收礼。说我利用职权之便贪污，计划生育罚款收人家 1 万元，开 3000 元的条子，自己落下 7000 元，后来乡里开会，派人下来调查，没有一个人能作证。经调查，证明这个是被栽赃陷害的。我想起诉她，可乡里不让我起诉，要我忍气吞声，我贴车费，花时间都无所谓，我是这样想的，我不是为我自己，我想我反正也要经常去开会，我玩着也是玩，我还不如做一些有意义的事情，乡里说我停职是保护我，不想把事情搞大。我停职的几个月才轻松一点，事情照样做，任何人被停职了都不搞事，我还是搞事、搞水，解决群众的纠纷，半夜发生的事情也要去解决。

第六折：复职后被降为副书记

2009 年 6 月被停职，2009 年 12 月复职，但被降为了副书记，一同被降职的还有以华和国栋，他们因为参与了告状，为玉梅提供了计划生育的数据，乡里最后决定将我降为副书记，作为妇女主任的我需要承担一些责任，但告我的人也没得到什么好处，国栋原是代理村长，以华原是副主任，两人被降职之后都成了委员，乡里组织了一个工作组，派来一个干部担任村书记，然后任命本村大姓之一的闻姓电工（保国）做工作组组长，但这个乡干部只是挂名的，基本上不管事，以华和国栋都去乡里找领导吵架，我就是发了一条感谢的短信，因为我认为乡里处理还是很公平的，计划生育超标我确实有责任，降职之后我还是能在村里担任实际工作，而以华在降职后外出打工，到2011 年才回到村里，而国栋因不慎摔断了腿，在家休养了半年，也不怎么管村里的事情，所以后来村面事务就变成了我和保国两个人负责。这个保国只是一个初中生，是个电工，没有管理村子的经验，但是很会捧人，会送礼，从 2009 年 12 月至今的这两年里我和他时常有矛盾，我特别不相信他，（他）人品比较坏，贪污村里的钱，通过关系当上了这个工作组组长，他处事独断专行，仗着自己是工作组组长，什么事情都自己做主，工作还是有很多阻力。

暂时现状：守得云开见月明

在 2012 年 1 月 30 日，农历正月初八，笔者对国珍进行了电话访谈，伴着些许春节鞭炮声，心情也格外愉悦，国珍一连告诉笔者几个好消息，顿感守得云开见月明。

第八届村党委选举在 2011 年 11 月进行，首先是由党员投信任票，选出支委班子，一共 5 个人，国珍、以华、国栋、保国、国远（音译）。支委选出来之后等待乡里任命书记，以华、国栋和保国三人争得比较厉害，乡里将国珍叫到乡政府，听取其意见，她说，"对于这个问题，我不正面回答，2008 年就吃了亏，说了大实话，后来和国栋结怨"，"他们三人都能当，反正我不当，2 月份我的孙子就要出生了，我要照顾孙子"。后来12 月份，乡里发来通知，说让五个支委自己投票选举书记、副书记、委员。"以华和国栋都知道我不相信保国，所以都想拉我的一票，但是我都没有答应"，选举那天，国珍将票投给了自己，并且还获得了国栋和以华的各一票，最后她意外地以三票当选为书记，"我自己也没有想到"，后来才发现是保国收纳了闻国远的一票，加之自己的一票，获得了两票，如果国栋和以华都投给自己，保国将以两票当选，国珍肯定不会投给保国，如果他们都不投票给保国，他最多也就两票，而在他们看来，国珍要比保国更适合担任村书记，国珍也在过去两年中一直以副书记的职位担任着书记的实际工作，胜算更大，所以最后将票投给了国珍。试想案例中的这些人物应该都没有学过博弈论，但这个投票过程充满了博弈，而国珍在这种博弈中取胜。并且在随后 2012 年 1 月 5 日的村委会选举中，只有国珍和国栋是村长候选人，因为国珍已经是书记，并且她本身不愿意"一肩挑",所以国栋等额选举,当选为村主任,以华当选为副主任。保国则在村委会选举中落选,仅以支部委员的身份存在于村党委之中。

而国栋和以华都非常地支持国珍的工作,她说,"我们现在班子团结得很,国栋说过,我们2009年犯了一次错,不会再犯第二次","2009年因为告状的事情全部人都被降职,各打了五十大板,现在他们都知道,互相斗没好处",并且"宝贵和玉梅再也没有闹事",笔者相信这次投票的结果确实受到了上一次"两委"换届的影响,一个偶然的冲突事件反而使得"两委"班子"变得平和了",但国珍两年多来治理村庄的实效也是促成其成功当选的最重要原因,不然就不会有"现在乡里上上下下对我们另眼相看,村里群众也特别相信我们"。

如此戏剧性的故事相信不仅发生在国珍这一位女村官身上,村级女干部各有各的波折,在后文中将依托笔者对50名村级女干部的调研对这个群体的生存策略与发展路径进行更深入的探讨,此处仅做一例个案展示。

以上是对Q村从概况、政治、经济、社会性别视角下的村庄特色、村庄中的女干部五个维度进行的深入剖析,这五个维度基本能概括Q村的行动情境,通过以上分析笔者更加坚定本个案的价值,从妇女参与治理的角度来说,Q村处于中等水平,有妇代会组织,村委会中一直都有女性成员,并且还曾经通过党员选举成功选出一名女支书,但是也和众多村庄一样,Q村女干部的从政之路并非一帆风顺,历经众多波折,揭示了众多的社会现实,在Q村复杂而又多变的众多情境中,笔者着重选取的是参选情境,在此行动情境中行动者包括了女干部国珍、"两委"班子的其他成员、乡镇领导、"电老虎"、告状村妇等,这些行动者在各自的职位或者身份的驱动下,凭借着信息和控制程度,基于收益和成本的考虑互相作用地影响着潜在结果。在后文中笔者将着重以本案例做依托对参选情境的作用模式进行探讨,更多分析请见第五章。

五 个案:河北省邯郸市魏县 Y 乡 Y 村

对于湖北省广水市 C 乡 Q 村,笔者采取的调研方法是驻村调研,因为村里有女干部,有参选的典型事件,可以通过驻村进行从下至上搜集材料的方法。但是魏县 Y 乡 Y 村作为另一个案例,情况大为不同,一来是这个村历史上就没有妇女进入村"两委"；二来是笔者调研的时间为 2008 年 11 月—2011 年 11 月，第七届村委会选举已经过去，但第八届村委会选举还未真正展开，笔者之所以将 Y 村作为调研点，是因为得到了 Y 乡政府的支持，并且得到了 Y 村村委会的允许，进行了问卷和访谈。Y 村的情况也特别适合作为妇女参与村级治理程度低的一个典型，但 Y 村的资料实在有限，所以笔者在调研过程中转变了原计划的驻村调研策略，而是立足河北省邯郸市妇联、魏县妇联和 Y 乡妇联，进行从上至下的调研与梳理，同时因为 Y 村的状况在魏县并不罕见，并且立足市县妇联的材料也能站在更高层面进行分析。在此，特将研究思路进行以上说明。

正如前文所说，对 Y 村的研究主要是依托邯郸市妇联和魏县妇联提供资料，并在 Y 乡进行了 500 份问卷调研，因为缺乏驻村的长期观察，所以研究思路和行文逻辑都有别于上文的 Q 村，对 Y 村及其所在市县的研究采取的是层层剖开的方法，即利用现有的数据资料，对妇代会直选进入制进行重点分析。

（一）基本情况

"邯郸市现辖四区、一市、十四县。四区为丛台区、复兴区、邯山区、峰峰矿区；一市为武安市；十四县为鸡泽县、邱县、永年县、曲周县、邯郸县、肥乡县、馆陶县、涉县、广平县、成安县、魏县、磁县、临漳县、大名县。全市共有 96 个镇，118 个乡，27 个办事处，349 个居委会，5328 个行政村[①]"。"邯郸产业经济基础雄厚。农业综合生产条件优越，是全国确定的小麦、棉花、玉米等 5 种主要农产品优势产区，小麦、棉花常年产量达 200 万吨和 8 万吨，素有'北方粮仓''冀南棉海'之称，形成了鸡泽辣椒、临漳獭兔、馆陶蛋鸡、魏县鸭梨等 10 个特色产业之乡。邯郸境内已探明矿物资源多达 40 多种，其中煤炭和铁矿石储量分别达到 40 亿吨和 4.8 亿吨，被誉为现代'钢城''煤都'。邯郸工业门类较为齐全，为全国重要的冶金、电力、煤炭、建材、纺织、日用陶瓷、白色家电生产基地。邯郸商贸物流发达，形成了一大批轻纺、汽贸、建材、

---

① http://www.hd.gov.cn/zjhd/hdgk/。

钢铁等流通企业，建成了一批辐射全国的大型批发市场。①"这是邯郸市的基本情况，其农村妇女参与村级治理的状况可见由邯郸市妇联2010年统计的关于第七届村委会选举中农村妇代会直选和女性进"两委"的数据表。

表4-9　　邯郸市第七届农村妇代会直选、女性进"两委"数字统计② 单位:%

区、县	直选比例	进"两委"比例
大名县	共651个村，646个进直选（99）	133名（32）
广平县	共169个村，162个进直选（95）	121名（71.6）
磁县	共376个村，288个进直选（76.6）	119名（31.6）
临漳县	共425个村，290个进直选（68）	166名（39）
邯郸县	共225个村，135个进直选（60）	暂无数据
魏县	共542个村，335个进直选（62）	173名（52）
馆陶县	共277个村，183个进直选（66）	59名（33）
永年县	共450个村，271个进直选（60）	162名（36）
邱县	共218个村，152个进直选（69.7）	82名（37.6）
肥乡县	共265个村，214个进直选（80.8）	83名（31.3）
峰峰矿区	共148个村，全部换届完毕	86名（58.1）
武安市	共502个村，320个进直选（64）	122名（53.75）
涉县	共308个村，全部换届完毕	202名（65）
曲周县	共342个村，全部换届完毕	100

由表4—9可知，邯郸市所辖各县的农村妇女进村委的程度也是良莠不齐，有高达100%的村庄都有女干部的曲周县，也有刚过30%的磁县和肥乡县。从2011年11月邯郸市的统计资料来看（见表4—10），女性进村委的总体比例达到了41%，而其中村妇代会主任进"两委"的比例高达35%，人数高达1858人，整个邯郸市村"两委"中的女委员总数是2199人，所以通过妇代会进入村"两委"的比例高达85%，这也说明了

---

① http://www.hd.gov.cn/zjhd/hdgk/。

② 此资料来自邯郸市妇联组织部的内部资料（2010年统计）。

妇代会直选制在邯郸市乃至河北省推动农村妇女参与村级治理进程中的重要性。

表4-10　　　　2011年11月农村妇女进村"两委"的相关数据统计表①

省区市：邯郸市

村总数	村"两委"女委员情况							配备女委员行政村情况			村"两委"女性正职总数					村妇代会主任进"两委"情况	
	村"两委"女委员总数/人	其中			比例情况			其中	比例情况		村"两委"女性正职总数/人	其中				村妇代会主任进村"两委"情况	
		村党支部女委员人数/人	村委会女委员人数/人	交叉任职女委员人数/人	村"两委"委员人数/人	女性进村"两委"比例/%	比上届增长比例/%	配备女委员的行政村数/个	配备女委员的村所占比例/%	村"两委"女性正职总数/人		村党支部女书记人数/人	村委会女主任人数/人	交叉任职人数/人	村"两委"女性正职比例/%	村妇代会主任进"两委"人数/人	村妇代会主任进村"两委"比例/%
5380	1	2	3	4	5	6	7	8	9	10	11	12	13	14	15	16
	2199	557	1496	146	25847	41	3	2186	41	85	54	25	2		1858	35

填表说明：

1. 第1项中村"两委"女委员总数应包含村"两委"女正职总数；第2项中村党支部女委员人数应包含村党支部女书记人数；第3项中村委会女委员人数应包含村委会女主任人数；第4项中交叉任职的村"两委"女委员人数应包含交叉任职的"两委"女委员、女正职人数，村"两委"女性正职总数单列统计填写。

2. 交叉任职的村党支部和村委会女委员在第4项中单独统计，不在第2、3项中重复统计；交叉任职的村党支部女书记和村委会女主任在第13项中单独统计，不在第11、13项中重复统计。

3. 第5项中村"两委"委员人数指村党支部和村委会所有委员人数。

4. 第8、9项中配备女委员的行政村情况指有女委员的行政村的覆盖面，即村"两委"中有一委配备了女委员就算在配备女委员的行政村数中，比例即指有女委员的村占全省行政村总数的百分比。

"魏县土地总面积862平方公里，其中耕地面积61580公顷。全县21个乡镇，1个街道办事处，450个自然村，563个行政村，其中：542个村民委员会，19个居民委员会。是河北省第三人口大县、国家扶贫开发工

---

① 数据来源于河北省邯郸市妇联的内部资料（2011年11月）。

作重点县、中国鸭梨之乡。魏县历史悠久，地灵人杰。古禹贡时属冀州，汉高祖十二年（公元前 195 年）设魏郡，置魏县。历史上，魏县商贾云集，富甲一方，是兵家战略要地，向有'三魏重镇''晋齐咽喉''燕赵吴楚孔道'之称①。"这是魏县的基本概况，根据邯郸市妇联 2009 年 2 月的统计资料②，魏县总共有 563 个村，进入村委的女干部有 101 人，也就是说，如 Y 村一样没有女干部的村超过了魏县总数的 4/5，笔者认为这在一定程度上证实了本书所选取的调研点在河北省具有一定的代表性。

表 4 – 11　　　　魏县第七届村委会选举中女性干部统计表

县	总村数/个	直选村数		女性进村委会			女性进村党支部			女性当选村正职数		
		2007年底以前/个	2008年至今/个	总数/人	其中妇代会主任进村委会		总数/人	其中妇代会主任进村党支部		总数/人	其中兼任妇代会主任	
					通过直选当选的妇代会主任/人	通过其他方式当选的妇代会主任/人		通过直选当选的妇代会主任/人	通过其他方式当选的妇代会主任/人		通过直选当选的妇代会主任/人	通过其他方式当选的妇代会主任/人
魏县	563	92	121	101	101		16	16		3	3	

从表 4—11 可以看出，在魏县第七届村委会选举中，所有的女干部无一例外地是通过直选妇代会主任才能进入村委会或者党支部，这也印证了邯郸市统计数据得出的一个结论，魏县、邯郸市乃至河北省妇女参与村级治理的一个显著特点是：妇代会直选进入制。

"Y 村隶属于 Y 乡，边上有院东村、院西村，位于魏县 Y 乡西南 2 公里，魏峰公路从村中通过，南邻集贸市场，全村 1680 人，383 户，女性

---

① http://wx.hd.gov.cn/wMcms_ ReadNews.asp? NewsID = 936。

② 来自河北省邯郸市妇联组织部胡海中部长提供的内部材料，因获取资料时第八届村委会选举正在进行中，所以目前能得到的确切数据为第七届村级选举。

830 人，党员 46 人，女党员 16 人。现有村"两委"干部 5 名，妇女干部
1 人（育龄妇女小组长），现有村民代表 20 人，其中妇女代表 2 名，占
10%[①]"。虽然 Y 村书记李常林在访谈中提到该村有一个妇女干部，即育
龄妇女小组长，但"育龄妇女小组长的职责是：第一，育龄妇女的普查，
包括怀孕的情况，宝宝的健康情况。第二，宣传普查，及时指导，发放叶
酸片。第三，带孕妇去做检查，并协助办理育龄妇女检查卡[②]"，并不是
村务治理，并且育龄妇女小组长每月 30 元钱的报酬由乡计生站支付，并
不属于村"两委"的干部。所以，Y 村既没有妇代会组织，也没有妇代
会主任，更从未有女性进过村"两委"，所以至今 Y 村没有任何妇女进村
委的统计资料。Y 村妇女参与治理近乎空白的历史既增加了研究的难度，
但也犹如一片未被开掘的处女地让笔者充满了期待。虽然在本书的撰写过
程中因为时间限制无法涉及更多 Y 村的变化与发展，但笔者参与的联合
国民主基金会项目已选取了 Y 村作为试点村来推进当地农村妇女进村委
会，并于 2012 年 4、5 月开展第一阶段的培训与社会性别主流化推广，
2013 年 1 月完成了整个项目运作。

　　基于以上的现实，对 Y 乡 Y 村的资料的研究只能依托笔者于 2011 年
10 月发放的 100 份问卷，同时为了更加具有客观性，笔者在 Y 乡的其他 4
个村也各发放了 100 份问卷，所以在后文的分析中依托的是 Y 乡 500 份问
卷。

（二）问卷分析

　　此 500 份问卷，选取了项目地 Y 乡的 Y 村、院东村、西薛村等 5 个村，
主要以调研志愿者携带问卷入户走访的形式进行调查。村民参与村级治理
状况调查问卷主要包括四部分。第一部分是个人及家庭基本情况分析（1—
11 题）；第二部分是法律知识掌握情况（1—6 题）；第三部分是参选参政情
况（1—31 题）；第四部分是社会性别意识分析（1—8 题）。前期发放调查
问卷 500 份，收回问卷 500 份，回收率达到 100%。对回收的 500 份问卷进
行清理，剔除无效问卷后，有效问卷 499 份，问卷的有效率为 99.9%。

---

① 此资料来自与 Y 村党支部书记李常林的访谈（2011 年 11 月 2—4 日）。
② 来自笔者与 Y 村育龄妇女小组长的访谈（2011 年 11 月 3 日）。

根据本调查问卷的设计，对问卷的分析分为三个部分：基本情况、法律知识掌握情况、参选参政情况，在这三个部分的分析过程中始终坚持社会性别视角，进行两性的比较。

1. 基本情况

本问卷的 499 个受调查者，男性有 236 人，女性有 263 人，比例分别为 47.4% 与 52.6%，总体来说，女性略多，但整体较为均衡。从年龄上来说，受访者集中于 18—30 岁年龄段为 119 人；31—50 岁年龄段为 263 人；51—70 岁年龄段为 99 人；71—90 岁年龄段为 18 人。

从文化程度来说，初中文化程度占到了 51.2%，其中 Y 村的 100 份问卷中初中文化程度占到了 63%，小学、高中或中专所占比例相近，均约为 18%。大专及以上文化程度所占比例仅为 2.4%，表明被调查者的文化程度普遍偏低。从性别与受教育程度的相关分析来看，女性未上过小学的数量是男性的 2 倍，初中文化程度的男女数量基本相当，而拥有高中或者中专文化程度者，男性的比例又多于女性，这些都是在意料之中的，只是在本问题涉及的 499 个被访对象中，男性拥有大专及以上学历的人数少于女性，如表 4—12 所示，男性为 4 人，女性为 8 人，这是什么原因，是问卷输入的误差？还是确实是农村高学历中女性多于男性？

表 4 – 12　　　　　　　　性别与文化程度交叉表　　　　　　　单位：人

A1. 性别 * A3. 文化程度 交叉制表

计数

		A3. 文化程度					合计
		未上过小学	小学	初中	高中或中专	大专及以上	
A1. 性别	男	12	49	127	44	4	236
	女	25	77	129	24	8	263
合计		37	126	256	68	12	499
Y 村		5	19	63	13	0	100

经过笔者一再确认，问卷输入确定无误，那为何在本次调研中出现女性的高学历者数量高于男性？

据联合国教科文组织 2003 年发布的有关社会性别和全民教育的全球

监测报告认为，中国 2000 年已经在初级教育中达到了性别平衡。这在本调研中也得到了印证，初中文化程度的男女比例基本相当，联合国的全球监测报告还提出：性别差距主要表现在高中及以上教育中，不过中专教育有些例外，不仅农村男女比例差距缩小，城市的女性比例还高于男性。而高等教育中，男性的比例均达到或超过 60%。这些数据都说明，男性的高学历者应该多于女性，并且无独有偶，由社会科学文献出版社出版发行的《中国社会变迁 30 年》一书中指出，教育的性别差距主要反映在城乡之间，尤其是贫困地区男女受教育程度的差距更大。书中指出，2000 年妇女地位调查发现，20 世纪 80 年代出生的农村"80 后"一代，男性受教育程度在初中以下的占到 13.4%，而女性则为 19.8%。另据第五次人口普查，10 岁至 14 岁从未上过学的 94 万儿童中，有 84 万在农村，其中女孩 51 万人。回到此处，本项目组在问卷发放和输入过程中都秉承尊重事实、精确无误的原则，笔者认为，之所以出现这样的数据结果，这与"农业女性化"的导致因素有关，即男性进城务工人员的数量高于女性，此数据并未证实男性高学历者少于女性，而是从侧面印证了农村男性人才大量流入城市，城市大量吸附农村精英的事实。

另外，本问卷中对城市化进程也有自己的印证，对回答"您到外面打过工吗？"的回答中，男性"有"的占到 54.4%，女性"有"的仅占到 38.6%，也可以看到妇女外出打工比例没有男性高，这就导致了农村男女两性经济地位的差异。特别是在某些农村地区，耕地务农和外出打工是农村家庭的主要经济来源。

表 4 – 13　　　　性别与"您家主要由谁赚钱养家？"交叉表　　　　单位：人

A1. 性别 * A10. 您家主要由谁赚钱养家？交叉制表				
计数				
		A10. 您家主要由谁赚钱养家？		合计
		丈夫	妻子	两人赚钱能力差不多，共同养家	
A1. 性别	男	113	4	100	217
	女	134	10	94	238
合计		247	14	194	455

由于传统的性别角色定位以及社会性别分工使男性成为生产活动的主要力量。在被调查者中，有 10 个女性认为妻子养家，仅有 4 个男性有此认同，而绝大多数都认为是丈夫养家，男性有 113 人，女性有 134 人，这些数据都显示，在魏县 Y 乡仍然是丈夫养家占绝对数量，并且农村男性一半以上有外出打工经历，其处于生产和经济活动中的主要地位，在家庭里也往往掌握了家庭事务的"决策权"。而农村妇女虽也有将近四成的外出打工经历，但近一半以上仍以从事农业生产为主，由于我国农产品的价格较为低廉，从事农业生产收入有限，因此与农村男性相比，农村女性在社会生产活动中处于相对次要的地位，这往往可能导致其在家庭中也处于次要的地位。这种男女两性之生产活动领域的不同以及两者经济收入的差异是造成农村男女两性家庭地位不同的根本原因。而且，农村妇女在私域地位低下的状况，直接影响了女性在公域的地位，导致她们很难居于主导地位。

讨论农村妇女参与村级治理不得不提到党员身份的"倒逼"作用，在本问卷中，男性党员是女性党员的接近 6 倍，可见女党员在农村中的寥寥无几，这也是农村妇女参政的一个主要障碍。

表 4 - 14　　　　　　　　　性别与政治面貌交叉表　　　　　　　　单位：人

A1. 性别 ＊ A4. 您的政治面貌 交叉制表

计数

		A4. 您的政治面貌				合计
		群众	共青团员	共产党员	民主党派	
A1. 性别	男	134	24	77	1	236
	女	214	25	16	7	262
合计		348	49	93	8	498

《中华人民共和国村民委员会组织法》（1998 年 11 月 4 日第九届全国人民代表大会常务委员会第五次会议通过）第九条规定："村民委员会由主任、副主任和委员共三至七人组成。"一般情况下，村党委班子成员包括：书记、副书记、宣传委员、组织委员等；村委会班子成员包括：主任、会计出纳、妇联主任、治保主任。正如笔者在第三章中提及因为村级

财政的限制，村委组织的"结构"要求人数不能再多，但此处又产生两个新的问题。一来是村庄"力治"的现状，迫使在总量不增加的情况下会优先考虑男性。二来是女性党员身份的限制，因为无法入党而无法参政，限制了妇女参与村级治理。此点在第三章中已经阐述，此处正好用事实来印证。

就村民从事的工作来说，在河北省邯郸市魏县 Y 乡，有 62% 的被访者在家务农种田，此数据的产生有着前提条件，即项目组选择的调研方式是入户调研，被访者多为在村务农者，所以此数据符合对农村现状的基本认识。将问卷中的"性别"和"从事工作"进行交叉分析发现，务农种田者中女性略多于男性，具体来说，有 179 位女性，115 位男性，虽然差别并不特别大，但这在一定程度上印证了农业女性化的农村社会状况的基本论断，中国农业的女性化现象，已是一个不争的事实。

但是，当干部的男性是女性的 3 倍有余（男性有 13 位，女性仅为 4 位），这也说明，在留守妇女众多的情况下，在村级权力中仍然是男性主导，这也更加凸显了推进农村妇女参与村级治理的实践意义。如表 4—15 所示。

表 4 – 15　　　　性别与"您目前主要从事哪方面的工作？"交叉表　　　单位：人

A1. 性别 ＊ A6. 您目前主要从事哪方面的工作？交叉制表

计数

		A6. 您目前主要从事哪方面的工作？						合计
		务农种田	在本地的乡村企业做工	在外打工	搞个体	当干部	其他	
A1. 性别	男	115	12	68	17	13	11	236
	女	179	12	25	24	4	17	261
合计		294	24	93	41	17	28	497

表 4 – 16　　　　　　　　工作情况调查表　　　　　　　　单位：%

	问题：目前主要从事的工作					
工作类型	务农种田	本地乡企做工	外地打工	个体户	当干部	其他
有效占比	62	2	18	11	1	6

续表

原因	挣钱多	便于照顾家庭	比较轻松	稳定有保障	见多识广	找不到其他工作
			问题：从事当前工作的主要原因（多选）			
占比	21	63	8	6	2	13

另外，对从事当前工作的原因主要是出于便于照顾家庭和生活稳定的考虑，比例高达63%，这也印证了被访对象62%从事务农种田的数据的合理性（见表4—16），同时从本问卷中对性别和家务劳动的交叉分析也可以看出，有效的499份问卷中，有339位被访者表示家务由妻子承担，而只有26位选择了丈夫来承担家务，这非常明显地显示了在河北农村的家庭私域中的性别分工。而在农业女性化现状下，这种性别分工对农村妇女的不利影响是显而易见的。因为农业和非农部门两者比较收益存在明显的差距，如果打工收入成为农村家庭收入的主要来源，妇女承担了主要的田间劳动，虽然也为家庭创造了一定收入，但她们对家庭的那部分由货币收入显现的贡献份额却相对较低，这也直接影响到妇女的家庭地位。另一方面，因为农业劳动重要性的降低，农业劳动甚至被纳入家务劳动范畴。大规模的社会流动，使得农村社会对"内"和"外"的划分有了新的界定。对农村家庭分工来说，只有外出打工挣钱才是真正的"主外"，留在农村，无论从事农业劳动还是持家，都被视为"主内"。新的划界一方面使女性农业劳动的价值被贬低，另一方面又反过来强化了女性的家庭职责。如表4—17所示。

表4－17　　　　性别与"您家里主要由谁做家务？"交叉表　　　　单位：人

A1. 性别 ＊ A8. 您家里主要由谁做家务（做饭、洗衣服、收拾屋子？）交叉制表

计数

		A8. 您家里主要由谁做家务（做饭、洗衣服、收拾屋子？）			合计
		丈夫	妻子	平分家务	
A1. 性别	男	14	166	53	233
	女	12	173	76	261
合计		26	339	129	494

显而易见，与纷纷涌向劳动市场的女人相比，男人从事家务的比例仍旧相当低。这种状态在农村显得更加凸显，而较之中国南方农村，河北农村家务工作中绝大多数家庭由女性来承担。基于家庭利益最大化的选择，固然有把夫妻双方经济收益比较等因素考虑在内，但在有些情况下妇女更容易在城市找到工作，在不利的劳动环境和工作强度下，妇女更能够吃苦忍耐、挣更多的钱，也都是可能的。但为什么多数家庭仍选择丈夫外出、妻子留守农村农业？一方面，这是基于传统"男主外、女主内"的性别角色定位，强调男性养家的责任和女性对家庭的照顾职责。另一方面，资本选择了最大限度获取劳动者剩余价值的策略，使得相当数量的农村劳动力转移到城市从事第二、第三产业，但工资收入却无力支持他们的人口再生产，因此要依靠农村来完成抚养子女、赡养老人的任务。而妇女对家人的照顾性劳动的价值因为从未被计算在内，所以由已婚妇女回乡照顾老少和兼带糊口农业，就成了农户家庭普遍的选择。因此，农业的女性化是城乡二元分割体制和性别角色传统定型相交织的产物。

另外，从事当前工作的原因 63% 出于便于照顾家庭和生活稳定的考虑，也说明土地是大多数被调查者赖以生存的物质资源。而当地的耕地状态怎样呢？由表 4—18 耕地状况调查结果可知有 94% 的村民有自己的承包地，499 份有效问卷中男性有 210 位，女性为 192 位。

表 4 – 18　　　　　性别与"您的名下有地吗？"交叉表　　　　单位：人

A1. 性别 ＊ A13. 您的名下有地吗？交叉制表

计数

		A13. 您的名下有地吗？		合计
		有	没有	
A1. 性别	男	210	27	237
	女	192	70	262
合计		402	97	499

　　而没有承包地主要原因是婚嫁失地，其次是政府征地，这也是问卷设计中"法律意识"调查中村民对《土地权益保护法》关注度高的原因。在中国的婚姻迁徙制度下，从夫居是我国农村传统的模式，农村妇女不能像男性一样有一个所属的地方，她们因为社会资源匮乏，只能在宗族和家族的夹缝中生存，又失去土地这一保障农村居民收入的主要渠道，势必会对妇女政治参与产生很大的阻碍作用，要改变农村妇女参与村治现状，还要从改变妇女的经济地位着手，改变妇女婚嫁失地这一现状，同时要严格执行国家相关政策，杜绝滥征村民承包地现象。

表 4 - 19　　　　　　　　　　耕地状况调查表　　　　　　　　单位:%

名下有无承包地	问题：名下有无承包地	
	有	没有
有效占比	94	6
	问题：没有承包地的原因		
原因类型	征地	婚嫁失地	其他
有效占比	16.7	50	33.3

2. 法律知识掌握情况

　　由表 4—20 我们可以发现，被调查者了解的法律主要有婚姻法、妇女权益保障法和土地权益保护法，比例分别为 38.2%、31.6% 和 30.9%。对村民委员会组织法和省法律援助条例也有一部分人听说过，整体对法律的熟悉程度依次递减。从数据中我们可以认识到被调查者熟知和自己生活相关的法律。并且有 60.3% 的人准备熟悉法律，表明被调查者的法律意识在增强，多数人有学习法律知识的诉求，还有 30% 左右的人会根据情况来选择是否学习法律知识，只有很少的人不准备熟悉法律知识。

表 4 - 20　　　　　您了解下列哪些法律法规？（多选）　　　　　单位：人

法律	妇女权益保障法	省法律援助条例	婚姻法	村民委员会组织法	土地权益保护法
占比	31.6	8.4	38.2	25.6	30.9

在本问卷中设置了一道事实题目："村民会议所作出的决定必须获得几分之一以上参加会议人员的同意才能有效？"意图调查村民对《村民委员会组织法》的了解，正确率为11.2%。并且有42.4%的人选择"不知道"，本题可以说明村民对政治参与相关法律的实质掌握情况很不够，这也就凸显了法律知识教育的重要性。

表4-21　　您或您家里的妇女权益被侵害时，会通过什么
　　　　　途径来维护自己的合法权益？（多选）　　　　单位:%

妇女权益的维护方式	向妇女干部反映情况	申请村委会调解	依法报案向人民法院起诉	私自解决	其他途径
占比	55.6	30.3	30.7	14.7	7.3

表4—21说明如果涉及自己家庭女性成员的权益受损害时，被调查者会积极主动通过向干部反映、向法院起诉或者调解等途径解决，呈现主动态势，说明被调查者的权利主体意识在增强。并且，需要了解妇女权益保障方面法律知识的人数有36.6%，占多数。婚姻方面的知识占21.1%，想要了解村民委员会组织法和土地权益保护法的人数次之，占到19.9%，另外土地权益保护法的比例占到了19.5%，其他占到2.8%。

表4-22　　如果您的家庭成员之间或者熟悉的人之间发生了矛盾，
　　　　　您认为最有效的解决办法是什么？　　　　　单位:%

维护合法权益方式	双方当事人自己协商解决	找相关的亲戚朋友帮助调解	找村或上级政府调解	找司法部门或者律师，寻求法律帮助	其他
有效占比	42.9	29.3	19.2	7.8	0.8

表4—22表明双方当事人自己协商解决的占42.9%；找相关的亲戚朋友帮助调解的占29.3%；找司法部门或者律师，寻求法律帮助的人数则占了少数。另外，被调查者遇到侵害妇女权益的行为时，会主动制止的占到67.4%，听之任之占到3.1%；第一选择时采取理性的态度，视情况而定的有23.5%，另外6%表示不知道，或者态度模糊。

3. 参选参政情况

表 4 - 23（a）　　　　性别与"您想当村干部吗?"交叉表　　　单位：人

A1. 性别 * C1. 您想当村干部吗? 交叉制表

计数

		C1. 您想当村干部吗?			合计
		想当	不想当	选我就当	
A1. 性别	男	77	73	87	237
	女	57	143	63	263
合计		134	216	150	500

由表 4—23 可以看到，26.8% 的村民想当村干部，43.2% 的村民不想当村干部，30% 的村民认为选我就当。其中不想当的女性比男性要多出近一倍，对于男性来说，"想当"和"不想当"的比例相当，但女性的差别就很大，想当的女性仅有 57 人，不想当的有 143 人，为什么妇女参政的意愿那么低呢？在阐述第三章"应用规则"时已经给予了部分回答，在此不再赘述。总而言之，妇女参选参政比男性具有更高的交易成本，笔者界定为额外的交易成本，即一切与参与村委会选举有关的相对于男性参选者多出的成本，包括选举过程中多于男性参选人所耗费的人、财、物等经济性成本，帮助自身选举的社会资源成本，因参与选举而损失的机会成本等。

表 4 - 23（b）　　　性别与"您亲自参加本村上次举行的村委会
投票选举了吗?"交叉表　　　单位：人

A1. 性别 * C2. 您亲自参加本村上次举行的村委会投票选举了吗? 交叉制表

计数

		C2. 您亲自参加本村上次举行的村委会投票选举了吗?		合计
		参加了	没有参加	
A1. 性别	男	150	87	237
	女	124	139	263
合计		274	226	500

由表4—23可以看出，参加了投票选举的村民所占比例和没有参加投票选举的村民所占的比例相差不大，参加的比没参加的多出了9.6%，仍有将近一半的村民没有行使自己的投票权，村委会选举的投票率还有望提高。另外，男性参加投票的人要多于女性，女性群体中"没有参加"投票的多于"参加了"的，这说明女性村民对投票权的重视程度还有待提高。对于没有参选的原因，本问卷中被调查者没有参加选举的主要原因是选举的时候本人不在，比例高达47.8%，这也符合现实的逻辑，因为上次选举之中，村中很多人在外务工，另外，也有不少人认为有没有自己的一票无关紧要，并且女性对投票权的重视程度更低。如表4—24所示。

表4-24　　　　（没有亲自参加投票选举的请回答）您为什么

没有参加上次选举？（多选）　　　　单位:%

没有参加选举的原因	当时不在家	家里已有人作代表	家里有事脱不开身	选举没有用，选来选去一个样	选举时我不知道	我的一票也起不到什么作用	其他
有效占比	47.8	27.6	15.1	7.6	9.3	6.2	4.9

对于参加了投票的人，原因何在？

表4-25　　　　　　　您为什么参加选举？

		频率	百分比/%	有效百分比/%	累积百分比/%
有效	村里要求我参加	59	11.8	21.5	21.5
	家里让我当代表	40	8.0	14.5	36.0
	大家都去，所以我也去	65	13.0	23.6	59.6
	我自己想参加	85	17.0	30.9	90.5
	选举对我有好处	14	2.8	5.1	95.6
	其他	12	2.4	4.4	100.0
	合计	275	55.0	100.0	
缺失	0	225	45.0		
	合计	500	100.0		

　　由表4—25可知，只有1/3的被调查者明确表示自己想参加选举，但有将近2/3的被调查者不明确自己参加选举的目的，对于自己行使选举权的认识比较盲目，听从他人或跟风选举的村民超过半数。在对村民访谈的时候也有人说"不晓得选哪个，反正总是那几个人"，很多投票人选举是相对盲目的，在信息不完全的情况下很多人选择遵循集体行动的逻辑，"别个选哪个，我就选哪个"。这种有限的认知造成了信息的不完全。而这种信息不完全既使得妇女对参选望而却步，同时在投票行为上也略显从众。

　　有六成多的被调查者在投票选举中投了妇女票，表明被调查者对女候选人的认可度还是比较高的。嵌入性别视角，发现男性和女性投妇女票的数量并没有太大区别，在151个男性样本中，有92个投了妇女票，只有59个没投；而125个妇女样本中，有88个投了妇女票，37个没投，难道这是说明男女都具有较强的社会性别意识吗？

表4–26　　　　　性别与"上次选举中您投妇女的票了吗？"交叉表　　　单位：人

A1. 性别 ＊ C6. 上次选举中您投妇女的票了吗？交叉制表

计数

		C6. 上次选举中您投妇女的票了吗？		合计
		投了	没投	
A1. 性别	男	92	59	151
	女	88	37	125
合计		180	96	276

　　笔者认为，表4—26中数据无法说明男女都具有较强的性别意识，之所以出现这样的数据，其实主要原因之一是"计划生育工作需要妇女管"，这个比例占到了47.6%，认为妇女更适合管理计划生育工作。其次是把妇女代表看成妇女的代言人。同时，不少人投妇女票是为了服从按上级规定，认为妇女很优秀才为妇女投票的占到较小的比例。这些都并不能说明社会性别意识的强弱。

表 4 - 27　　　　（投妇女票的请回答）您投妇女票的原因是？（多选）　　单位:%

投妇女票的原因	计划生育工作需要妇女管	应有人代表妇女说话	上级规定要选一个女的	女的很优秀，符合我选干部的标准	别人都选妇女，所以我也选	其他
有效占比	47.6	39.0	10.7	8.6	3.2	5.9

虽然因为计划生育工作的需要,选民在投票时会考虑投给妇女,但是如果在有更多选择的时候,选择哪个妇女呢,投票的标准是什么？ 在本问卷中,涉及妇女能当上村干部的原因,调查结果显示,主要原因还是"本人的能力和性格",占到 47.4% ,这也是农村妇女能力建设要常抓不懈的原因,同时,紧跟其后的原因是"有政策和法律保障",占 32.3% ,这也说明,选民也意识到制度保障是为农村妇女参政提供更好平台的重要条件。如表 4—28 所示。

表 4 - 28　　　　您认为妇女能当上村干部的主要原因是？（多选）　　单位:%

主要原因	有政策和法律保障	本人的能力、性格	家庭的支持	很多男性外出务工，只能由女性担任	上级的支持	其他
有效占比	32.3	47.4	13.1	14.3	18.5	9.3

通过表 4—29 的数据,清楚村委会干部选举程序的村民比例超过了一半,男性"非常清楚"和"比较清楚"的比例都比女性高,有 44% 的村民不清楚选举程序,这说明选举知识和程序仍然需要普及,尤其是对女性。

表 4 - 29　性别与"您清楚本村上次村委会干部的选举程序吗?"交叉表　　单位：人

A1. 性别 * C9. 您清楚本村上次村委会干部的选举程序吗？交叉制表

计数

		C9. 您清楚本村上次村委会干部的选举程序吗？				合计
		非常清楚	比较清楚	不太清楚	完全不清楚	
A1. 性别	男	34	60	49	6	149
	女	24	38	55	12	129
合计		58	98	104	18	278

对具体的选举程序的了解程度进行逐个的分析，会发现，在所调研的几个村里面，村内民主程度非常不够，在村民开展了村干部民主评议的仅有45.3%，而明确表示没有村干部民主评议的占有13.8%，另外有40.9%表示"不知道"，而"不知道"的原因很可能是因为村内没有村干部的民主评议。开展民主评议干部活动，是进一步加强干部接受群众监督，提高干部队伍自身素质的一个有力措施，是促进基层党组织和干部队伍建设的有效方法。

村务公开是指村民委员会组织把处理本村涉及国家的、集体的和村民群众利益的事务的活动情况，通过一定的形式和程序告知全体村民，并由村民参与管理、实施监督的一种民主行为。它是农村村务管理的重大改革，适应了家庭承包、统分结合的双层经营体制，符合社会主义市场经济的要求，村务公开是人民群众评判农村党风政风好坏的一个重要标志，也是加强基层民主政治建设、政权建设和党风廉政建设的一个基础性工作。村务公开的程序及时间：（1）公开前提交村民代表会议审议并通过；（2）公开后认真听取村民意见，给予及时答复和改进；（3）一般村务定期公开，最长不超过三个月；（4）时限较长事项（如修路、建校等），每完成一个阶段公布进展情况。在本调研中，村务公开的频率一般，大多数3个月开展一次，占36.8%。但同时"不知道"的占到了39.4%，属于各选项中的最大份额，这也再次说明了知识普及的重要性。如表4—30所示。

表4-30　　　　　　　村务多长时间公开一次？　　　　　　单位:%

时间	一两个月	一季度	半年	一年	从没	不知道
有效占比	13.5	36.8	6.8	2.2	1.2	39.4

从村务公开的角度来看村民对村级治理的可信度，从表4—31发现，被调查者认为村务公开的内容有效，完全真实的占32.8%，而认为大部分真实的占35.6%，认为小部分真实的占5.0%，认为完全虚假的占2.2%，不知道的占24.3%。调查说明，村务公开的内容的可信度还是比较高的，但同时"不知道"的比例也高达24.3%。

表 4 - 31　　　　　　　　　　对于村务公开的内容，您觉得？

		频率	百分比/%	有效百分比/%	累积百分比/%
有效	完全真实	163	32.6	32.8	32.8
	大部分真实	177	35.4	35.6	68.4
	小部分真实	25	5.0	5.0	73.4
	完全虚假	11	2.2	2.2	75.7
	不知道	121	24.2	24.3	100.0
	合计	497	99.4	100.0	
缺失	0	3	0.6		
合计		500	100.0		

另外，满意度是衡量村级选举有效性的一个重要标准，通过本问卷中对选举结果的满意度的考察发现，被调查者对上次选举的结果满意的村民达到了八成，其中"非常满意"占 34.4%，"比较满意"占 45.7%，表明参与投票的村民是通过自己的意愿进行选举投票。"不太满意"和"非常不满意"的比例分别为 11% 和 1.4%，"不知道"达到了 7.4%。

影响满意度的一个重要因素是公平性，对问卷中"您觉得上次的选举过程公不公平？"的回答，认为"非常公平"的占到 29%，"比较公平"占 48.1%，所以整体来说，70% 以上的村民对于选举过程感觉公平满意，这也是利好的一面。

另外，被调查者中在公开场合中对村民的公共事务发表过意见者占了七成，其中"有意见就说"的有 31.3%，"偶尔发表意见"的有 33.5%，民主程度较高。"从不发表意见"的占 35.3%，被调查者在公共场合对公共事务不发表意见的原因很多，其中"没有意见发表"的占 51.2%；"不懂这些公共事务，没法发表意见"的占 25.3%；"有意见不敢说"的占 5.1%；"干部说了算"的占 18.2%；"不管这些事，不愿发表意见"的占 25.3%。这也说明村民的民主参与意识有待加强。根据问卷调查结果，在决定重大公共事务时，村委会占据的比例达到三成，村民代表所占比例为 24.3%，村民行使自身权利效果较好。对村委工作表示满意的村民达到了近八成，"非常满意"的达到 23.5%，"比较满意"的占 53.2%，结果还是比较可喜的。另外，"不太满意"的占 7.3%，"非常不满意"的仅占

0.6%。同样"不知道"的占到15.4%。

表4－32　　　　在决定村里重大公共事务的时候一般由谁来决定？　　单位:%

决　策　者	村委会	村民代表大会	村民大会	村党支部	其　他	不知道
有效占比	31.8	24.3	7.8	14.1	1.0	20.9

　　由表4—32、表4—33可知，在村务管理中是由村委会来做出决策，但本问卷中涉及的被调查者大多数都没有担任过任何职务，比例占到了73.6%。在担任过一定职务的村民中，担任过村民代表的居多，而担任过村干部和财务管理等相关职位的则非常少。这说明，被调查者大多处于权力中心的边缘，最多的职务类型也主要集中在代表职位上。所以，本问卷的对象更多的是普通村民，这也能在一定程度上说明，产生高比例的"不知道"的原因，普通村民存在着信息和知识有限的认知困境。

表4－33　　　　您担任过下列哪些职务？（多选）　　单位:%

职务	村委会或村党支部干部	村民代表	村民小组长	村理财小组成员	村聘任干部	以上职务均没有担任过
有效占比	7.2	10.2	5.3	4.5	2.5	73.6

　　从性别视角测量男性与女性对村务治理的态度，首先需要考量的是参与兴趣。

表4－34　　　性别与"您有没有兴趣了解村里的公共事务？"交叉表　　单位：人

A1. 性别 * C19. 您有没有兴趣了解村里的公共事务？交叉制表

计数

		C19. 您有没有兴趣了解村里的公共事务？				合计
		非常有兴趣	比较有兴趣	不太有兴趣	完全没兴趣	
A1. 性别	男	57	103	52	22	234
	女	45	100	83	34	262
合计		102	203	135	56	496

　　从表4—34可以看出，61.5%的被调查者对于与切身利益相关的村里公共事务还是表现出较大的兴趣的。其中在绝对总数量女性高于男性的情

况下，对公共事务"非常有兴趣"和"比较有兴趣"两类的男性被调查者的绝对数量都高于女性，这都更加凸显了女性参与兴趣较男性更低。其次是参与所需要的素质，本问卷发现，被调查者认为村民参选村干部应有的知识储备主要在财务知识、农业科技，法律法规，国家大事等领域。

表 4 – 35　　　　　如果您准备参加村委会干部，您认为自己
　　　　　　　　　需要增加哪方面的知识？　　　　　　单位:%

知识领域	国家大事	财务知识、农业科技	法律法规	医疗卫生	其他
有效占比	24.1	54.1	36.8	17.3	6.4

表 4 – 36　　您认为下面哪些方式更能使您获得您需要了解的知识？　　单位:%

方式	广播电视	书籍报刊	互联网	文化学习培训	其他
有效占比	33.3	19.2	21.9	32.4	5.3

从表 4—36 可以看出，广播电视、文化学习培训和互联网被村民认为是了解知识的重要渠道，得益于三者的广泛普及和传播，同时，也非常便利、高效和快捷。这也为联合国项目实施中以"培训"的形式提供了依据，说明村民较为乐于接受培训和学习班的形式。

表 4 – 37　　　　　性别与"您认为妇联等妇女组织在村级
　　　　　　　　　事务中的作用?"交叉表　　　　　单位：人

A1. 性别 ＊ C20. 您认为妇联等妇女组织在村级事务中的作用？交叉制表

计数

		C20. 您认为妇联等妇女组织在村级事务中的作用？			合计
		能起很大作用	有作用，但实际作用不大	没有作用	
A1. 性别	男	77	127	32	236
	女	117	116	28	261
合计		194	243	60	497

　　从表4—37可以看出，被调查的村民中有48.7%的人认为妇联等妇女组织在村级事务中有作用，但实际作用不大；有39.0%的村民认为妇联等妇女组织在村级事务中起很大作用；还有12.3%的村民认为妇联等妇女组织在村级事务中不起作用。从性别角度来看，女性对妇联组织的认可度比男性高，但不管男性和女性都有相当大的比例认为妇联组织"有作用，但实际作用不大"，所以这对妇联工作提出了更高的要求。

（三）个案访谈——村里唯一的"女干部"

　　以上是根据问卷对本案例的细致分析，Y村的情境不同于Q村，在此情境中没有显著的行动者，在Y村，被村干部和村民一致认为是村里唯一的"女干部"是育龄妇女小组长，可是正如前文所述，育龄妇女小组长并不属于"两委"职位，但在此村庄的治理实际中，此育龄小组长主要承担了计划生育等原属于村委会中妇女主任职位所应该承担的职责。其基本情况如下：现年42岁，非党员。1980年嫁入Y村，2008年当选为Y村育龄妇女小组长，自认为其当选的原因是：第一，她是医学专业，有能力。第二，国家优生优育的政策，有岗位的需要。她本身不是党员，又从未申请，因为她认为"要为农民办事情才能申请入党"，妇女都有上进心，但觉得自己条件不够，所以没有申请。作为她主业的计划生育工作，她认为近年来生育观念改变很多，生男生女都一样的观念越来越多，但是她接着说"生一个男孩就足够了"，原因是：第一，养老，至少有一个孩子。第二，经济原因，生多了养不活。开支很大，包括孩子教育和成年后的婚嫁开支。所以笔者理解她的意思是生男生女都一样，但至少还是要有一个男孩。就目前村级治理情况，她认为"目前的村级治理不错，村干部也能听女性的意见，对的采取，不对的就不采取。比如打井和植树造林的时候，感受到男女平等。没有谁听谁的，谁是对的听谁的"。问及村委会选举会投妇女票的原因：第一，要能力强。第二，代表妇女。问及她会不会参选，她只是回答，自己还没有那个能力。

　　笔者在Y村的访谈，没有跌宕起伏的故事情节，很难深入村级治理的话题，有着农村妇女参与村级治理程度低地区的共性，但当地正在探索通过妇代会直选进入制来改变这种现状。

（四）政策探索

在邯组通字〔2011〕20 号《关于坚持党建带妇建，进一步加强妇联基层组织建设的实施意见》① 中有众多亮点，至少包括以下几点：

第一，妇代会组织的全覆盖。文件中表示：到 2012 年底，实现全市 100％的乡（镇、街道）妇联组织有编制、有干部，实现 100％的行政村建立妇代会组织，100％的社区建立妇联组织，95％以上的党政机关、科教文卫等事业单位建立妇委会；促进妇联组织创先争优，使全市 30％的县（市、区）、20％的乡（镇、街道）、10％的村（社区）创建成为特色鲜明、作用突出的先进妇联基层组织。

第二，落实支持妇女参与村级治理的政策。文件中表示：提高进一步支持和引导文化水平高、工作能力强、群众基础好的优秀农村妇女参选村干部，认真落实"村民委员会成员中，应当有妇女成员"的规定，落实村委会换届选举中女性委员"定位产生"制度。积极推荐村妇代会主任和社区妇联主席进村、社区"两委"班子；村和社区"两委"班子中，要保证至少有一名女干部。

第三，提高农村妇女党员比例。文件中指出：积极培养、引导优秀妇女向党组织靠拢，不断扩大妇女入党积极分子队伍，加快发展农村女党员的步伐，在原有女党员占党员总数 15.69％的基础上每年提高一个百分点，"十二五"期间达到 21％以上。

第四，落实基层妇联干部基本待遇。文件中明确规定：农村妇代会主任为村"两委"成员的，经济报酬纳入村干部基础职务补贴发放范围，补贴标准按村党组织书记、村委会主任基础职务补贴的 50％给予补贴。没有进"两委"的农村妇代会主任的经济报酬要列入县、区（市）财政预算，按照村支书职务补贴的 25％的标准拨付，随着县、区（市）经济条件的好转，农村妇代会主任待遇逐年提高。县、区（市）政府要根据当地实际情况，积极开发公益性岗位，吸纳符合条件的就业困难人员，专职从事社区妇女工作，按规定给予公益性岗位补贴和社会保险补贴。

第五，探索实行离任补贴制度。文件中表示：对已正常离任但未享受

---

① 详见附录 3。

养老保险的村妇代会主任，可根据任职年限和贡献发放一次性离任补贴。补贴范围、标准由县确定，费用由县、乡财政列支。

以上通过基本情况、调查问卷、个案访谈和政策探索四个方面对本案例进行了多维度的阐述。虽然在前三部分的阐述中笔者一直沉浸在为当地农村妇女参与村级治理举步维艰的担忧之中，但从最后第（四）部分的政策探索可看出，邯郸市在推动农村妇女参与村级治理的力度非常大，尤其是整合了邯郸市委组织部、民政局、财政局、人力资源和社会保障局、妇联五大部门的力量，针对邯郸市依靠妇代会直选来推动妇女进村委的实际，通过改善报酬、补贴制度等措施来激励在任或者离任的妇代会主任，通过硬性规定农村女党员的比例来试图减少妇女参与村级治理的阻力，通过妇代会组织来培养妇代会主任和成员，并依托此平台，为村"两委"输送更多的女干部。

六　个案:陕西省合阳县 G 镇 H 村

对合阳的调研又不同于前两者，因为合阳在妇女参与村级治理方面已在全国享有盛誉，在前文中已有提及，"2005 年村级'两委'换届选举中，合阳县选出女支部书记 17 名，占全县支部书记的 4.8%；女村委会主任 20 名，占全县村委会主任的 5.7%，其中'一肩挑'3 名[①]"。特别是 20 名女村委会主任的选出和第五次村民委员会换届选举相比实现了零的突破，创造了合阳县历史最高纪录，被媒体称为"合阳模式"。2008 年"两委"换届选举时，"推选出女支部书记 19 名，较上届增加 2 名，占农村支部书记总数的 5.4%，推选出女村委会主任 24 名，较上届增加 4 名，占村委会主任总数的 6.8%，村党支部书记、村委会主任'一肩挑'8人。其中女村党支部书记连选连任 14 人，女村委会主任连选连任 12人。[②]"所以，笔者将合阳县作为本书三个案例中最具有借鉴意义的学习样本来看待，其处于农村妇女参与村级治理的较高程度，是较低程度地区

---

① 数据来源于 2008 年底合阳女村官协会为笔者提供的《从"合阳模式"看女村官在新农村建设中的作用》打印稿。

② 数据来源于笔者与合阳县妇联主席仵淑梅的访谈资料。（访谈时间：2011 年 11 月 2 日）

的发展方向。

合阳县地处渭北旱塬东部，隶属于陕西省渭南市，总面积 1 437 平方公里，全县下辖 12 镇 4 乡 353 个行政村，1 756 个村民小组。全县总人口为 432 689 人，其中农村人口 393 788 人，占总人口的 90.9%，农村劳动力人数 21.34 万人，其中女劳动力 10.7 万人，占 51.14%。①目前合阳县有 37 名女村官，女村支书 25 名、女村主任 21 名、其中"一肩挑"9 人。在这些女村官中有全国人大代表 1 名，全国妇代会代表 1 名，全国"三八红旗手"2 名，还有省市人大代表，妇女参政议政情况非常活跃②。笔者以陕西省妇女研究会作为桥梁，以合阳女村官协会为依托，通过两者的支持得以在合阳县走访女村官、与群众座谈、与干部访谈，在此一并表示感谢。笔者在合阳的调研时间是 2011 年 11 月，主要采取的方式是座谈和访谈，首先是依托合阳女村官协会，在合阳县妇联的支持下召开了女村官座谈会，然后深入 B 镇 L 村和 G 镇 H 村作为调研地，笔者着重选择了 H 村作为本书的第三个案例。

（一）基本情况

合阳妇女参政项目一直都是典范，享誉全国，所以赴合阳调研之前笔者充满了期待，实干的合阳妇女用行动证明她们值得全国的赞许，合阳正在进行的可能是改变全国这一代或者以后数代农村妇女地位和面貌的伟大创举，对合阳妇联、陕西妇女学会的褒扬之词汗牛充栋，在笔者看来，至少有如下可供学习之处：

第一，女主职的比例。合阳模式最突出的亮点是女主职的数量多，在全国都应位居榜首，因为很多地方虽然宣称农村妇女进村委的比例是 100%，但往往是副职，而这副职往往是妇女主任，而妇女主任的职位往往带来的是权力边缘化，而权力边缘化所带来的女干部职业发展的瓶颈与困境，绝不是项目实施的题中之义。于是，合阳模式中女主职的比例就显得尤为可贵。

---

①　参见叶道猛：《处于自强与传统文化下的合阳妇女——合阳农村妇女问题基线调查》。http：//www. westwomen. org/xiangmu/2008/0328/article_ 285. html 2008. 3. 28/2010. 3. 7。

②　根据笔者 2011 年 10 月、11 月在合阳县的调研所得。

　　第二，政策和项目倾斜。在与合阳县、妇联、乡镇领导干部的座谈中，了解到从县到乡镇都在政策和项目资助上对女干部所在的村倾斜，比如道路硬化项目和饮用水项目都优先考虑女村官所在的村，形成了女村官出去跑项目，班子中的男干部在村管理村委的现状。这些着实体现的是"扶上马、送一程"的指导思想，既解决了女村官上任后"做什么"和"怎么做"的问题，让女村官"有事干""能干事"，为村里解决实际困难的实事和好事，这些都为女村官开展工作和赢取群众信任提供了机会和平台，同时，因为项目的实施也为连选连任创造了更大的可能性。在此不得不着重提及"连选连任"，在赴合阳调研之前，笔者并没有意识到连选连任的重要性，而通过此次调研了解到村委会选举不是每隔三年练一次兵，最终目的还是实现村庄的善治，而村庄的善治就不能每三年换一拨人，因为换人很可能导致工作重点的转移，当然，如果选人不淑，为改变一个错误的方向，重新换人，转移和修正工作重点无可厚非，但如果贤人在任，连选连任就能更好地保持村庄的发展势头，并且也能更有利于干部的培养。

　　第三，女村官协会切实发挥了作用。虽然妇联在项目推动、选举动员上发挥了很重要的作用，但村级选举和女村官的培养只是妇联工作的一部分，不能过多地依赖和指望妇联，而妇联作为最强有力、拥有最大资源网络的妇女组织，必须履行"扶上马"的职责，很多地方妇联也确实承担起这些责任，但合阳略有个同的是，它们还有女村官协会这个独立的法人组织。在笔者调研过程中，作为接待方的女村官协会谭映娥秘书长让人十分敬仰，她的敬业精神和处事之道都值得后辈学习，她对每个村庄的各种数据、每位女村官的发展历程都烂熟于心，可以看出，她是女村官协会的灵魂，也是因为她，合阳女村官协会才能如此有声有色。

　　第四，外来资助项目的连续性。合阳女村官项目得益于陕西妇女研究会依托福特基金会从 2004 年开始，时至今日，已经进行到了第三期项目，从旨在提高参政比例的第一期项目，到提高治理能力的第二期项目，到如今全面推动的第三期项目，长达 8 年之久的资助帮助项目系统性、长期性的实施，使得合阳模式打造成为了全国的典型，这都说明：不要指望短期的项目开展就能达到预期的效果，切实效用还需要长期投入。

　　之所以说合阳正在进行的可能是改变全国这一代或者以后数代农村妇

女地位和面貌的伟大创举，用"可能"一词，一来是希望妇女参政项目在各地能有更好发展，只能在如此令人欣喜的合阳模式上仍要吹毛求疵，以求更加理想化制度构想的出现。二来从现今实际看来，合阳模式的发展曲线还不甚明朗，也确实需要探讨。

第一，女村官协会还缺乏有力的"造血"功能。虽然在上文中提到女村官协会已经接受了三期福特基金会的资助，并因其显著成效，已在全国成为了一个品牌，这也有助于协会得到更多的关注、申请到更多的资助，但这始终是外界的"输血"。如何发挥合阳女村官的品牌作用，如何靠"内力"自我发展还是值得思考和探讨的问题。

第二，女村官协会的运作对个人依赖较强。正如上文所说，谭映娥秘书长俨然是女村官协会的灵魂，既然是个人，总要考虑到卸任的问题，一个建立在个人魅力基础上的组织凝聚力，怎样才能保持其长期的生命力？是否有合适的接班人，组织运作是否制度化？这些疑问还有待进一步的考察。

第三，女村官协会活动经费渠道太少。女村官协会目前依靠的经费来源只有两个：其一，会员会费，每人每年 50 元。其二，项目的支持。对于会员会费，是女村官个人出钱还是村级开支？如果是个人出钱，村官每个月 500 元左右的工资，本来就拮据，岂不是增加女干部的经济压力？如果是集体开支，是不是又增加了农民的负担？对于项目支持，项目资助具有不稳定性，很难保证资金的长期供应。

对于以上这些问题，目前能想到的解决措施是合作化的市场性运作。因为合阳是果林大县，每个村或多或少有些特色农产品，一个创收的办法是建立"合阳女村官农产品合作社"，通过这个平台，统一购置农资产品，比如农药、化肥等，并且统一销售，走横向一体化的道路，实现规模经营。实现规模经营之后也就多了很多谈判的资本，这样也可以寻找农资的商家进行赞助和合作，扩大资本的来源，另外，谭映娥秘书长这样兼职的人在组织中发挥了巨大作用，但她本人身兼两职必定辛苦，可以聘任专门的人，对女村官协会进行规范化的运作，可以通过经费建立网站，外出学习，扩展农村致富渠道，也提升女村官们的能力，以上是笔者在合阳县农村妇女参与村级治理基本状况的总体描述。

（二）合阳女村官协会

在访谈中了解到，合阳县 2005 年后新当选的 33 名女村官中，有将近 1/3 的女村官面临村上班子瘫痪、工作长期不能正常开展的局面。但尽管如此，女村官们围绕"生产发展、生活宽裕、乡风文明、村容整洁、管理民主"的目标，从解决群众最迫切最需要的问题入手，规划村级发展蓝图，调整产业结构，发展一村一品，加强基础设施建设，改变生产生活面貌。2008 年，在女村官们不懈努力下，争取到各类项目 132 个，争资 1744 万元，用于发展村域经济、改善人居环境、建设文明新村，其中 25 个村铺筑道路 30 条，10 个村接通了自来水，6 个村修建了学校，10 个村修建了村部。与此同时，女村官们还争取文化娱乐、移民搬迁、沼气建设、科技中心建设、路灯安装、广场和运动场修建、垃圾仓制作等项目 78 个。如今，女村官所在的大多数村已告别了吃水难、行路难、上学难、看病难等问题，女村官已成为合阳县新农村建设的"领头雁"，而这些"领头雁"们的成长都离不开女村官协会的支持。笔者访谈的众多女村官都在这一组织之中。

"合阳县女村官协会成立于 2007 年 3 月 5 日，是经合阳县民政局登记，全县女村党支部书记、村委会主任及村'两委'委员自愿组成的非营利性社团组织。协会的宗旨是：贯彻执行党的路线、方针、政策，组织女村官开展各种活动，为女村官传递各种信息，提供情感支持，加强女村官之间的交流沟通，调动女村官的工作积极性，为建设新农村作出新的更大的贡献。目前。协会有会员 55 人，其中村党支部书记兼村委会主任 9 人，村党支部书记 11 人，村委会主任 16 人，村委会副主任 6 人，村'两委'委员 14 人[①]"。女村官协会有着严格的规章制度[②]，包括活动制度、工作制度、财务管理制度、理事会活动制度等。在 2011 年 5 月，新一届的女村官协会理事会换届工作已经完成，女村官协会在推动农村妇女发展上做了大量的工作，以 2011 年为例，其主要工作事项[③]包括：

---

① 资料来自笔者与合阳女村官协会秘书长谭映娥的访谈资料。（访谈时间：2011 年 11 月 3 日）

② 详见附录 4。

③ 资料由合阳女村官协会秘书长谭映娥提供。（2011 年 11 月）

元月 18 日至 21 日，合阳县妇联组织 40 名女村官赴西安参加了省妇女研究会举办的农民专业合作社培训班。女村官们认真听取了省农业厅农村经济体制与经营管理处处长陈文的讲座，还就建立专业合作社面临的困难、成功的经验与山西省永济市蒲州镇寨子村农民合作社组织者郑冰进行了分享，并以参与的方式讨论出了发展专业合作社的行动计划。

2 月 11 日至 3 月 3 日，陕西妇女研究会和合阳女村官协会共同举办"我和电脑的故事"——女村官征文大赛。3 月 15 日，征文大赛揭晓。此次大赛共收到征文 28 篇，经评委评审打分，10 名女村官获奖：一等奖（2 名）马亚云、高亚玲；二等奖（3 名）李春草、淑兰、王培侠；三等奖（5 名）雷向丽、张英芳、雷淑会、马文、肖慎妍。

3 月 3 日，《人民日报》记者杨彦来到合阳县就农村妇女参选参政工作分别采访了县委书记樊存弟、路井镇党委书记魏崇沛、女村官代表以及与之搭班子的男性村干部、部分村民。这次采访，主要了解党委、政府对农村妇女参选参政工作的做法与体会，了解女村官在村级事务管理中发挥的积极作用及村上的新变化，了解女村官参政的优势、劣势、需要的支持，了解农村妇女参选参政面临的现状、机遇和挑战。

3 月 15 日，召开理事会成员会议，讨论出了 2011 年工作计划、2011 年经费预算和外出考察事宜。

3 月 16 日，召开换届筹备小组成员大会，落实会员名单，讨论协会《章程》修订草案和换届大会议程、工作报告、筹备情况报告、主席团成员名单、拟任理事会成员名单等。

4 月 12 日，召开理事会成员及筹备小组成员会议，讨论换届大会地点、时间、议程，落实大会责任，讨论外出考察费用。

4 月 15 日，合阳县女村官协会换届大会在县政府招待所红楼会议室隆重召开，全县 51 名现任和离任的女村官参加了大会。县妇联主席仵淑梅、副主席李锦江，县民政局副局长张莉莉、社会事务管理股股长卢黎英，各镇、办事处妇联主席应邀参加了大会。大会由协会秘书长谭映娥主持。会上，第一届女村官协会会长刘会莲同志做了工作报告；换届筹备小组成员金菊介绍了大会筹备情况；审议通过了《合阳县女村官协会章程》；选举出了合阳县女村官协会第二届理事会成员；经协会理事会成员充分酝酿，选举李春草为协会会长、金菊为协会副会长，聘请谭映娥为协会秘书长。并特邀县妇联主席仵淑梅、副主席李锦江，G镇人大副主席、同堤坊村党支部书记刘会莲为名誉会长；特邀原省妇联副巡视员、省妇女研究会会长高小贤，原省妇联纪检组长、合阳项目负责人高丹竹，县委常委、县委副书记樊涓娟，县人大副主任张彩霞，县政府副县长、县妇儿工委主任冯西英，县政协副主席吕淑芳为顾问。

4月15日，在合阳县政府招待所红楼会议室，来自华阴的优秀女企业家、妇代会主任、女村官等50余人和合阳20余名女村官召开了"农村妇女参选参政工作交流座谈会"。

4月16日至22日，陕西省妇女研究会、合阳县女村官协会组织全县28名女村官赴冬暖式大棚发祥地、"中国蔬菜之乡"寿光三元朱村进行了学习考察。考察期间，女村官们认真观看了三元朱村发展专题片，实地参观了三元村村部、村容村貌、养老院、幼儿园和第五代冬暖式大棚。还在讲解员的带领下观看了王乐义老书记带领村民团结、务实、创新、争先的经历，特别是三元朱村蔬菜专业合作经济组织的发展过程。

5月3日，工作人员刘慧赴省妇女研究会学习。

在7月1日召开的合阳县召开的"七一"表彰大会上，G镇同堤坊村、黑池镇南廉村、知堡办事处南知堡村荣获"升级晋档、创先争优"先进村党支部，占总数的14%；雷爱绒、李海玲、李改英等14名女村官荣获党员增收致富标兵，占总数的15%。

7月9日，合阳县女村官协会5位理事会成员到和家庄镇东风村看望女村官刘艳萍。

7月9日，合阳县女村官协会会长李春草、秘书长谭映娥及部分女村官深入G镇H村宣传农村妇女参选参政工作。

7月20日，加拿大多伦多大学博士生郑文荃来到合阳县百良镇李家庄村，给该村党支部书记金菊当助理。

8月8日，合阳县女村官协会以2011年首届福山祈福节为契机，带领刘会莲、李春草、金菊等 10 名女村官深入坊镇福山景区宣传农村妇女参选参政工作。

8 月 22 日至 24 日，省妇女研究会秘书长王国红一行四人来合阳对女村官协会及女村官工作情况进行了调研。

9 月 21 日，陕西省妇女研究会会长、省妇联副厅级研究员高小贤一行 5 人来我县就民居援建项目进行了考察。她们先后来到新池镇行家堡村、坊镇岳庄村、坊镇灵泉村实地察看了传统住房情况，了解我县传统住房的特点。通过走访群众，了解他们对建传统房需求。

8 月份，县妇联经过多方努力，争取到陕西省妇女发展基金会农村贫困妇女手工编织项目。9 月 21 日上午，县妇联和渭南市培华艺校的工作人员来到路井镇政府为前来报名的 308 名妇女进行了填表、照相、复印证件等信息采集。

10 月 25 日至 28 日，合阳县 8 名女村官赴西安参加了由有成企业家扶贫基金会携手陕西妇源会共同举办的"2011 有成新公益社区实践工作坊"培训班。培训班上，有成基金会介绍了自己的机构及未来两年实施的项目，合阳女村官介绍了所在社区专业经济组织实践的理念，分享了工作的经验，并提出了推动社区发展的行动计划。

合阳女村官协会谭映娥秘书长向笔者提供了大量的关于协会的新闻报道，每篇报道都展现了协会实在的工作和成绩，在本书中笔者难以概之，但女村官协会通过近 5 年的运作和发展实实在在探索出了一条女村官发展和培养的可行路径，笔者认为这种类似合阳女村官协会这样的农村女干部的自我管理、自我提升、自我服务的组织，是整合妇女力量、促进农村妇女参与村级治理可持续性发展的一个重要支撑，对于农村妇女的组织化，笔者将在第六章详述。

（三）村庄中的女干部——淑兰

在合阳调研过程中，时常被女村官的事迹感动得泪流满面，做女人难，做女干部更难，做村级女干部更是难上加难，这么多的优秀女性在逆境中寻求村庄的发展，可歌可泣，本书无法全部道出，仅仅展示她们中的一员——合阳县 G 镇 H 村村委会主任淑兰，如果需要给她一个标题，笔者希望是：铁腕柔肠当家人。

一个缺乏管理、人心涣散的村庄，何以能在短短的几年时间内成为一个和谐稳定、科学发展的文明村，还被市里评为村民自治平安村先进村？每每问起此事，村民就会竖起大拇指，不约而同地说："这多亏我们村有个好当家人！"这个村就是合阳县 G 镇 H 村，这个人就是 H 村村委会主任淑兰。H 村海拔 1 100 米，由 5 个自然村、5 个村民小组，180 户人家组成，其中党员 24 名，53 岁的淑兰从 2005 年任村主任以来，争取项目资金为村民铺设了环村公路、接通了自来水、安装了路灯，6 年来，女村主任为 H 村争取 380 万元项目资金用于改善村里的基础设施。

绘就治村蓝图

H 村位于县城西北 20 公里处，梁山脚下，有 6 个村民小组，181 户，810 口人。是个由 5 个自然村组成、3 条大沟相隔的穷村子。2005 年接过这个"烂摊子"，她好长时间睡不好觉，醒来都在想该怎么办？村上没有一分钱，干部工资欠了好几年，每花一分钱，都要她从自己身上掏，真可谓举步维艰。当时最困难的是学校要放假，远程教育和教师工资就需 1 万余元。为了村上工作正常开展，她和支书每人垫了五千元，解决了上任后的第一个难题，也迈出了治村艰难的第一步。随后，她和支书商讨如何开展村上的工作。通过召开"两委"、党员、干部会，达成了共识，理出了治村的工作思路：一是铺筑 9 公里进村路面，解决群众行路和卖农产品难的问题；二是建好苹果"四大技术"示范园，提高苹果单产和商品率，增加村民收入；三是争取人畜饮水项目，解决村民吃水难问题；四是规范民乐园管理，丰富群众文化娱乐生活。面对目标，淑兰不敢懈怠，而是一一实施。

引进惠民项目

H 村是苹果优生区，苹果是群众收入的主要途径。由于缺乏技术，效益一直不好。2005 年 12 月，淑兰争取到镇上创建苹果"四大技术"示范园项目，实施中，群众认为多年生长的摇钱树隔一个砍一个，是断他们的财路，没有一户同意。她和村"两委"一班人逐户登门谈心，动之以情，晓之以理，终于得到了村民的理解和支持，示范园面积落实到位。当时正值寒冬腊月，多数人嫌冻不出工，他们就一家一家去叫。与此同时，村上还请来了技术员现场指导。几寸厚的雪地里布满了村组干部的足迹。经过努力，100 亩示范园终于建成达标。2006 年春，全县苹果春季管理现场会在 H 村召开。目前，全村 2000 余亩苹果园收入增加 200 多万元，为经济可持续发展打下了良好的基础。

　　H 村进村路有 9 公里，崎岖不平，"旱天一身土，雨天两腿泥"，出行十分不便。前几年，因道路不畅，H 村的苹果、玉米总卖不上好价钱，若逢雨天，客商更是不敢进村。最后，商品果只能当次果卖给果汁厂，玉米总比周围村便宜，群众寒心，淑兰痛心。2006 年，在县妇联的帮助下，H 村争取到"村村通"项目，淑兰在全县动员会上第一个作了表态发言。由于 2005 年末建示范园的劳累，过完春节，淑兰开始全身浮肿，未到正月十五，丈夫就陪她到西安住了院，病情刚刚好转，丈夫因家里有事先回家。丈夫走后的第三天，她接到村支书的电话，说原设计的柏油路有可能改为水泥路面。得到这个消息，她在医院一分钟也待不住了，背着护士调快了输液速度。拔下针头，她立即找医生说家里有事，要请两天假。主治大夫大为不解，问："有多大的事，还有看病要紧，没见过住院还有请假的。"在她软磨硬泡下，大夫让她写下请假条，并让她女儿签上字，千叮咛万嘱托，给了她两天假。她如同出了笼的鸟，立即奔向汽车站。坐在车上就给村组干部打电话，通知他们开会，天黑终于赶到。丈夫对她的归来大为恼火，说："天大的事，还有你的命要紧。"面对丈夫关心的"批评"，淑兰一笑了之。村上经济条件差，筹款艰难，令她彻夜难眠。为此，她多次组织召开干部、党员、群众会议，让大家出谋划策，制定出合理的方案。还利用广播、标语在全村宣传国家的政策，使修路这件事家喻户晓，随后举行了声势浩大的动工仪式。2006 年 8 月，4.3 公里的环村东路终于竣工，群众赞不绝口，敲锣打鼓庆祝这一得民心顺民意的工程。2007 年她和"两委"一班人，再次动员群众集资，铺筑了剩下的 4.7 公里的环村西路。为了修路，她一次一次地从病床上爬起来，深更半夜去工地，从没有离开工地，饿了啃口馍、困了打个盹，体重下降了 5 公斤。有一次，跑资金逢上了大雨，淑兰被淋透了，当她走进雷县长办公室，从头到脚都在流水，雷县长被她的精神感动了，最终解决了 4 万元资金。为了修路她把丈夫下岗时补贴的 3 万元用到村上，诊所的资金也全部贴了进去。丈夫生气地说："人家当官为发财，你却把国家给我的养老钱用完了，照你这样贴下去，咱家的日子没法过了。"淑兰告诉丈夫："我不能半途而废，再苦、再难、再累，我也要坚持到底。"2010 年，她又争取 45 万元铺筑了 2.5 公里的巷道。路通了，当年仅苹果、玉米全村就增收 200 余万元。

路通了，她又想水。在县妇联的关心下，H 村争取到了"大地之爱·母亲水窖"项目，由于自然村多，东西长达 5 公里，资金严重短缺。她和支书多次和水务局交涉，并找县上领导寻求支持，她的无私和韧劲感动了领导，最后由水务局承担剩余资金。此工程已于 2008 年 5 月底完工。H 村群众彻底改变了车拉肩挑、夏天接雨水、冬天消雪水的历史。与此同时，她和支书还争取到 60 万元资金，新打了一眼机井，解决了水源。通水那天，村民自发地为淑兰和支书披红戴花，红被面披了一层又一层，还送来了"好支书""好村长"的锦旗。面对村民的信任和肯定，淑兰心潮起伏，几年来的艰辛和委屈化成了感动的泪水，夺眶而出，镇上的摄影师非常感动，说："真的没想到，今天这场面会这么感动人……"

扎实的工作换来了各级各部门的信任。2009 年 H 村争取 20 万元新建了村部，2011 年又争取到 100 万元的水土保持项目。

树立文明新风

营造健康向上，文明和谐的社会环境，是淑兰在建设新农村中始终坚持的准则。2007 年，她争取到省妇女研究会群众文化娱乐项目，成立了锣鼓队、秧歌队、舞蹈队、自乐班，利用节假日和农闲开展活动，营造了和谐、健康、向上的良好氛围，减少了赌博、惹是生非等不良现象，深受群众喜爱和欢迎。每年春节，村上都要对涌现出的"和谐家庭"、优秀家庭角色、致富能手等进行表彰，弘扬正气。村民到村上办事，淑兰热情接待，有什么要求，尽量提供方便。对老弱病残人群，更是关爱有加，不管酷暑还是严寒，都会及时为他们办理相关手续。逢年过节，还会为他们送去慰问品，让他们感受到组织的温暖。遇到来访群众，淑兰会给他们递上一杯水，耐心倾听他们的诉说，帮助他们分析矛盾根源，直至解决。村务、账务每季度都会在村上醒目的地方张榜公布，接受群众监督。

淑兰凭着对工作的一腔热情，凭着对人生价值的执着追求，做出了令人赞叹的成绩，得到了各级领导的肯定。她的事迹被中央、省、市、县电视台作了 6 次报道，分别在《中国妇女报》、《三秦都市报》、《农家女》等各种报纸杂志刊登，先后 14 次参加了各类农村妇女参选参政研讨会、交流会，并做了经验交流，先后受到彭珮云、顾秀莲、陈至立等领导的亲切接见。2007 年 10 月，当选为县十六届人大代表；2007 年 12 月，被推选为"陕西省女村官联谊会会长"；2008 年村委会选举继续连选连任。

笔者深知，在妇联干部陪同下访谈结果远不如自身驻村来得全面与真实。回想与 Q 村女书记国珍的访谈基本都是在她家，每次去村庄调研都是住在她家，白天随机采访村民和其他妇代会成员，晚上就和她一起坐在床上、捂在被子里聊天，虽然国珍也知道录音笔在记录谈话，但这种谈话场景让人坦诚和畅快得多，因为多年的联系建立起的信任，她能够知无不言、言无不尽。可是在 H 村的调研得到了当地的高度重视，政府、妇联的积极参与既保证了调研的顺利进行、减少了笔者进入村庄的难度，但也不可避免地屏蔽掉了众多信息，而笔者也只能依靠现有的过滤后的访谈和资料进行分析，但从另一个方面想，这也正好又构成了一种比较，以学生身份的民间调研行为与权力机关参与后的官方行为在调研结果上的异同。

以上是从基本情况、合阳女村官协会和村庄中的女干部三个层面对合阳县及 H 村进行的阐述，如果将情境划分为三种：即参选情境、投票情境和治理情境，在 H 村笔者更加凸显的是治理情境，详细介绍了淑兰的治村思路与工作实践，所以本案例将作为治理情境的典型案例在第五章中给予详述。

七　应用规则作用下的行动情境

前文将三个案例的情境进行了总览性的描绘，下文在制度分析与发展框架下，针对政策运行影响的参选情境、投票情境和治理情境进行一一阐述。本部分将是以上三种情境的静态描述，而情境的动态运行过程将在《作用模式》一章中予以展示。

在行动情境内部结构中，行动者必须以一定的相关身份参与到决策过程中，其所采取的行动也必须符合其身份且被行动情境所许可。如果一个个体没有被赋予任何身份，其行为集合将是一个空集，其也就无从真正参与决策

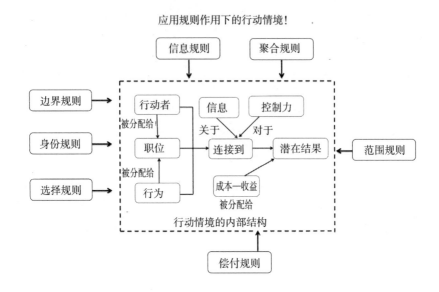

图4-4　应用规则作用下的行动情境

过程。也就是说，此个体存在于行动情境之外，其所作所为不对决策和结果产生影响。无论完全与否，行动情境都必须提供给参与者一定的关于情境结构的公共信息，而且这种信息能让参与者预见他的行为可能会导致的结果。对决策过程的控制力会对参与者的行动及其地位产生影响，这说明现实中的"下级"在行动情境中可能比"上级"更具势力。奥斯特罗姆把资源的物理变化看成是行动造成的表面现象——其带给参与者的收支状况的改善才是根本目的。她还指出，在解析行动情境时，我们需要假设作为参与者行为依据的变量都已经给定，并且其结构在短期内不会变化；如果我们在分析参与者的行为和结果时引进境外变量，分析结果往往不可靠[①]。

　　在一个封闭式社会里，个体在操作层面不能改变任何层次的规则，他们只是在所属的行动情境内探究而非改变所属的或其他的行动情境的结构。然而在一个开放式的社会里，个体可以通过或深或浅地改变规则来实现行动情境内部结构的改变[②]。规则在制度分析与发展框架中是直接影响

　　① 参见 Ostrom, E. (2005), Understanding Institutional Diversity. Princeton University Press.

　　② 参见 Ostrom, E. (1999), Institutional rational choice：An assessment of the institutional analysis, In：P. A. Sabatier (ed.), Theories of the Policy Process. Boulder, CO：Westview Press.

行动情境的最具"操作性"的一组外生变量。那么在农村妇女参与村级治理中有着怎样的情境呢，每种情境如何在应用规则中发挥作用呢？

本部分着重依托前文的三个案例，但同时，为了顾及资料的全面性和研究的科学性，也借鉴笔者其他地区的资料和其他学者的研究成果。对每个情境的分析依托行动情境的七个变量，但并非每个变量都出现，对出现的变量也并非均衡用墨，并且在第五章中会涉及情境中作用模式的分析，所以有些因素（诸如"容许行为""控制程度"等）在后文中将得到更加全面的阐释，本部分将不予赘述、本研究原则始终是具体情境具体分析，因为本章是对行动情境的静态分析，第五章将是作用模式的动态分析，所以此处对情境的分析仅选取最核心的变量：行动者，另外本书核心关键词是"政策运行"，所以对现有政策的分析也是题中应有之义，所以形成了本部分最基本的两个维度：政策和行动者。另外每部分根据自身的情况，插入其他的分析维度，具体如下：

（一）政策运行中的参选情境

1. 参选政策：新《村民委员会组织法》中对妇女参选有哪些政策？

2009 年 12 月，由民政部和国务院法制办制定的《村民委员会组织法（修订草案）》获国务院通过之后，该法向社会各界公开征求意见；最终该法经全国人大常委会审议了三次获得通过。原来的法律只有粗浅的 30 条，相对来说比较简单。而新《村民委员会组织法》不但归类编排了六个章节，还增加了许多新的内容。原来的法律中，与妇女参选有关的条款只有一条，即"村民委员会中，妇女应当有适当的名额"。之所以有这样规定，当然是为了保证妇女参政的权利，促进妇女进行村务管理。但现实情况却是，"适当"如何解释？有的地方为了适应该法的要求，仅配备 1 名妇女进入村委会，而将其他妇女排除在外；有的地方则以妇女候选人未达到票数，干脆在村委会就不设置妇女成员。妇女参政的比例在不少地方呈现出了下降的趋势。新法对此作了调整，将该条改为"村民委员会成员中，应当有妇女成员"。不过，也有批评者认为，原来的规定与新修订的规定，只是表述方法不同而已，没有实质性的意义。无论如何，通过种种争议，都已经表明，妇女参与村庄的管理越来越受到包括妇女在内的所有人的重视。

以上是国家法律的规定，属于本书语境下的"正式规则"，除此之外，在此背景之下，地方政府也对参选规则作出了规定，例如邯郸市："《邯郸市村党组织和第八届村民委员会换届工作实施方案》、《邯郸市农村妇代会换届直选工作方案》要求，在村'两委'换届之际，组织动员有关部门，积极行动，努力开拓创新，大力开展直选工作，采取有力措施落实'定位产生'制度。①"

2. 参选者：包括所有愿意参与村委会竞选的女性村民

仅从上文提到的三个案例来说，Q村的参选者国珍，原为小学老师，属于村里的文化能人；H村的淑兰承包了大量的果园，属于村庄的经济能人，从总体上说可以简单归类为：经济能人、政治能人、文化能人、村庄狠人。

3. 参选职位：村主职、村妇女主任或妇代会主任等

从严格意义上说，妇代会主任不属于"两委"职位，但笔者调研的河北邯郸市的众多乡镇实行的是"妇代会直选制"，在曲周县甚至达到了妇代会主任全部进入村"两委"，所以，在"农村妇女参与村级治理"的范围内，既包括村委会选举，也包括妇代会选举，并且北京农家女文化发展中心创办人谢丽华在其博客中提道"大多数女村官有担任妇代会主任的经历②"。此观点已经在第三章中提及，这样的结论也正好印证了笔者选取的三个案例，邯郸市妇联的工作重点还在妇代会主任的选拔与报酬上，这某种程度上处于农村妇女参与村级治理的初始阶段；而广水市Q村所展示的正好是妇女入职及发展中出现的问题和困难；合阳是较为成功的案例，很多疑问可以从"合阳模式"中找到答案，这三个案例显示了农村妇女参与村级治理的不同程度和不同阶段。

4. 潜在结果：能人、富人当选

刘筱红教授提出，在经济发展模式下，整个农村社会从上到下形成了几乎是"共识"的"嫌贫爱富"心理③。她进一步阐释到从政府角度，

---

① 《多措并举做好农村妇女参选参政工作》，邯郸妇女网，2010.11.22。

② 《对女村官现状的分析》，谢丽华博客 http://blog.sina.com.cn/s/blog_4b55b12a0100jk2h.html 2010.7.3。

③ 转引自刘筱红、卓惠萍、赵德兴：《改革开放以来中国农村妇女角色与地位变迁研究——基于新制度主义视角的观察》，出版前稿。

鼓励"富人村官""富人治村",当然是有利益可图,一是为了让富人承担和提供政府未能提供的公共服务产品,填补政府从农村基层退出后的公共服务空白。二是一厢情愿地认为富人治村可以带领村民致富,人们认为"农业与农村经济发展的核心是能人。社会主义初级阶段的农村经济事实上是'能人经济',农民增收致富离不开先富起来的能人带领"。[①] 三是富人当村官可以为村民垫付政府的税费,保证基层政府的税费收入。这一点从 Q 村国珍的口述中也可得到印证,"到 2003 年 6 月收农业税,他要每个村干部每人代缴一万块钱[②]"。在从政府的选举报告中十分清楚地表明了这种爱富、选富的价值导向:"民主选举,使一大批懂经营、会管理、群众拥护的农村致富能手脱颖而出,成为农村发展的带头人。[③]""新一届村委会干部中,具有一定专业知识或一技之长的'能人'达三分之二以上,给村委会班子增添了生机与活力。[④]""新当选的村委会成员中,许多是群众公认的致富能手,班子中有一技之长的占 44%。一批有经济头脑,年富力强,有文化会管理的人被选为村主任,为发展农村经济打下良好的基础。[⑤]""一批有一定文化知识,掌握了农村实用技术和勤劳致富的带头人被选进了村委会,增强了村委会班子在农村两个文明建设中的力量。[⑥]"类似的提法几乎在各省、地区的报告中都有出现,政府"爱富"成为风向标,妇联组织当然也受影响,有的地方妇联公开提出"要当妇女干部,先上致富项目",文中说,"今年,新人竞聘妇代会主任,首要条件就是看是否有致富新思路。[⑦]"经济能力和收入被政府或组织设置成了妇女进入村级权力结构的门槛。

---

① 罗德富:《透析"富人村官"现象》,《农村、农业、农民》(B 版)2007 年第 4 期。

② 根据笔者对 Q 村书记国珍 2009 年 8 月进行的访谈。

③ 《2001 年中国农村基层民主政治建设年鉴》,第 16 页。转引自刘筱红、卓惠萍、赵德兴:《改革开放以来中国农村妇女角色与地位变迁研究——基于新制度主义视角的观察》,出版前稿。

④ 同上书,第 19 页。

⑤ 同上书,第 22 页。

⑥ 同上书,第 33 页。

⑦ 王晓艳:《迁安市:要当妇女干部,先上致富项目》,《农民日报》2001 年 2 月 19 日。转引自刘筱红、卓惠萍、赵德兴:《改革开放以来中国农村妇女角色与地位变迁研究——基于新制度主义视角的观察》,出版前稿。

（二）政策运行中的投票情境

1. 投票政策：新《村民委员会组织法》中对村民投票有哪些政策？

除了老法的相关规定之外，还有新《村民委员会组织法》的规定，"户籍在本村，不在本村居住，本人表示参加选举的村民"，在村民委员会选举前，列入参加选举的村民名单。对于选举期间不能参加投票的村民，新法做了明确规定："可以书面委托本村有选举权的近亲属代为投票"。另外，投票罢免的权力。新法除保留"本村1/5以上有选举权的村民"可以联名提出罢免村委会成员外，还把"1/3以上的村民代表"列入了可以联名提出罢免的范围。毫无疑问，1/3以上村民代表联名比1/5有选举权的村民联名要容易得多。这些在第三章介绍新村委会组织法时已经详悉，在此不再赘述。

2. 投票者：有着各自投票逻辑的村民

对投票者的分析，已经有众多的研究，在笔者针对湖北和河北的调研中已经在前文中略有涉及，将在第五章中详述。

（三）政策运行中的治理情境

1. 治理政策：新《村民委员会组织法》中对妇女治村有哪些政策？

要说新《村民委员会组织法》的最大亮点，毫无疑问是把"男女平等"条款写了进去。新法第2章规定的是村委会的组成和职责，其中第9条把"促进男女平等，做好计划生育"明确列为村委会的职责之一。而此前该法并没有相关规定。

妇女参政当然不限于进入村委会任职，还包括出任村民代表。该法第25条规定，人数较多或者居住分散的村，可以设立村民代表会议，讨论决定村民会议授权的事项。同时，该法新增加的内容是："村民代表会议由村民委员会和村民代表组成，村民代表应当占村民代表会议的4/5以上，妇女村民代表应当占村民代表会议组成人员的1/3以上。"明确妇女村民代表的数量要求，对农村妇女参与村务决策与管理具有重大意义，因为从法律的规定来看，村民代表有"撤销或者变更村民委员会不适当的决定"的权力。

如果说新《村民委员会组织法》扩大了村民代表的权力，那么村委会成员的权力则受到了限制。新法第五章的内容是"民主管理和民主监督"，首先要求"村应当建立村务监督委员会或者其他形式的村务监督机构，负责村民民主理财，监督村务公开制度的落实"。从法律上给监督机构确定了地位。以前，有些地方也有监督机构或人员，但往往流于形式，所谓的村务监督机构或人员通常是村委会或村委会成员指定的。为此，新法明确规定，监督机构的"成员由村民会议或者村民代表会议在村民中推选产生"。特别强调了"村民委员会成员及其近亲属不得担任村务监督机构成员"。

近年来，农村的最大矛盾是如何分配土地补偿款。从一些村民反映的情况来看，通常是村委会成员制定补偿方案，或邀请或强迫村民代表签字确认。由于村民代表毕竟是少数人，很容易受到村委会成员的操控，新法规定，征地补偿费的使用、分配方案必须经村民会议讨论决定，从根本上否决了村委会在小范围内决定土地补偿款的可能。

现在实行村民自治，但村民自治不是没有限度的，应该在法律许可的范围之内。然而，现实情况中，一些村官打着村民自治的借口，通过村规民约或村民会议决议等方法侵害少数人的合法权益。如果是村委会或村委会成员作出的决定侵害了村民合法权益，新法也规定具体的救济措施，即"受侵害的村民可以申请人民法院予以撤销"。重要的是，还加了一个约束村委会成员的条款："责任人依法承担法律责任。"

当然，像党支部与村委会的关系之类的争议由来已久的问题，在新法中依然没有找到明确答案，还需要在实践中继续探索。无论如何，与原来的法律相比，新《村民委员会组织法》已经大大地向前迈出了一步。

2. 治理者：村干部、参与村级治理的村民

3. 治理内容：发家致富、计划生育、修路建坝、调和矛盾、环境治理、治安维护等

对于治理内容，在访谈中有的村官说是"上管天文地理、下管鸡毛蒜皮、左管生儿育女、右管柴米油盐[①]"，有的村官说："小到不见经传的村官，管辖范围无非就是身边群众的相互摩擦、邻里纠纷、婆媳不和、子

[①]　颜建平：《莫道昆明池水浅　观鱼胜过富春江——谈乡镇党委秘书如何做好本职工作》，《当代秘书》2003 年第 4 期。

女不孝等①。"村官在国策、法律、政治中，在人民群众的眼睛里究竟扮演了什么样的角色？想谈清楚这个问题，笔者认为有必要展示一个村官的日程表，真切从一天的行程中窥视村官的治理内容。在此将山东省郯县港上镇珩头中村党支部书记兼村委会主任巩（女）2008年12月18日的日程内容呈现如下②：

6点，起床，洗漱，走步，上网整理博客，去本地论坛看新闻，读网文。

7点20分，一位李姓大嫂来找，说要垒院子，要求村里出面给指定一下边界。

答复：可以，但要明天早上7点以前，因为三天之内村里所有人员都得在办公室核对新农合资料。

8点10分，吃饭，刚端起碗，两个王姓大嫂来家里找，询问和西村交界处的路什么时候能通？

答复：虽然这个问题拖的时间很长了，但两个村都有各自的难处，我们不止一次找到乡镇领导，但一涉及土地这个敏感的问题，哪一个领导都不敢拿出具体措施，从上到下，土地问题是谁都不敢触及的高压线，谁动谁倒霉。通路涉及两个村村民自留地问题，现在村民都懂政策，以往土地政策三十年不变，你都不敢调我的地，十七届三中全会把土地政策延长到七十年不变，我的地盘我做主，我看你们谁还敢动我的地！

9点，集合人员核对新农合资料，中途接了几个电话：

电话（1）：一个远在上海打工的育龄妇女问是否可以不回家进行健康查体？

答复：不回来不行，你一个人不回来，月考核扣我2分，外加2000元罚款（村500元，工委1500元，但多数是村里垫付），我一年的工资只有3120元，撑得起几个人不回来啊！所谓健康查体其实

---

①　根据笔者与山东省郯县港上镇珩头中村党支部书记兼村委会主任巩（女）的访谈（2011年12月）。

②　此内容由山东省郯县港上镇珩头中村党支部书记兼村委会主任巩（女）提供（2008年12月19日）。

就是育龄妇女按时回家进行孕情普查的硬性规定。秋季健康普查进行已经一个半月了，镇里规定到 12 月底，每有一人未进站，罚工委和村共 2000 元，并分给我村流引产任务 3 人，既要保证完成任务，又得保证工作中不出现不安定因素。我们这个地区相比发达地区还是比较落后的，人们的生育观念暂时还得不到很好的转变。特别是在这个问题上，对上，你要完成任务指标，不能拖后腿；对下，你要稳定村情，搞好干群关系，中和好与上下两者之间的关系，是一个村官做好其他工作的基本保证。总之，天下第一大难问题，谁都不好对付）。

电话（2）：派出所来电话要求帮忙订阅几份《公安报》。

答复：可以，相互帮忙嘛！

（每至年底，各单位都有报纸任务要求帮忙，而审计站给予审计的报纸支出只有 800 元，其他的不论哪家的报纸订单都将永远地积压在账上。关系单位，这个忙不帮不好，谁都不想惹出因小失大的麻烦。）

电话（3）：又一个育龄妇女打来电话说去江阴市人民医院问了，医生说的确已经结扎。

（起因：某些育龄妇女生育两个孩子后采取假结扎手术以达到继续生育目的，给计划生育工作带来了一系列的不利因素。为了堵住这个漏洞，计生部门规定凡不在指定医疗机构进行结扎手术的育龄妇女，在扎后半年内必须到县计生服务站进行通液、造影，以证实是否真正结扎。我村今年共有三人在外地进行剖官产加结扎术的育龄妇女满半年，按规定必须赶在月底做完通液。这三人回村后于上周五统一前往县服务站行通液术，遗憾的是三人中一人‘双侧输卵管不通’，一人‘双侧输卵管通畅’，一人在术中两个压强没有打完就已昏厥，脉搏微弱。不通的虽然受了些罪，但高高兴兴地过关了。通畅的哭得死去活来，按规定通了要重新结扎的，该妇女已经做过两次剖官产，实在不甘心再动一次手术。最后一个在手术床上躺了足足半小时，浑身冰凉，而且大汗淋漓，脸如白纸，把我吓不得了，来时她是活生生的一个人，又不是猫狗，试想万一给通死了，那是我给带去的，我担当得起吗？这一个腿一直抽筋，在村医疗室挂了三天水，我认账，钱是小事，关键是三人只有一个过关，而剩下的这两个怎么办？服务站不给出结果，计生办不承认，还等于没有落实节育措施，任我怎么求怎么讲都没有用，打电话的就是那个通畅的，她说：通了白通，枪毙我也不再扎！）

12 点，我去县服务站接昨天送去做引产手术的育龄妇女，因为计划外怀孕。

2 点回来参加组织部的一个座谈会。（内容是对农村组织阵地建设的看法和对农村干部待遇、支部活动经费等方面的意见反馈。）

4 点回来和一个村干部找一位教师谈其儿媳回来参加健康查体的问题，这户已经连续三次不进站了。

5 点 10 分，接镇办公室电话，通知明天上午 9 点召开村书记、主任、会计会议，征收冬季社会抚养费。

7 点之前去看望了婆婆和母亲。回头看新闻联播、天气预报。一天的时间就是这样过去的……①

据她说："当然并非所有的日子都是这样忙碌的，总之清闲的时候是不多见的，我们所做的事情，每一桩每一件，无不与党和国家的政策法规、与群众的生活安危息息相关。"

巩（女）一日的安排真可一管窥豹，将女村官们繁杂琐碎的工作情景展现得淋漓尽致，根据国家政策，各地大同小异，笔者基于对 50 名村级女干部的访谈，大致分为以下几个方面的治理内容：发家致富、计划生育、修路建坝、调和矛盾、环境治理、治安维护等。具体内容请详见第五章。

八　本章小结

本章是本书的重中之重，也是从篇幅上来说最厚重的一章，这一章凝结了笔者多年调研的心血，展示了笔者扎实的研究态度，本章的写作过程既是最快乐的也是最痛苦的。快乐的是，写作过程中那些熟悉的脸庞、熟悉的场景历历在目，翻看往昔的访谈笔记和调研照片，有一种青春没有浑

---

① 巩文洪：《女村官的一天》，《农家女》2009 年第 6 期。

然流逝的欣慰，也有一种十年磨一剑终能示君看的畅快，在如数家珍过程中感受着这些年研究路上的充实；但痛苦的是，每个调研点都付出了大量的精力，每一份资料都来之不易，每一份访谈都非常珍贵，但本章中只能艰难选取最合题的论据，取舍之间非常艰难，并且因为真的无法在本章中增加更多的内容，在众多需要进一步深入展开的地方不得不一再地重复"请见后文详述"。

从内容上说，本章立足三个调研点的实际调研，从前面三章的宏观视野中转到微观场景，试图分析此三个调研点的行动情境。从选点来说，我国东部、中部、西部的社会经济发展不平衡并呈现出三大地带的特点，三个调研点分属三地，另外，就农村妇女参与村级治理的发展程度上说，本书所选取湖北省广水市、河北省邯郸市、陕西省合阳县的三个村分别体现了农村妇女参与村级治理的中、低、高的程度。在撰写过程中遵循的思路是，第一部分从理论上介绍行动情境的外部系统和内部变量，并依次介绍内部结构中的七个核心变量，分别是行动者、行动者的职位、容许行为、潜在结果、控制程度、信息、收益和成本，这一大部分是做理论铺垫。第二部分是对笔者调研的三个县市（湖北省广水市、河北省邯郸市、陕西省合阳县）进行详细的阐述，这是笔墨和心血最多的部分。对湖北Q村是从概况、政治、经济、社会性别视角下的村庄特色、村庄中的女干部五个维度进行的深入剖析，从妇女参与治理的角度来说，Q村处于中等水平，有妇代会组织，村委会中一直都有女性成员，并且还曾经通过党员选举成功选出一名女支书，但被降职务，但第八届"两委"换届（2011年12月）中又成功当选，和众多村庄一样，Q村女干部的从政之路并非一帆风顺，历经众多波折，揭示了众多的社会现实。在Q村复杂而又多变的众多情境中，笔者着重选取的是参选情境，在此行动情境中行动者包括了女干部国珍、"两委"班子的其他成员、乡镇领导、"电老虎"、告状村妇等，这些行动者在各自的职位或者身份的驱动下，凭借着信息和控制程度，基于收益和成本的考虑互相作用的影响着潜在结果。对河北Y村的分析是通过基本情况、调查问卷、个案访谈和政策探索四个方面，虽然在前三部分的阐述中笔者一直沉浸在为当地农村妇女参与村级治理举步维艰的担忧之中，但从最后一部分的政策探索可看出，邯郸市在推动农村妇女参与村级治理的力度非常大，尤其是整合了邯郸市委组织部、民政局、财政局、人力资源和社会保障局、妇联五大部门的力量，针对邯郸市依靠妇代会直选来推动妇女进村委的实际，通过改善报酬、补贴制度等措施来激励在任或者离任的妇代会主任，通过硬性规定农村女党员的比例来试图减少妇女参与村级治理的阻力，通过妇代会组织来培养妇代会主任和成员，并依托此平台，为村"两委"输送更多的女干部。因为合阳县的特殊性，主要是从基本情况、合阳女村官协会和村庄中的女干部三个层面对合阳县及 H 村进行阐述。合阳女村官协会通过近五年的运作和发展实实在在探索出了一条女村官发展和培养的可行路径，笔者认为类似合阳女村官协会这样的农村女干部的自我管理、自我提升、自我服务的组织，是整合妇女力量、促进农村妇女参与村级治理可持续性发展的一个重要支撑。第三部分是融合三个调研点，重新整合分类，着重分析在应用规则作用下的行动情境，即在政策运行所处的参选情境、投票情境、治理情境，对每个情境的分析依托行动情境的七个变量，但并非每个变量都出现，对出现的变量也并非均衡用墨，因为本章是对行动情境的静态分析，第五章将是作用模式的动态分析，所以此处对情境的分析仅选取最核心的变量：行动者。另外本书核心关键词是"政策运行"，所以对现有政策的分析也是题中应有之义，所以形成了本部分最基本的两个维度：政策和行动者。另外每部分根据自身的情况，插入其他的分析维度，这些情境分析都是为第五章分析每种情境下的作用模式做出铺垫。

第五章　政策运行的作用模式

　　本章是全书的又一重点，因为机制蕴含在作用模式之中，属于本书的核心部分，也是难点，因为即使是"单个"场景的概念可能就包含着为数众多的参与者与复杂的行动链，而本章所探讨的政策运行的作用模式，更是有多种且多重的、有继时关系或共时关系的多重场景的社会现实构成，体系之庞杂使得梳理与写作过程举步维艰。

　　本书关注的实质问题是：农村妇女参与村级治理的政策运行机制。前文所讨论的外生变量、共同体属性、应用规则、行动情境都是影响运行机制的核心因素，前文分析试图回答的问题是：有哪些因素影响着农村妇女参与村级治理的运行机制？这些因素分别是什么？有怎样的特征？本部分对前四者的相互作用进行分析，试图回答的是：农村妇女参与村级治理有着怎样的运行机制？政策在运行过程中如何影响着农村妇女参与村级治理的行为及其结果？进一步探讨的是：在行为与结果跟理论预测的情况迥然不同的村级治理情境中，是否存在某些行为上的规律性可以总结以改进现有的理论？哪些类型的制度变量与自然变量影响着成功解决妇女参与村级治理困境的可能性？并试图归纳提炼出在外生变量影响下的行为主体面对应用规则所选择的行为策略。

　　制度分析与发展框架认为"如果在执行过程中，一套规则决定了另一套规则会如何变动，那么我们就说后者嵌套在前者之中。规则在各种不同层次上的相互嵌套，类似计算机语言在不同层次的嵌套。[①]"这种"嵌

---

　　① 埃莉诺·奥斯特罗姆：《规则、博弈与公共池塘资源》，陕西人民出版社 2011 年版，第48—49 页。

套"在农村妇女参与村级治理的政策运行过程中随处可见，国家政策影响着地方政府的执行、地方政府的执行又影响着村庄和个人的反应，基于这样的基本考虑，笔者认为本章的分析必须区分层次，不进行分层，就无法认清规则的运行，正如奥斯特罗姆所说"在高级层次上可做些什么，取决于这个层次与更深层次上规则的能力与局限性。如果为规范某一层次的行为而改变规则，那么这个改变通常发生在更深层次的'固定'规则的限制下。要成功改变深层次的规则，通常更难且代价更高，正因为如此，由于深层次规则的存在，按规则行事的人们所拥有相互预期也就更稳定。①"那么，如何来分层呢？

制度分析与发展框架认为，区分对行动情境中行动和结果具有累积影响力的三个层次的规则，对于研究分析是很有帮助的。"操作层次、集体选择层次与宪政层次。每个层次的行动都要受到相应的众多规则的影响，即操作层次的规则、集体选择层次的规则与宪政层次的规则。②"在此，笔者需要指出的是奥斯特罗姆在众多英文原著中将此三种层次表述为：政治层面（political level）、执行层面（implementation level）、操作层面（operational level）。

笔者根据本书的语境、遵循奥斯特罗姆原著的分析思路，将本章的分析划分为三个层面，政治层面的国家政策、执行层面的地方政府、操作层面的村庄及个人，分析框架如图5—1所示。

在每个分析层次上，都可能有一个或多个场景，需要就该层次的某些问题作出决定，行动情境与行动者是笔者用来建构各层次场景的两个核心要素，行动情境已经在第四章中进行了充分的说明，本部分主要集中在对不同层次的行动主体在不同场景中的研究，并且行为主体和行动情境依托于具体的案例。

---

① 埃莉诺·奥斯特罗姆：《规则、博弈与公共池塘资源》，陕西人民出版社2011年版，第48—49页。

② 同上书，第317页。

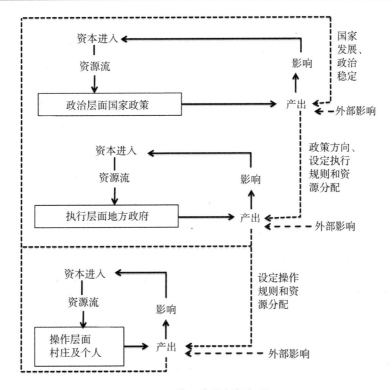

图 5 - 1　第五章分析框架图

表 5 - 1　　　　　　　　第五章行文思路框架表

行动情境 行动者	参选情境	治理情境	投票情境
政治层面			
执行层面			
操作层面			

表5—1 仅提供了本章的行文思路，具体内容将在后文中详述。另外需要说明的是，虽然做了行动情境和行为主体的区分，但"对于规制操作层次行动情境的规则来说，有关这些规则的决策通常不仅发生在操作层次上，也发生在一个或多个集体选择层次或者宪政选择层次上①"。所以，

① 　埃莉诺·奥斯特罗姆：《规则、博弈与公共池塘资源》，陕西人民出版社 2011 年版，第48—49 页。

无法做到精确地划分，只能进行代表性的选择。

另外，对每个行为主体的分析框架如图5—2所示。

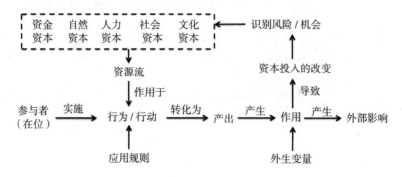

图 5 - 2　行为主体分析框架图

如图5—2所示，在一定职位上的行为主体在行为选择时受到资源流和应用规则的影响，行为结果产生的作用一方面受到外生变量的影响，同时自身对外部产生着影响，而这些作用也能导致资本投入的改变，这些改变的资本通过风险或机会识别机制的过滤，反映到资源流集合上，而这种资源流又作用于参与者的行为，这样就形成了影响行为主体行为的循环作用链。

以上是对本章的分析框架、行文思路以及行为主体分析框架的阐述，这些理论和框架都将是后文分析的根基。

一　参选情境中的作用模式

笔者在第四章中已经提及，Q村女干部的从政之路并非一帆风顺，历经众多波折，揭示了众多的社会现实。在Q村复杂而又多变的众多情境中，笔者着重选取的是参选情境，在此行动情境中行动者包括了女干部国珍、"两委"班子的其他成员、乡镇领导、"电老虎"、告状村妇等，这些"行动者"在各自的"职位"或身份的驱动下，凭借着各自的"信息"和"控制程度"，基于"收益和成本"的考虑"互相作用"的影响着"潜在结果"。具体而言有以下几方面。

（一）政治层面

在本案例中，主要指国家政策和地方政府的政策，从国家层面来看，

《村委会组织法》有着统一的规定，前文已经详述；从县市级层面来说，广水市有广发〔2007〕4号《关于深入贯彻男女平等基本国策开创广水妇女事业发展新局面的意见》文件，明确指出要进一步加强和改善党对妇联和妇女工作的领导，推进妇女事业与经济社会协调发展。也有广组字〔2007〕3号文件《关于加强"党建带妇建"工作的意见》，提出"适度倾斜，硬性要求，统一调配，重点保护"的对策，给予培养选拔女干部工作强有力的政策支持，不断优化妇女儿童工作环境。专门针对参与村委会选举情境，也有广水市委办公室印发的《广水市2008年村级组织换届选举工作实施方案》的通知（广办发〔2008〕16号），文件中明确要求：支持和引导优秀农村妇女进村委，争取村村有妇女干部，在规定职数内，设置一个妇女委员职位，通过职位保留、差额选举，确保村党组织和村委会中有妇女干部。在村民选举委员会成员、村民委员会成员候选人和村民代表中，妇女所占比例不低于30%。就此可以看出，广水市支持农村妇女参与村级治理的政策还是相当完备的。

（二）执行层面

主要指的是乡镇党委政府，在Q村的案例中主要指的是C乡政府，而在此情境中主要有至少五个行动者。以下分别分析这几个行动者的行为逻辑与策略。

第一个是在2003年处理作为计生专干的国珍被时任村书记吴（男）撤职事件的C乡书记，当国珍因不服村委会的撤职通知，反映给乡书记时，"乡书记说，即使我有理，也要让村书记出一下气，他是村干部，已经把话说出去了，不可能把话收回"（由国珍转述）。并且在国珍要上访告状的时候"乡里就找了教育局，教育局找了学校，学校找我丈夫（我丈夫是小学校长）做工作，怕影响到我丈夫的工作，我就没告了。"

第二个是乡里民政办主任雷（女），在2008年第七届"两委"换届选举之前她多次找国珍以乡领导的身份谈话，"她说换届不是换班"，后来国珍发现"她想国栋当书记，她又不是组织委员，说话就说代表党组织，选举前后几天谈了三次，她总是想各种方式让我退出"（由国珍转述）。

第三个是在2008年底换届选举中以复合个体出现的乡党委政府。"乡党委政府在选举上设了很多障碍，因为：1. 我与乡里领导的关系不密切；2. 文忠的账在我手里，和有些乡领导有关系，我为文忠的事情上报过乡里，由乡里解决，乡里怕我捅出去了，乡里保文忠；3. 我是女的，怕我搞不住搞不到（村）；4. 他们认为女的何必出来搞，何必操这个心；5. 不想计生专干职位给别人，别人没我那么熟，我群众基础好，能吃苦"（由国珍转述）。

第四个是在 2009 年处理国珍被告事件以复合个体出现的行动者乡政府。"玉梅在乡里告状一个多月，上告了之后乡里就只好停我的职务"（由国珍转述）。后来证明玉梅所告的"我利用职权之便贪污，计划生育罚款收人家 1 万元，开 3000 元的条子，自己落下 7000 元"是被栽赃陷害的。"我想起诉她，可乡里不让我起诉"。同样是这个行为主体在 2009 年 12 月将 Q 村村委班子主要成员全部降职，以处理告状事件，"2009 年因为告状的事情全部人都被降职，各打了五十大板"（由国珍转述）。

第五个是在 2011 年 12 月通知 Q 村党支部自己投票选举书记等职务的乡党委政府，没有在 Q 村的村务管理上有过多的参与。

在此要说明的是，虽然有的行为发出者是同一主体，例如后三个主体，都是以复合主体形式呈现的乡党委政府，但因为身处不同的事件情境之中，有着不同的表现，笔者为了将此案例剖析得更为深入，所以将不同阶段面对不同事件的乡党委政府进行了更细致的划分，就此语境的以上几个行动者，至少可以看出以下几个逻辑。

第一，在 2003 年还需要依靠村委会收取农业税的时代，乡政府力求与村委会保持良好的关系，还力图"稳住"不安定因素。因有任务指标的压力，乡政府在村级选举中的首要选择就是要"确保国家任务的完成"，既然首要目标是"讨好"国家也有利自己，那么，"在选择村级组织人选时，就要首选对国家忠诚、为自己服务的人。原村干部因有多年的共事经历，认可乡村治理的目标顺序和要求，且多为党员，当选后可通过党的组织对其进行管束①"，在 Q 村的案例中，村委会在收取农业税这个"国家任务"时选取的策略是首先由村干部垫付，每个村干部垫付 1 万

①　仝志辉：《乡村民主的智力化逻辑》，摘自吴重庆、贺雪峰：《直选与自治——当代中国农村政治生活》，羊城晚报出版社 2003 年版，第 272 页。

元，并且时任村书记的吴（男）和副书记王（男）都已足额缴付，而作为计生专干的国珍却没有完成这个所谓的"一万元"任务，因此村委会开会就因其没有完成任务将其撤职。对于乡政府来说，"国家任务"是个硬指标，Q 村的书记因为要完成任务撤掉了"不称职"的国珍，如果乡政府否认 Q 村委会的决定，意味着其他的干部也可以拖延或者不收农业税，这势必会影响农业税收取的进程，从而影响到整个乡政府农业税上报的进度，乡政府面临着来自上级的压力，所以在处理这个问题的时候，乡政府采取的策略是默认 Q 村委会对国珍的撤职行为，而对当事人国珍采取的策略是"稳住"的游说态度，"乡书记说，即使我有理，也要让村书记出一下气，他是村干部，已经把话说出去了，不可能把话收回"，试图用中国人在意的"面子"观念来缓和国珍的不满，但是这一招无效，国珍回应的态度是要上访和告状，于是就有了第二个策略"家属攻略"。

第二，乡政府为维稳会采取"家属攻略"。这个词由笔者自己创立，在此语境下主要指的是行政组织为实现某种目的而动员、发动当事人家属去影响当事人的决策，这个策略可以说是中国共产党进行社会控制和群众动员的一大法宝。在国珍的案例中，在国珍要上访告状之时"乡里就找了教育局，教育局找了学校，学校找我丈夫（我丈夫是小学校长）做工作，怕影响到我丈夫的工作，我就没告了。"通过潜在威胁性的"家属攻略"迫使国珍放弃了告状的行为。当然，在笔者看来"家属攻略"是个中性词，例如在合阳女村官协会的大记事中就有多次探望女村官丈夫的记录，在访谈中也曾涉及，有些"女苗子"的公公婆婆或者丈夫，因为传统的观念，影响了"女苗子"参与村级治理，女村官协会成员就去做亲属的工作，为优秀妇女进村委减少阻碍。所以"家属攻略"可以被视为一种行为策略，也可以被视为一种领导艺术，在不同情境中发挥着不同的作用，但类似国珍所遭遇的潜在威胁性的"家属攻略"还是不要为好。

第三，维护"利益联盟者"，试图清除"非偏好"因素。虽然说"选举这一制度的法律化和由中央推动的背景，无疑减少了乡村组织运用正式权力资源'规划'人选的作用空间，也形成了对其超越法律规定规划'人选'的责任追求的威慑力量，乡镇也不得不小心翼翼地另谋他途，而乡村组织在长期的乡村行政中，已经积累了相当多的地方性知识，熟谙并利用乡村社会的各种非正式权力资源来完成自己的任务。对非正式手段的借用轻车熟路，运用起来得心应手①"。而这种"得心应手"自然让很多"寻租者"垂涎三尺，而为利益所动的"寻租者"自然会为乡镇干部准备下丰厚的"糖衣炮弹"，而"糖衣炮弹"凝结成的"利益联盟"如鱼得水般利用着正式权力资源之外的乡村社会中的文化道德传统、利益预期等多种资源。这也就能理解国珍自己陈述了乡党委政府在 2008 年选举中设置很多障碍的原因，在她看来第一大原因就是"与乡里领导的关系不密切"，没有建立起任何的"利益联盟"；其次，成为了某种"利益联盟"的威胁者，例如她自认为的第二大原因是"文忠的账在我手里，和有些乡领导有关系，我为文忠的事情上报过乡里，由乡里解决，乡里怕我捅出去了，乡里保文忠"，所以，基于以上两个原因可以看出，国珍不仅处于利益联盟之外，还成为了他人利益联盟的威胁者，自然成为了意图被清除的"非偏好"因素。这也就能理解雷（女）多次劝其退选，也能理解在 2008 年村党委换届选举后，乡政府对选举结果悬而未决，推迟了近 3 个月才宣布她的当选。

第四，维稳是头等大事。"换届不是换班"的维稳思想，笔者相信这并非 C 乡民政办主任雷（女）的一人之念，在当前维稳成为了整个社会的头等大事，所以也可以理解在 2009 年处理国珍被告事件中乡政府的态度，首先是停国珍的职，后来证明玉梅所告的"我利用职权之便贪污，计划生育罚款收人家 1 万元，开 3000 元的条子，自己落下 7000 元"是被栽赃陷害的。"我想起诉她，可乡里不让我起诉"。乡里不让起诉的目的很简单，不希望这件事情被闹大，保持村庄的稳定，但要平国珍之愤，必须给这件事情一个说法，于是乡政府采取的办法是"2009 年因为告状的事情全部人都被降职，各打了五十大板"。同样维稳的思想还体现在 2011 年 12 月，当保国、以华和国栋为了村书记职位争得不可开交的时候，可能是此三者的"利益联盟"力量均衡，或者是通过国珍两年的工作表现能够保持村级的稳定，乡党委通知 Q 村党支部自己投票选举书记等职务，将民主权力真正地交还给了村级党支部，这样的做法确实换来了 Q 村暂

---

① 吴重庆、贺雪峰：《直选与自治——当代中国农村政治生活》，羊城晚报出版社 2003 年版，第 277 页。

时的"平和"。

第五，村级"力治"所带来的性别意识偏见。乡村社会治理是自上而下的权力之治。伴随现代化，国家力量对乡村的整合更强，如计划生育、社会治安和经济发展等。农村税费改革前的几年，村级基层组织的主要任务就是催粮缴款，税费收取取代了计划生育而成为农村的"天下第一难事"，乡镇干部衡量一个村官的最直接的标准是能不能将该收的款项收上来，不积极配合收费的、手段不硬的，就有可能被乡镇以"工作能力差，完不成任务"为由撤换。正因为如此，乡镇在选择村委干部时便有明确的性别倾向。徐勇教授在2002年发表的文章《礼治、理治、力治》中认为，当今中国农村，大量存在的治理形式是"力治"，即依靠个人能力、权力和暴力来进行治理。徐勇教授所指出的"力治"的第三种表现是"以暴力而治"。在收取税费是最大的"硬道理"的时候，乡镇在村委会治理权力配置方面很明确地倾向于收取税费更为有力的男性。为了使权力的意愿成为现实，乡镇在指导村委会选举时，运用了"偏好动员"和"不决策"的策略。所以也可以理解国珍认为乡政府在2008年选举中增添阻力的又一原因"我是女的，怕我搞不住搞不到（村）；他们认为女的何必出来搞，何必操这个心"。

第六，收益—成本的考虑。本书的基本人性假设是理性人假设，乡党委政府也有其理性经济人的一面。在2008年选举中如果国珍不再担任计生专干，就需要重新挑选和培训适合的人选，而这些都需要成本，正如国珍自言："不想计生专干职位给别人，别人没我那么熟，我群众基础好，能吃苦"，她18年有余的妇女主任的工作已经对计生工作驾轻就熟，换作他人很难达到她的工作成就，这一点在2008年第七届"两委"换届选举之时成为了国珍参选的一个阻碍，可是在2011年12月第八届"两委"换届选举之中却帮国珍减少了大量的阻力，也促成了其顺利当选。

以上是根据Q村个案对执行层面乡党委政府的行为及其逻辑或策略的分析。由以上分析可以看出，在执行层面，受到了政治层面政策的影响，政治层面为执行层面提供了政策方向，并设定了基本的执行规则和资源分配，但同时执行层面也受到众多外在资源因素的牵制，各种资源流进入执行层面，影响着其行为的产出，在本案例中，乡党委政府表现出了理性人所应有的行为逻辑和策略。

（三）操作层面

在这一层面，主要涉及的有原村"两委"班子的成员、电工、告状村妇等，在这个场景中有着错综复杂的人际关系。

在 2005 年 Q 村的一个行动场景中有国珍、爱国、文忠、宝贵、玉梅。宝贵和文忠属于大派姓"刘"，在选举中帮助文忠拉票，玉梅和宝贵关系很好，文忠因为在村务财政上与国珍有矛盾，就教唆玉梅与国珍吵架，爱国作为书记出面调解，被宝贵打了一顿。如图 5—3 所示。

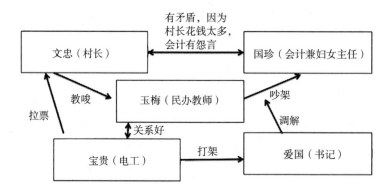

图 5－3　2005 年 Q 村主要人物关系图

这些人物在 2008 年时关系就有所改变，在 2008 年换届选举之后文忠和爱国已经在村委会之外，新村委班子有国栋和以华，宝贵想当村长，因利益分配不均，已经与文忠闹翻，并扬言要"让文忠吃瓦头吐砖头（吃得少吐得多）①"。以华到处拉票，但选举结果是国珍高票当选村书记，于是各种利益集团矛盾重重，以华和国栋都想当村书记，以华甚至在 2008 年村党委换届选举的现场举报国珍在计划生育工作上的失误，但当时因为"计划生育超生又不全是我的责任，当时我只是一个妇女主任，各个组都有包村的干部，超生又不是发生在我包的组②"，在选举现场不予处理，后因宝贵和玉梅想承包村里的修路工程，而国珍未合其意，双方在 2005 年矛盾未清之下又结下"梁

---

① 来自国珍 2008 年的访谈。

② 来自国珍 2008 年的访谈。

子"，后来以华和国栋就为玉梅提供告状证据，而玉梅和国珍已结怨良久，于是就有了告状和停职事件。如图5—4所示。

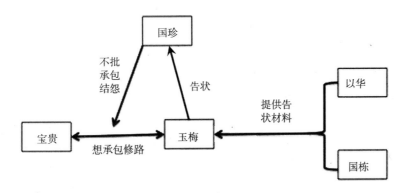

图5-4 2008年Q村选举后人物关系图

从这两个典型事件可以至少看出如下几点行为逻辑或策略。

第一，"两委"班子成员权力来源于"下"，却对"上"负责。在社会关联度不高的农村，例如Q村，在第四章已经对该村进行了翔实的介绍，在该村中农民作为一个整体行动起来十分困难，有几个大姓，比如刘、闻和向，并且Q村是一个合并村，由平峰大队和双河大队在2005年合并，这样的一个有多个大姓的合并村，无论是对外界掠夺的抵制还是在内部协作的达成上，都十分困难，村庄内部诸多不经济行为比比皆是，乡村治理处于不良状态，这也是该村女干部国珍从政之路一波多折的原因之一。一直都在思考，为何在2008年选举之后不当场公布结果？为何悬而未决一拖再拖？仅仅是国珍讲的"因为我是一个女的"？笔者认为不然，Q村女书记从政之路一波多折有更深层次的原因。

从理论上来说"由村民选举产生村委会这一结构应该在抑制上级过度地提取和形成内部的协作上，发挥一些作用①"。但事实上，在诸如Q村这样社会关联度较低的农村选举中，"一方面，村民的自由往往是不受其他结构性力量（诸如宗族、经济大户）影响的投票自由；另一方面，每个村民只拥有分散的一票，不足以构成与当选村干部之间的互动，选举

---

① 吴重庆、贺雪峰：《直选与自治——当代中国农村政治生活》，羊城晚报出版社2003年版，第265页。

出来的村干部并不能从他的得票中感受到真正的力量。①"例如，当国珍在与乡镇据理力争时，她不能将自己所代表的村民们组织成自己坚定的后盾在背后示威，因为村民根本无法组织起来示威。乡镇将由村民以大多数票选举上来但被乡镇强行停职后，村民们可能至多只是惋惜地说，怎么又撤了呢？既然村民没有能力成为村干部的坚强后盾，自然村干部试图在乡政府寻求避风港。这也就出现了上文所揭示的"利益联盟"。

第二，参选是希望能有利可图。村委会选举中出现的一些不正常现象只是表象，其深层原因则是利益，而这个"利益"并不仅指"钱"，还包括村干部之"名"所带来的"势"，以及"势"所附加的各种资源。首先是一些村的财务长期不公开，村民意见很大，希望通过选举将他们认为的"贪官"选下去，而一些干部也力图在选举中保住自己的"官位"，维护和扩大自己的利益，这一矛盾必然在村委会选举中集中表现出来。村干部作为行动者，其行为的理由有二，一是获得经济性收益，即作为村干部，可以获得功能性的好处，尤其是正当或非正当的经济收入。二是获得社会性收益，即作为村干部，可以获得他人的尊敬，良好的人际关系，更广泛的社会交际网络及这种交际网络带来的愉悦、面子、体面感、自我实现的感受、政治抱负的达成等等表达性的好处。笔者并不否认参选的大公无私，在众多访谈案例中也有很多感人事迹，但在 Q 村的行动情境中，参选者大都希望有利可图。正如国珍坦言："宝贵之所以想选村长，是因为几个原因，一是文忠在位当村长得了十几万元，他当上之后也可以得钱，所以舍得花一万元多去拉票；二是要报复文忠和我，他说要让玉梅当妇联主任，说他选不上也要把我拉下来"，而这也并非个例。据笔者了解，Q 村 2011 年每个村干部一年的收入是 6000 元，平均每个月 500 元的正当经济报酬无法对村干部产生足够的动力，于是就可能出现从村干部职位上获取其他不正当的灰色收入或非法好处的现象，这也是所谓的非正当报酬，就是村干部在制度规定以外获得的报酬，这种报酬的合法性大有问题。比如，在处理村集体资源时，通过以权谋私、权钱交易获得的报

①　吴重庆、贺雪峰：《直选与自治——当代中国农村政治生活》，羊城晚报出版社 2003 年版，第 265 页。

酬①，当笔者在 2012 年 1 月 31 日问及国珍当选的原因时，她提及一条"可能是我胆子小，群众觉得我不敢贪污吧"。最后，当村干部既无法获得正当的经济收益，又无法捞取非法好处时，村干部就会如吴毅所认为的那样，成为一个做一天和尚撞一天钟的"撞钟者"。

第三，"利益联盟"也建立在利益基础上，并不具有恒稳定性。乡村精英并不是一个整体，他们在相互的竞争活动中可能改变角色行为，从而使得原来意义上的角色增加了不确定性②。因为利益分配不均，宝贵和文忠结怨；相反，处于竞争对手的国栋和以华在告状事件上达成联盟，共同为玉梅提供资料。所以，在此场景中形成的联盟都是建立在利益基础上的，并不具有恒稳定性。

第四，"泼辣"妇女被推到"搅局"的风口浪尖。笔者在制作 2005 年和 2008 年 Q 村的人物关系图时，无意中发现玉梅竟居于两个图的中心位置。在 2005 年时文忠没有直接与国珍"杠上"，而是"教唆"玉梅和国珍吵架；2008 年宝贵想修村里所有的路，国珍不批承包，不是宝贵与国珍当面闹翻，而是让玉梅扮演"黑脸"，在第七届村委会选举后，以华和国栋不愿意国珍当书记，就向玉梅提供告状材料，玉梅成为了他们的推手——"告状村妇"，按照利益驱动下的理性人假设，相比场景中的其他行动者，其实玉梅并非国珍直接的利益相关者，但为何在这三个场景中玉梅都扮演了中间"抛头露面"的"黑脸"？笔者认为，可以从三个方面进行考虑，一来是"泼辣"的性格特征符合"搅局者"的要求。玉梅在 Q 村一直都是"狠角""厉害的女人""她爸爸是原来村里几十年的老会计"。二来是符合传统农村妇女的负面形象。一句"头发长、见识短"似乎可以抵消众多的"无理取闹"，似乎女人的"无理取闹"更容易被人理解和原谅。三来是因属于权力层之外而无所顾忌。玉梅是普通村妇，相比情境中的其他行动者，她是"光脚的不怕穿鞋的"，无所顾忌，即使告状最后被认定是栽赃陷害，她也仅是受到舆论的压力和良心的谴责，而没有实质的经济利益损失，并且因为其处于权力层之外，乡镇政府可能会采取

---

① 贺雪峰、董磊明：《中国乡村治理：结构与类型》，《经济社会体制比较（双月刊）》2005 年第 3 期，第 42—52 页。

② 张静：《现代公共规则与乡村社会》，上海书店出版社 2006 年版，第 61 页。

更加宽容的态度，如乡镇政府要求国珍不再追究告状事宜。四来是周围人的推波助澜。基于以上三点，玉梅很容易成为周围人期待的"搅局者"，在周围利益相关者的推波助澜之下，很容易发生口角、引起纠纷。跳出本案例，笔者思考，妇女是不是具有更多的抗争性？是不是在自身利益受到侵害时更容易挺身而出？妇女的这种挺身而出是不是一种家庭策略？这些思考将在第六章反思中进一步阐述。

第五，参选者的参选与当选建立在社会资本的拥有程度之上。在上文的论述中，笔者已经提及了村委会成员形成了"对上负责"的行为策略，并且其参选行为也是建立在利益驱动之下，但是并非每个有利益驱动的人都去参选，也并非每个参选的候选人都能成功当选，这其中的原因何在？正如在第四章中所说，为力求研究得更加科学性，笔者时常自问：此问题是不是可以从生态学的角度分析，如果在同样的乡镇，村级治理情况是否一样？基于这样的考虑，笔者选取了与 Q 村同属于 C 乡的 X 村作为参照，同一区位的不同村庄的比较之中，再剔除不属于区位的原因。对 Q 村国珍和 X 村天蓉的对比分析也正好符合制度分析与发展框架对行动者要素深入挖掘的要求。

表 5 - 2　　　　　　　　　　国珍和天蓉的基本资料呈现

	国珍（村书记）	天蓉（村主任）	分析及备注
出嫁前生活地点	C 乡	C 乡	同 1：婆家和夫家都在同乡
出嫁后生活地点	C 乡 Q 村	C 乡曹家湾	同 2：夫家是村里的大姓
家庭的社会关系	父亲曾是大队干部	父亲曾连任大队干部十几年，大哥曾任村主任	同 3：家庭成员的政治资源。这也是积累社会资本的一个历史原因
政治面貌	中共党员	中共党员	同 4
学历	高中毕业	高中毕业	同 5
进村委会时间	1990 年	1987 年	

	国珍（村书记）	天蓉（村主任）	分析及备注
进入村委时的职位	1990 年在村当妇联主任，1993 年选上计生专干，2002 年担任妇联主任兼计生专干	村妇联主任兼计生专干，直到现在，即使当村主任也身兼上述职位	同 6：都通过妇联主任职位进入村委。衍生问题：是否女性即使成为女主职也需要承担起妇联主任和计生专干的职务？是否是村委会只能容得下一名女性？
担任村主职前的职位	2005 年合并村，任村会计兼妇联主任	2005 年合并村，任 X 村代理村主任、副书记、妇联主任、计生专干	同 7：都经历了大队合并 异：天蓉担任的是主职（代理村主任），有实权，承担实质工作
自组织状况	妇代会主任	妇代会主任	同 8：都有妇女自组织。衍生问题：两者对妇女自组织的发动情况如何？
家庭情况	丈夫是村小学校长，有一儿一女	丈夫是村小学老师，有一儿一女	同 9：丈夫都是村庄的文化能人。衍生问题：丈夫的文化程度是否是妇女参政的一个影响参数？

通过表 5—2 对二者基本情况的粗略比较发现两人的工作和生活经历惊人地相似。例如二者虽然都是外嫁女，但都离村不离乡，且夫家都是村中大姓，而且因为娘家有父兄曾经担任过村干部，对村委会的工作非常熟悉，同时受到家庭成员的耳濡目染，能很快进入村级治理的角色之中，此点为二者的相似之处，不予赘述。

就不同之处，乡镇层面而言，因为乡村力治的治理结构和村级治理的特殊情况使得乡级领导对男性候选人颇有偏好。其他村的女性候选人相对天蓉来说入选更为艰难，因为天蓉通过前三年的出色工作成功减少了上级阻力，甚至还因为之前建立的联系和了解促成了她的当选。如果用人力资本存量来解释，可以举这样一个例子，如果你做饭次数越多，你就越会做饭，你做饭越省时间，效率就越高，于是你就慢慢成了家庭妇男或者家庭妇女，你就越来越专门做饭了。因为在家庭里，你做饭的边际生产率超过了其他家庭成员。哪怕这家里就只有你一个人，你也会逐渐喜欢做饭，因为你意识到在家里做饭吃比买饭馆的饭菜更合算①。因为 2005 年第六届村民委员会选举时，X 村原村主任的选票未过半数，所以整个这三年主任的职位都是空缺，而身为副书记及妇联主任的天蓉作为代理主任承担了村主任的所有工作，2005 年村主任职位空缺是天蓉 2008 年成功当选的偶然推动因素，同时也为其后期的村级治理工作扫清了障碍。而国珍在 2008 年选举中经历如此多的波折，与其缺乏前期工作获得"信任"有关，而这种信任恰好就是"在制度资本基础上建立的关系资本②"。

其次，在 2008 年选举之前，从群众层面来说，国珍和天蓉在任期间都吃苦务实、尽职敬业，但是国珍只是村里的妇联主任，主要负责的是计划生育工作；而天蓉作为代理主任，她带领村民修路挖塘，方便群众生产生活，获得一致好评。正因如此，身处实质职位的天蓉在该村有一定的群众认可度。而国珍因为缺乏主职职位的锻炼，还没有获得群众足够的信任。而在 2011 年选举之中，国珍当选为村支书，天蓉继续连任，这也更加证实了在制度资本基础上建立关系资本的重要性。

社会资本有两种类型：制度资本与关系资本③。举一个例子，某人的房屋一夜之间被焚为平地。次日，邻居们一起来帮助遭灾的家庭进行重建。这种集体行动随处可见，然而，是什么让人们有采取行动的驱动力呢？有两种可供选择的解释。一种可能是在这个聚居区有一个人们普遍接受的领导层。当社区领导人得知不幸消息后，安排社区成员在事故发生地集合并协助受灾家庭。而另一种可能是（这是事件结果的第二种解释）该社区并没有组织集体行动的领导者或明确角色，而是人们自发地组织起来帮助灾民重建，因为每个人都可能遭遇这种不幸，每个人都预期当他们遭遇不幸的时候别人会帮助自己，就像他们现在帮助别人一样，因此，相

---

① 汪丁丁：《制度分析基础讲义Ⅱ：社会思想与制度》，世纪出版集团、上海人民出版社 2005 年版，第 198 页。

② 安妮鲁德·克里希娜：《创造与利用社会资本》，《社会资本——一个多角度的观点》，中国人民大学出版社 2005 年版，第 94 页。

③ 同上书，第 97 页。

同结果能够通过两种不同的途径产生。在第一种情况下，集体行动的基础是制度，在此称为制度资本的例子，是人们公认和接受的领导层来指挥社区成员采取一致行动。在第二种情况下，所采取的集体行动是建立在准则和信念的基础上，在此称为关系资本的例子，它具有认知而非制度的基础。制度资本和关系资本无法纯粹地出现，兼而有之的表现形式最有可能。因此，社会资本的每一类型都需要与另一类互为补充。在本书的案例中，笔者认为天蓉所拥有的优势是她获得了制度资本基础上的关系资本，即她代理主任的三年工作经历，在这样一个正式制度之下，她"在其位、谋其政"，这个正式的制度安排不仅帮助她建立了与乡镇的关系资本，也因为满足了村民的"期望"而获得了村民的"信任"。言及此，笔者极力呼吁的是给予更多的农村妇女获得制度资本的可能性，也只有这样她们才能在从政之路上走得更为顺畅。如何在没有关系资本的情况下构建制度资本，笔者认为需要政府进行合理制度设计和制度创新，打破现有的不合理的"均衡"。就本案例来说，要打破没有关系资本的情况下构建制度资本的困境，要从外部施加强力，即需要政府设计具有社会性别意识的政策帮助和支持妇女参与村级治理，并且提升政府执行力将政策予以落实，如何提高政府能力，如何科学合理的制定公共政策不是本章行文重点，在此点到为止。

以上是在 Q 村的行动情境下参选情境下的作用模式进行的探讨。就河北 Y 村来说，参选情境近乎空白，因为连妇代会主任都从未有过，何谈进村委，而在陕西 H 村，笔者在访谈中了解到淑兰愿意放弃自己的诊所和苹果生意而参加竞选，很大程度上是陕西省妇联、合阳县妇联和合阳女村官协会共同推动的结果，当然在后文阐述合阳县的治理情境中也不可避免地涉及参选情境中各个层面的策略。Q 村在本书的语境下属于农村妇女参与村级治理中等程度的样本，那么在其他程度的地区是否具有同样的逻辑和策略呢？笔者不敢言过 Q 村的代表性，也不追求所谓的代表性，只是就事论事，仅在本章小结中略做尝试。总之，广面上说，操作层面很显然受到执行层面的影响，造成了"对上负责"不合学理的现象，利益观念从组织到个人都深陷其中。其产生的外部影响进而反馈到政策层面，其循环往复形成政策的形成及运行过程。

二　治理情境中的作用模式

治理是治理者与治理对象的双向互动，它不仅表现为公共权力机构对公共事务和公共行为的组织、调控与管理，也是公众参与公共事务，影响公共权力运作的过程①。笔者对陕西 H 村的案例主要从治理层面进行挖掘，并且在此情境中辅之笔者对 50 个村级女干部的部分访谈②。

（一）政治层面

合阳县一直把农村妇女参政作为一个品牌来经营，除了《中国共产党农村基层组织工作条例》和《中华人民共和国村民委员会组织法》的有关规定之外，还有众多的支持性政策，例如 2011 年 10 月 31 日由中共合阳县委组织部印发的由组织部、民政局和妇女联合会共同发出的合组发〔2011〕27 号文件，主题是《关于在全县村级党组织和第八次村民委员会换届选举中做好妇女参选参政工作的意见》，在此文件中提出要"千方百计落实每个村'两委'班子成员中各有 1 名女性③"，具体来说，在村党委会选举上，要求"每个村党支部班子至少有 1 名女党员，女党支部书记比例较上届 6% 的基础上有所提高"。在村委会换届选举上要求："（1）村民委员会正式候选人中至少有 1 名女性候选人；（2）村民代表会议组成人员中女性村民代表的比例达到三分之一以上；（3）成立选举委员会时，至少有 1 名女性成员；（4）村民委员会成员中至少有 1 名女性成员；（5）每个镇（办）的女村委会主任数应达到村委会主任总数的 5% 以上。"这是笔者能掌握的最新文件的部分精神，此文件主要针对的是 2011 年底开始的第八届"两委"换届选举，对治理情境更多政治层面的介绍，还得益于合阳县副县长王建元，2005 年在第六届村委会选举中合阳县一次性推出了 20 名女村官，形成了"合阳模式"。自此之后，合阳县委县

---

① 徐勇、徐增阳：《流动中的乡村治理——对农民流动的政治社会学分析》，中国社会科学出版社 2003 年版，第 81 页。

② 此访谈的对象、内容已在第三章中进行了介绍。

③ 见合组发〔2011〕27 号文件，附录 5。

政府更是将妇女工作作为构建和谐社会的重要方面①。主要表现在：第一，思想上重视，合阳县农村的现实也是外出打工男性居多，要促进和谐发展，推动农村妇女参与治理是一个必然选择。第二，政策制定到位。在合阳县的各项推动农村妇女参与治理的政策中都有操作性的细则，例如上文提到的：村民换届指导委员会必须要有一名女性，每个村必须要有一名候选人，必须选出一名女性进入村委会，采取的办法是通过具体的指标要求来推动女村官的参选参政。第三，舆论宣传到位。做好组织宣传工作，利用好网络、广播、电视，在全县营造舆论氛围，另外，通过培训学习提高基层干部的认识。第四，关心培养到位。一来是政治上关心，比如在"两代表一委员"的选拔上，为女村官提供更多的机会。二来设立帮扶工程，给予项目上的支持，将女村官所在的村列入实现新农村建设的模范村。通过这几年的实践，在合阳县已经达到了160多个项目，2400多万元资金投入铺路等项目中去。三来在教育上入手。保持女村官参选参政的势头，对现任的女村官的培养显得尤为重要，合阳县成立了女村官协会，相互交流。四来在管理上加强。妇联作为一项重要工作，定期不定期的检查和回访，帮助她们理清思路，提高参政水平，提高女村官的连选连任，不能只是"练一下手"，要不断推进和发展。

在与合阳县妇联主席仵淑梅的访谈中，提到合阳县妇联一直注重帮扶工作，已经举办了6期女村官培训班，并安排了117人次的赴华西村参观学习。试图通过交流和培养，为农村妇女参选参政"鼓实劲②"。县妇联和县女村官协会对农村妇女参政议政，一是组织到位，机构健全，政策明确，确保妇女参政议政的重要地位。二是培训到位，对农村妇女骨干培训，提高她们的社会性别意识和在村民自治中的社会性别敏感性，激发她们的参选参政热情，帮助她们了解村"两委"换届选举程序和面临的困难，对选上的女村官做到"扶上马、送一程"。三是宣传到位，提前介入突出一个"早"字，排查摸底做到一个"实"字，工作方法体现一个"活"字，营造妇女参政议政的浓厚氛围。

在笔者看来，与县级领导的访谈背后有着这样几个行为逻辑或策略：

---

① 内容来自笔者与合阳县副县长王建元的访谈，时间为2011年11月5日。

② 内容来自笔者与合阳县妇联主席仵淑梅的访谈，时间为2011年11月4日。

第一，县级政府推动农村妇女参与治理的动力源于"双赢"。因为妇女参政已经是合阳县的一个政治品牌，每年都吸引了大量参观学习的海内外社会性别研究团体，而作为国际项目的试点，不仅带来了资金，也提升了合阳县的声誉。合阳县委政府在推动妇女参与村级治理上就更加有动力，由此可看出，提高县级政府的积极性，需要外部因素的协力推动，在笔者看来与县级发展达成"双赢"是县级政府推动农村妇女参与村级治理的动力源。而这种外在的动力在执行层面显得尤为突出，在合组发〔2011〕27号文件中提及"县上把G镇、路井镇、黑池镇、百良镇作为村级换届妇女参选参政工作试点镇，重点推进女性候选人定位产生、妇女委员专职专选等办法的实施和农村妇女进入村'两委'班子具体目标的落实"。这也将成为以上几个试点镇推动农村妇女参与村级治理的重要动力来源。那么如何获得"双赢"的驱动力呢？需要国家层面的政策导向和多元主体的联合推动，在后文中有详述。

第二，推动行为产生实效源于规则的细化与可操作化，而这"两化"都变成了文件的"指标化"。合阳县委政府将国家政策进行细化，制定出更具操作性的规则，并且通过各方联动、多管齐下为农村妇女参与治理提供支持。体现在政策层面都是各种指标，这也体现了地方政府政策执行的一种惯有方式，将国家政策中宏观精神转换为因地制宜的微观指标。

第三，采取基层动员和体制内推荐相结合的选拔培养方式。笔者不否认村民自治的民主性质，是村民的"四自"组织，但在实际操作中体现了很强的行政动员和推荐色彩，例如在合组发〔2011〕27号文件中指出：妇联组织要充分发挥广泛联系农村妇女的优势，认真做好"推优"工作。所谓"推优"其实是中国共产党惯有的"积极分子"策略，在"文化大革命"时期，积极分子分类排队的标准，是将成分、历史和作风综合考察，把个人出身、经历与工作态度三者列在一起。在现今"推优"的目标基本锁定在"政治素质好、群众口碑好、参与意识强、服务意识强、致富带动能力强的优秀妇女"身上，不管是村民代表选择上，还是村党员的推荐上，都采取的是"推优"的策略，而这些"推优"的标准也正好体现了县级政府的偏好。

第四，县级政府有偏好，并且"引导"村委会和村民采纳其偏好。在合组发〔2011〕27号文件中还指出："在提名村委会成员候选人时，要引导村民提名符合条件的妇女"，而这种"引导"还表现在对村委会的选举程序上，例如"在正式介绍候选人时，要引导村民选举委员会积极介绍女候选人的业绩"。

虽然笔者对H村的分析主要基于治理情境，但以上逻辑或策略中有部分属于参选情境，一来如笔者在前文所说，情境之间有着较为模糊的界限，无法避免也很难严格区分；二来笔者在本章小结之中，会按照情境进行小结，所以本部分涉及的内容也是为后文作补充。在对参选情境作用模式的描述中，笔者将广水市及以上的政策措施划为政治层面，将C乡政府视为执行层面，将Q村及其个人行为划为操作层面，同理，在治理情境的分析中，笔者将合阳县及以上的政策视为政治层面，将G镇和女村官协会划为执行层面，对H村及个人行为视为操作层面。

（二）执行层面

G镇离合阳县城12公里，有24个行政村，2.8万人，是典型的贫困乡镇。从"2005年到2008年的村'两委'换届选举中，G镇的女主职数量减少了一半，从原有的6人降到了3人，但是女副职位增多了，这都为第八届选举储备了人才①"。面对2008年第七届"两委"选举中女主职的数量有所减少的问题，乡镇做出了以下三点应对：第一，工作上给予更多支持。在项目投资上有所倾斜，优先考虑女村官所在的村，帮助她们得到实实在在的实惠。第二，生活上给予更多关心，比如教育子女、赡养老人等，女村官面临的困难很多，最主要的是家庭的不理解，群众的不支持，如加之班子成员出现矛盾，就更加容易导致女村官产生挫折感，所以更应该为女村官营造一个良好的有利于参与工作的精神上的支持环境。第三，待遇上给予更多偏爱。通过各种社会荣誉上给予女村官以鼓励和支持。G镇党委书记雷更奇坦言："作为一级党委，应该创造条件帮助女村官们做出更好的成绩。②"

在笔者看来，乡镇政府的行为逻辑或策略至少包括以下几点：

第一，在上级压力之下有动力，但也需要适应村情。正如上文提及的

---

① 内容来自笔者与合阳县G镇党委书记雷更奇的访谈，时间为2011年11月5日。

② 同上。

合组发〔2011〕27 号文件明确指出将 G 镇作为一个农村妇女参选参政的试点镇，有着县级政府的压力，乡镇政府自然会有动力，也正是因为这种动力，在 2005 年选举时，G 镇从无到有，一次性产生了 6 位女主职，整个合阳县总共也就 20 位，所以在上级的压力之下，产生了较大的成绩。但即使是在 2005 年选举中 G 镇选出了 6 名女主职，但总共有 24 个村，比例也仅为 25%，当问及此处时，党委书记雷更奇回答是："有的村适合女村官，有的村不适合。"那么，什么样的村适合，什么样的村不适合？回答是："村情比较好的，比较小的村。"所以，虽然有来自上级的压力，乡镇也有动力，但还需要适合村庄的实际。

第二，村委会选举中自然淘汰无法避免，符合民主性。G 镇从 2005 年到 2008 年的村"两委"换届选举中，女主职的数量从原有的 6 人降到了 3 人，降幅 50%，这是笔者在访谈过程中的一个核心关注点，雷更奇书记表示这是自然淘汰无法避免，笔者对此回答非常认可，因为这也正好显示了村级选举的民主性，在前文中笔者提到了县级政府的"推优"有过于行政化之嫌，而大浪淘沙、优胜劣汰的村委会选举中出现数量的减少属于民主选举的应有现象。

第三，乡镇政府直接面对女村官，注重工作方式方法。在访谈中，雷更奇书记提及女村官容易产生挫折感，所以在方式方法上要更加温情，这是有着社会性别意识的领导艺术的表现。

在合阳案例中，执行层面还应该着重提及的是合阳女村官协会。为何将其置于执行层面？因为女村官协会和乡镇一样，直接面对的群体之一就是村干部，尤其是女村官，属于合阳县级政府、妇联与女村官之间的一个重要桥梁，当然女村官协会中的会员又属于操作层面的个人，但作为复合组织的女村官协会还是应该划为执行层面。在第四章合阳个案的行动情境中已经部分介绍了女村官协会，也列举了 2011 年度女村官协会的各种活动，由此可以看出，女村官协会承担了大量的培训、考察、交流、争取项目及对外宣传工作，成为了县级、乡镇、妇联与女村官们之间的润滑剂，促成了合阳女村官发展得如此有声有色。作为一个生存于多重利益之间的 NGO，至少有如下几点行为逻辑或策略：

第一，造福合阳女村官，作为女村官互助、交流、成长、发展的平台。这体现了女村官协会作为一个 NGO 的公益性使命。

第二，依靠国际项目资金，行为逻辑要符合陕西省妇女研究会的项目要求。

第三，在地方政府、妇联、乡镇权力间寻求支点，在这一支点上为女村官们谋求更多的福利。开展任何项目都需要权力部门的支持，何况女村官们还需要从权力部门获得项目资助和融资机会，所以更是需要这样一个组织游走于各个部门之间，在夹缝中求生存，在生存中求发展。

（三）操作层面

在治理情境中，H 村现在作为本书的一个成功的典型，但其实也曾是一个"烂摊子"。G 镇书记雷更奇曾说："H 村原来是全镇有名的烂村子[①]"，这也道出了一个现象，很多女村官都是捡着"烂摊子"艰难行进的，比如广东清新县太平镇金门村村支书黄（女）上任之时面临的状况是"以前的金门村是典型的'四大乱'——孩子乱生、宅基地乱占、集体东西乱拿、集体钱乱花。集体收入低、村干部无心工作，因鱼塘承包问题处理不当，农民经常上访，坑坑洼洼的泥土路无人修理，为此干部没少挨骂[②]"。这种"烂摊子"也成了治理情境研究的一个基本假设，在此结合 H 村及笔者访谈的其他个案，整理治理村庄的思考逻辑或行为策略如下：

1. "两委"班子要同心协力

2005 年淑兰开始担任村委会主任后力图解决出行难、喝水难的问题。"正所谓路通财通，道路不畅，发展就上不去[③]"。面对这一治理难题，先后投资了 170 万元修建了环村公路 8.7 公里，并重新盖了村委会办公场所，还用 15 万元建了 180 平方米的村委会活动场所。2009 年又投资 60 万元修路，2011 年又新建了水泥路面，现在全村全部都是水泥路面。这是"出行难"的问题，针对"喝水难"的问题争取了"母亲水窖"的项目，现在家家户户有自来水。累计从 2005 年至今的 6 年来，争取各类资金 380 多万元，这些项目资金的推动彻底改变了 H 村的面貌，以前的"烂村

[①]　内容来自笔者与合阳县 G 镇党委书记雷更奇的访谈，时间为 2011 年 11 月 5 日。

[②]　内容来自广东清新县太平镇金门村村支书黄（女）的访谈资料，时间为 2009 年 2 月 11 日。

[③]　同上。

子"开始有了水泥路、沼气池、自来水等，并且发展势头非常强劲，2010 年人均收入 5060 元，2011 年人均收入有 8000 元，2012 年人均收入有望突破万元。现在村庄的主要产业是苹果，拥有果园面积 2000 亩，全村的牲畜达到了 1000 多只羊，正在筹备搞"农家乐"，即梁山旅游开发项目，这将是合阳县日后旅游发展的重点。由此可以看出，村庄的改变需要大量的投入，投入的资金来自各种项目，而项目需要"两委"班子"一条心"去跑。淑兰在访谈中不断强调 H 村治理成效显著的主要原因是"与书记共同协商，'两委'班子协调得比较好，我们有团结、奋进的'两委'班子，有大事还召开群众会议，让群众满意。①" H 村书记说："村的发展不是一两个人的努力，我们村发生了天翻地覆的变化，去哪个部门要项目都能成功，主要是我们村委班子好。如果班子不和谐，根本办不成事情。②"

2. 与群众支持密不可分

2005 年淑兰争取到了交通局的修路项目，村级修路的国家政策是"群众打底子，国家铺面子③"。群众要承担公路"打底子"的费用，当时要求村里每个人出 130 元用来"打底子"，村"两委"召开了群众动员会，"有的富裕村，收 10 块钱都难，H 村人不甘贫穷落后，大家都顾大局④"，"村子因为穷，反而村人的凝聚力特别强⑤"，在经济如此艰难的情况下，群众对修路都非常支持，这也是 H 村能有如此巨变的重要基础。

3. 项目争取中忍辱负重

淑兰和村书记的项目争取之路举步维艰，"因为村里面太穷，想改变面貌确实不容易，我们在要项目的时候深刻体会到酸甜苦辣各番滋味，过自己的日子没有看过别人的脸色，但是村里面的事情，去跑项目，却很是艰辛。当时想去报项目，去县政府都不知道找谁，后来向妇联干部求助，得到了各方面的电话，为了要项目，曾经等主要领导等到泪流满面，求人

---

① 内容来自笔者与合阳县 G 镇 H 村村主任淑兰的访谈，时间为 2011 年 11 月 7 日。

② 内容来自笔者与合阳县 G 镇 H 村村委会成员及部分村民代表的座谈，时间为 2011 年 11 月 7 日。

③ 内容来自笔者与合阳县 G 镇 H 村村主任淑兰的访谈，时间为 2011 年 11 月 7 日。

④ 同上。

⑤ 同上。

就是这么难。自己开诊所别人都是笑脸相迎，也有人说风凉话，事情办得好就是国家政策好，不是你的功劳，当然也有人理解，即使项目再多，也需要自己去申请和争取。在泄气的时候，是党员们都在各方面有很大的支持。①"

4. 发展经济是头等大事

浙江省绍兴县湖塘街道型塘村村支书丁（女）说，"作为村支书，首要任务当然是发展村级经济。②"女村官们想方设法地发展村级经济，比如被全国妇联授予"全国三八红旗手"荣誉称号的江苏省无锡市高塍镇高塍村党总支书记沙（女），她24岁开始担任村书记，带领村民创办了第一家村级企业——净水设备厂，经过25年的不懈努力，目前高塍村年工业应税销售已达4.8亿元，农民年人均纯收入达1.68万元，综合经济实力名列百强村第五位，高塍村还先后荣获"江苏省先进集体""江苏省文明村"等上百项荣誉称号③。还有女村官的"老典型"河南新乡小冀镇京华村书记刘（女），她在十一届三中全会之后，带领村民连着办了多个村办企业。到1984年河南省京华实业有限公司正式注册时，已下辖豆浆晶厂、罐头厂、化工厂、集贸市场等11个经济实体，乡亲们开始富裕起来。1987年，村民生活已达到小康水平，先后办起了京华旅游园、京华宾馆、矿泉度假村、水疗养生苑，建成了幼儿园、小学、中学。近年来又新建了高科技深加工企业，产品销往海内外。村属的京华实业有限公司，拥有固定资产7.5亿元。全村398人，人人都是股东，人均占有188万元。在2008年，公司产值达2个多亿，利税2000多万元，人均收入比上一年增加了2000多元。④带领村民发家致富、造福一方，得到了社会的认可，也成为了村干部治理村庄的思考逻辑之一。

5. 治理过程中"嫌贫爱富"

正因为"发展经济是头等大事"的思考逻辑，所以在村委会选举或

---

①　内容来自笔者与合阳县G镇H村村主任淑兰的访谈，时间为2011年11月7日。

②　内容来自浙江省绍兴县湖塘街道型塘村村支书丁（女）的访谈资料，时间为2008年8月1日。

③　内容来自江苏省无锡市高塍镇高塍村党总支书记沙（女）的访谈资料，时间为2008年3月20日。

④　内容来自河南新乡小冀镇京华村书记刘（女）的访谈资料，时间为2009年2月17日。

党员选拔上都有些许的"嫌贫爱富",一方面进入村委的女干部很大一部分是带头发家致富的能人。例如山东省平原县恩城镇西关村党支部书记班（女）从1980年开始经商,做过毛竹、花布柴油、木材、钢筋、化肥和农药等生意,是远近闻名的富裕户,2006年她投资200多万元,盖起4000多平方米的百汇商厦超市,在全县开了乡镇超市的先河①。例如广东省韶关乐昌市大源镇水源村陈（女）2002年开始一肩挑起水源村村党支部书记、村委会主任兼村妇代会主任的工作。上任之初,有村民说:"陈书记早该当书记了,这样我们就能更富裕了。"原来,陈（女）还是当地种养致富专业户②。例如合阳县党（女）2005年首先启动莲菜种植100亩,是百良镇李家庄村里的致富带头人。这样的出身背景,加之发展经济是头等大事的逻辑,使得她们在选拔村干部或者发展党员时也期待着对方是致富能人,比如党（女）于在任期间提出的党员发展标准是"发展党员必须要能带动致富"。这样的思考逻辑显然有碍于村级选举与治理的民主性,但在村级治理的实际中想不"嫌贫爱富"很难,因为"现在村干部的待遇低,大队每月300元,按季度发放。③"在李家庄村有一个"妇代会主任干了40多年,1984年开始做妇代会主任,现在是除了女书记之外的唯一女支委。每个月70—80元工资④"。现在的工资待遇连维持生计都难,何况养家糊口,所以一来,例如农村流传很广的一句化"富不富,看支部,强不强,看领头羊",村民希望"领头羊"是致富带头人,也只有没有经济压力的人才能接受村干部如此低的正当收入,所以乡镇"推优"中会优先考虑富裕者,村民投票时会倾向投给富裕者,而在假定的正当收入为主要收入来源的情况下,有钱有闲者才能有心有力参与村级治理。

　　6."一事一议"应广为采用

　　"一事一议"是村民参与式民主治理,在笔者访谈的众多治理得井然

---

　　①　内容来自山东省平原县恩城镇西关村党支部书记班（女）的访谈资料,时间为2008年9月19日。

　　②　内容来自广东省韶关乐昌市大源镇水源村村党支部书记、村委会主任兼村妇代会主任陈（女）的访谈,时间为2009年2月19日。

　　③　内容来自笔者与合阳县百良镇李家庄村书记兼主任党（女）的访谈,时间为2011年11月6日。

　　④　同上。

有序的村庄，大都采取的是"一事一议"的工作方式，"以硬化行道来说，首先召开群众代表大会，商讨事情怎么办，然后'两委'再决定，成立专门小组分头负责跑项目，项目有了之后也采取专门小组负责制，村财政乡里管①"，这种方式才更加能发挥群众的积极性，使得村务管理更加透明、合理。

7. 女村干部的治理之难

淑兰说："一个村长，时时刻刻都有压力，群众把你推到第一线，就是推到了风口浪尖，上任的时候已经48岁，当时虽然很多群众赞同，因为当时已经当了28年的妇代会主任，开了20多年的诊所，有一定的群众基础，但关键时候也有人不放心。②"内蒙古古扎鲁特旗巨日合镇永丰村黄（女）在上任前也有村民议论："一个女人家，能管得了这么一个乱村吗？③""好好的村妇女主任不做，偏要骑在男人头上作威作福，就看你怎样出丑！④"类似的闲言闲语，广东清新县太平镇金门村村支书黄（女）也听了不少。同样也有人对陕西省榆林市榆阳区鱼河峁镇董家湾村党支部书记付（女）说类似的话："前边那么多的男干部都没干好，一个女人怎么能干好？⑤"她回答说："我认为当干部就要为群众办好事，事情办成了，大家就不会认为女人不行了，为什么男人可以办成，我们女人就不行了呢？我认为都是一样的！⑥"合阳县百良镇李家庄村党（女）在访谈中也说："家人认为自己放着幸福日子不过，有些划不来，干这份工作，当时家里不支持，孩子回来吃不上饭，也埋怨，丈夫有时太忙，帮不上忙，也埋怨，老人也埋怨⑦"，该村的会计在座谈中说"党书记给咱们村里办

---

① 内容来自笔者与合阳县百良镇李家庄村村委会成员与部分村民代表的访谈，时间为2011年11月6日，由村会计表述。

② 内容来自笔者与合阳县G镇H村村主任淑兰的访谈，时间为2011年11月7日。

③ 内容来自内蒙古古扎鲁特旗巨日合镇永丰村黄（女）的访谈资料，时间为2008年6月24日。

④ 内容来自广东清新县太平镇金门村村支书黄（女）的访谈资料，时间为2009年2月11日。

⑤ 内容来自陕西省榆林市榆阳区鱼河峁镇董家湾村党支部书记付（女）的访谈资料，时间为2008年12月25日。

⑥ 同上。

⑦ 内容来自笔者与合阳县百良镇李家庄村书记兼主任党（女）的访谈，时间为2011年11月6日。

了不少好事，顶住各方面的压力，包括世俗的偏见，一路走来非常辛苦，我们村比较贫困，经济收入非常困难，资金就靠跑项目。女同志在外面跑项目，也有一些偏见。①"也有女村官说："你是女同志，人家不怕你，再说都不顶事。请领导吃饭，领导还顾忌②"，"女的付出要比男的多，女的首先要家庭稳定，要干好村上的事情，家务活要加班干。女干部还要和领导保持一些距离，没办法和领导喝酒、抽烟③"。

在此特别引出邯郸市魏县妇联主席淑花的访谈④，淑花原本在邯郸市一个乡镇的广播站从事新闻宣传工作，工作了10年有余，在1998年国家有干部下基层锻炼的政策，那个时候的她希望换一种生活方式，于是写了申请，后被乡政府在2000年时下派到一个村做书记，这个村也是一个典型的"烂摊子"，已经有10余年没有组建起村委班子，也没有办法进行村委会选举，乡里曾连续三次下派干部，但都没有人能搭起班子，她认为一个很重要的原因是下派干部仅将"下派"作为"上调"的一个跳板，既不村务公开，工作也不够扎实，这种观望的"不作为"或者"少作为"使得村庄近十年来都处于混乱的瘫痪状态。2000年她接手的时候，村里有2000多户人口，有四大派姓，在村委班子的组建过程中要顾及每个派姓，多方努力之下，由每个派姓推选两个人进"两委"，另外，乡镇指派了两位下基层锻炼的干部，在没有办法进行"两委"选举的情况下通过这样一种方式，搭起了11个人的"两委"班子，她作为这个班子里最年轻的成员，只有34岁，而班子里其他成员年长的有60多岁，最年轻的也有39岁，并且全是男性，"谁会听我这么一个年轻的女人的安排？！"那么，她是如何治理这个村的呢？

她作为村书记，首先召集村中现有的46名党员开会，并且逐一拜访听取意见。然后走访了超过2/3的村民，对村民提出的要求和意见"能

---

① 内容来自笔者与合阳县百良镇李家庄村委会成员及部分村民代表的座谈会，时间为2011年11月6日。

② 内容来自笔者与陕西省合阳县和家庄镇三合村书记兼村主任高（女）的访谈，时间为2011年11月8日。

③ 内容来自笔者与合阳县百良镇李家庄村书记兼主任党（女）的访谈，时间为2011年11月6日。

④ 内容来自笔者与邯郸市魏县妇联主席淑花的访谈，时间为2011年11月1日。

解决的问题当场解决，不能解决的签订合同，随后解决"，通过广泛了解情况，理清工作思路，发现第一件要做的工作是理清账目。因为在2000年的时候还需要交农业税和"果林特殊税"，她提出"村民该交多少，村里该还多少，全部公开，该补的要补，该退的要退"，因为在之前收税时，"有的村民老实都交了，不老实的就拖着或者拒交。"因为之前没有得力的村委会，"拒交的也就拖过去了，没有追究，这种不公平使得村民很不满，所以下派村书记也当不下去，所以换了一拨又一拨"。女性的"软磨硬泡"功夫在收税时倒还卓有成效，在收税时有的家庭拒交，她最多的一个家庭跑了10次，"去的时候，对方不在，我就走；对方在，我就说，能讲道理就讲道理，不讲道理的，我就坐着，反正也不走，后来那些拒交的家庭也觉得不好意思了"，最后她用一个月的时间将所有账目都"理顺了"。她说，男干部反而难有这种"磨性"。

"两委"班子的人服她吗？当时她每个月只有400元的工资，可是她在任两年期间请村干部吃饭累计花了2000多元，要么在她家，她自己做饭；要么在乡镇上的酒店，"不能在村里，虽然我是以个人名义，自己掏腰包，可是村民不知情的还以为是公家钱海吃海喝"，在任期间她没有报销过餐饮费，"公家的开支由会计和出纳各司其职，公事公办"。她说，村干部其实是讲最朴实的感情，"他们觉得你这个人讲感情，他们就能把安排的事情做到位"，在村里当女干部"要能喝得过人"，她上任之初，有的男村干部和她"拼酒"，她也只能"硬拼"，"还好这些年没有醉得太难看过"，"把这些村干部吃好了、喝趴下了，回去之后乡里交代的事情就能落实了"。这也一语道破了村级治理的独特工作方式之一，两年之后她也被成功"上调"为镇长，她坦言"在当书记和镇长的那些年，孩子、家庭基本没管，两个女儿都跟外公外婆过，所以孩子和我都不是特别亲"。

笔停良久，不知从何始，行文至此，怎一个"难"字了得！

有的女村官因为无法顾及家庭而离婚；有的因为在位期间身体透支太多，留下多种病根；有的因为工作繁忙疏于对子女的照顾，而心怀歉疚终身。对于女村官来说，既面临着社会的压力，也面临着家庭的不解，在公域和私域的夹缝中左右为难，在村级治理环境中，既要有阳刚之气，能"喝"；还要有阴柔之气，能"磨"；更要有公仆的无私，能"舍"，总之一个字"难"。

但这种"难"是可以慢慢改变的，这也是本书的现实意义之一，希冀通过更多的研究唤起更多的关注、更多的理解，为创建一片更具性别友好型的制度环境而添砖加瓦，笔者在合阳的调研是一次激动的心灵之旅，看到了女村官在合阳县因众多政策倾斜而如鱼得水，"最起码有的男村官很少到县里、省里开会。我们女村官每年都有外省考察和省上的培训，费用全免①"，"配送电脑、外送考察，对女村官都特别倾斜②"。而这些培训、交流、考察都非常重要，"农村的事情都是鸡毛蒜皮的小事，不断的培训让自己劲上来了，有了信心了，知道人要体现自身的价值③"。也正如上文所涉及的，合阳县委采取的策略是"扶上马、送一程"，女村官的发展就要比其他地方容易很多。

在本部分的阐述之中，笔者将治理情境中的行动者划分为三个层面，分别对其思考逻辑或行为策略进行了逐一的分析，在政治层面和执行层面主要立足于陕西 H 村的实际，在操作层面增添了笔者在全国范围众多女村官的访谈，突出了女村官治理的"难"，也更加凸显了在女村官参与治理的困境之下政策倾斜的重要性。

三　投票情境下的作用模式

笔者原计划将河北 Y 村作为投票情境的典型村庄，因为在本书所选取的三个案例中，该村在农村妇女参选情境和治理情境中还属于空白，但通过在第四章行动情境中对该村的细致分析发现，该村的资料难以满足本部分的分析，所以对投票情境的分析将立足更广的范围。在投票情境中，对政治层面的政策介绍已在前文详述，对执行层面的县级、乡镇党委政府的行为逻辑和策略也都在上文涉及，本部分仅从操作层面来分析村民投票的逻辑和行为策略。

---

① 内容来自笔者与陕西省合阳县新池镇行家堡村书记兼主任行（女）的访谈，时间为 2011 年 11 月 8 日。

② 内容来自笔者与合阳县百良镇李家庄村书记兼主任党（女）的访谈，时间为 2011 年 11 月 6 日。

③ 内容来自笔者与合阳县 G 镇 H 村村主任淑兰的访谈，时间为 2011 年 11 月 7 日。

（一）投票方式

从国家层面来说，现有的支持农村妇女进村委的制度创新主要有以下几种模式，而这几种模式下的投票方式大致分为三种，一种是村民直接投票，票高者取胜，例如直接竞选制。第二种是按性别投票，男女分别投票，比如性别两票制和妇代会直选制①。第三种是按岗位投票，例如专职专选制，或者定位产生制，以上是笔者粗略划分的投票方式。

表 5-3 　　　　　　　支持农村妇女进村委的制度创新概述

模式	主体是谁	动力何来	逻辑在哪	创新何在
梨树模式	梨树县党委、县政府	政府推动	通过直接竞选实现平等竞选	平等竞选、海选、竞选演讲、三权合一（提名权、确定权、投票权）
塘沽模式	民政部、天津塘沽地方政府	中央政府主导，政策干预推动，社会各界联动	通过政策改进来推动农村妇女进村委	从社会性别视角，采取硬性规定和强化措施来支持
湖南模式	湖南省妇联	妇联推动	缺额单独投票，满额增加职数，直至选出女性成员为止	缺额单独投票，满额增加职数，政策刚性而全面、机制完善而创新
迁西模式	迁西妇联推动，成立由县人大、县政府、县民政局、县委组织部等单位领导组成的"换届领导小组"	妇联推动	通过推动妇代会直选以促进妇女的政治参与，通过妇代会为村委会竞选"练兵"	妇代会直选制

---

① 妇代会选举一般是由妇女来选举妇代会主任，所以笔者也将此划为按性别投票的方式。

模式	主体是谁	动力何来	逻辑在哪	创新何在
浙江模式	浙江省组织部	组织部推动	在不增加村委会职数的前提下,设置女委员岗位,实行专职专选	专职专选制、职位保留制、单列专选制
合阳模式	陕西妇女理论婚姻家庭研究会的项目推动	NGO 的主导	在构建干预框架的基础上从政策创新、社会意识提升、妇女能力建设、宣传动员四个方面着手	国内首次对妇女当选村委会主任人数的明确要求,目标锁定在提高妇女当选村主任的数量和比例上,这是其政策创新的突出亮点
广水模式	学界与地方政府、妇联的联合	学界推动	在选举的各个阶段,设计男性票和女性票,投票和计票按规定的性别比例进行,两性之间互不竞票	性别两票制、"一村一策"

不管是表5—3中哪种投票方式,投票背后的逻辑都有其共性。

(二) 投票逻辑

为预测行动者在特定情境中可能作出的行为选择（与可能因此产生的共同结果）,我们必须对作为参与者的行动者偏好、信息处理技能、选择标准与资源作出假设。在此维度下,笔者提出在投票情境中的以下逻辑或策略。

1. 能力指标

任何时候"个人能力"都是社会评价的一个极为重要的指标之一,但是乡村"力治"形式对个人能力的评价有两个显著的特点,一是能力与道德评价的失衡，这是与效率优先，兼顾公平的价值取向相一致；二是这种"个人能力"的评价具有强烈的男性主导价值，是站在男性的角度单向度地看问题①。群体的形成是以资源交换为基础，社会关系是重要的交换资源，拥有社会关系就意味着拥有进行社会交易的社会资本，笔者在参选情境中对 Q 村国珍和 X 村天蓉进行个案分析时已提及此类观点。乡村社会中的精英之所以称为精英，与他们具有调动更多社会资源的能力，能为利益群体谋取更大利益有关②。刘筱红教授曾调查了多位村级基层组织的女主任或书记，她的研究发现，这些女主职能进入村级权力结构的主流，除了个人能力之外，还与她们的社会资源有关③。以某县仅有的 2 位女村书记为例，一位的丈夫是乡财政的负责人，一位的叔叔是镇主要负责干部之一。这种亲属关系增加了她们调动社会资源的能力，她们有可能通过这种关系为村里的民众带来收益④。但从整体而言，农村妇女依然占有较少的社会资源，并且大多缺少资源交换的资本。

在刘筱红教授所进行的调查问卷和访谈中，有一部分村民明确表示不选妇女进村委是因为"妇女能力不行"，她在湖北蒋村共访谈了 46 人，当问到为什么村里女干部少时，有 19 人认为是妇女没有能力，位居所列原因之首⑤。其典型的说法是：妇女参政是很有必要的，妇女是半边天。选择她们要视其工作能力，能否为老百姓办实事。妇女在参政上有其自身的弱点难以克服，她们一般都没有很强的工作能力⑥。对于村委 4 至 5 名成员有 1 名妇女，我个人认为已经够了，这并不是歧视妇女，而是妇女在某些方面确实是不如男的⑦。包括一些县市、乡镇干部一谈起妇女未能当选村委会成员，就立即与妇女"素质低"联系起来⑧。其实透过表象看问题的本质，认为"妇女能力不行"的看法，至少在两个方面是存在问题

---

①　转引自刘筱红、卓惠萍、赵德兴《改革开放以来中国农村妇女角色与地位变迁研究——基于新制度主义视角的观察》，出版前稿。

②　同上。

③　同上。

④　同上。

⑤　同上。

⑥　同上。

⑦　同上。

⑧　同上。

的。首先，这个评价标准涉及机会平等与实质平等的问题，由于男女两性的起点不公平，男性在政治领域有着几千年的经验和资源积累，而女性进入这个领域（个别例子除外）只有百年；其次，这个"能力"评价标准具有性别偏好，用男性的价值标准来衡量女性的能力，就像用评价钢铁的标准来评价棉花一样，它是不科学也是不公允的，而这个评价标准的社会基础就是在农村广泛存在的"力治"形式①。

2. 利己考虑

有很多理论都假定，所有行动者都拥有充足的资源，可以采取任何可以选择的行动。事实上，在某些行动涉及高成本的情境中，人们所面临的金钱和时间约束是非常重要的②。成本—收益的考虑使得投票者的"容许行为"只有很少的空间。在村级选举的实际中，村民在投票时会考虑选举出来的人能否给"我"这个利益群体带来收益。农村村委会的产生往往是不同利益群体博弈以及取得平衡的结果，由于资源的稀缺，村委会在资源配置中，有利益偏好或者利益配置的不平衡，如果本利益群体的代表在村委会中处于强势地位，便有可能在资源配置中优先获益。因此推举作为利益群体的代言人，他是否强势，是否有谈判能力，能否为本利益群体争得利益，是选民最为关心的③。在笔者访谈中，一位男村民问："我们这个村可不可以不要干部，国家直接派干部。要选的话，就只能选老单身汉，他不会喝酒、跳舞。近两年来，村里没有开过会，要这样的干部干什么？④"由此可见，当没有"利己"之时，村民甚至宁愿放弃投票、不要村干部。在前文中提及的2011年12月Q村党支部选举中，乡党委将最后决定权交给了村党支部5个人的投票，在这个简单的投票情境中，以华和国栋原本都是希望自己当选，可是在保国已经有确定的两票的情况下，为了不让保国当选，他们宁愿将自己的选票都投给国珍，这样的结局使国珍

---

① 转引自刘筱红、卓惠萍、赵德兴：《改革开放以来中国农村妇女角色与地位变迁研究——基于新制度主义视角的观察》，出版前稿。

② 参见埃莉诺·奥斯特罗姆：《规则、博弈与公共池塘资源》，陕西人民出版社2011年版，第37页。

③ 转引自刘筱红、卓惠萍、赵德兴：《改革开放以来中国农村妇女角色与地位变迁研究——基于新制度主义视角的观察》，出版前稿。

④ 内容来自笔者2005年8月双和村二组（闻家河村民）小卖部门前的小型随谈。

成为了书记，在随后的 2012 年 1 月 5 日的村委会选举中，因为国珍已经是书记，并且不愿"一肩挑"，国栋得以等额选举成为村主任，而以华也被推选为副书记，所以也可以说，他们在党支部选举中的投票选择，虽然有着迫不得已，但也是经过缜密的理性思考的结果。

3. "锁定"效应

为解释人们如何决策，我们需要确定行动者占有与处理信息的水平，完全理性理论通常假定：人们拥有完全信息。假定参与者拥有完全信息，但通常情况下，情境中所产生的信息数量大于人们能够收集和记录的量；人们可能并不使用所有可获得的信息，而且他们在处理信息的过程中可能出现错误；有限理性的人们有各种各样的经验方法或捷径方法处理自己所面对的有关信息的复杂问题[①]，因为信息的不完全和复杂性，就会出现在选举过程中的"锁定"效应。笔者曾在 2008 年 11 月观摩过广水市 C 乡 X 村的村委会选举，并在选举现场随机访谈部分普通村民，因为村主任候选人天蓉从 1987 年以来担任的都是妇联主任的工作，所以在很多村民眼里"她当妇联主任可以，村主任再找人"，"她计划生育做得蛮好，就选她当妇联主任"。这些言论在 Q 村的访谈中也经常听到。布莱恩·阿瑟指出新技术的采用往往具有报酬递增的机制，由于某种原因先发展起来的技术通常可以凭借先占的优势，实现自我增强的良性循环，从而在竞争中胜过自己的对手；相反，一种较之其他技术更具优良品质的技术却可能因为晚一步，没有能获得足够的追随者等而陷入困境甚至"锁定"在某种恶性循环的被动状态之中难以自拔[②]。在村民的投票行为中可以发现，天蓉近 22 年的妇联主任的工作经历使得村民在投票时把她定位为妇联主任的最佳人选，而无意识中排出在主职之外。这实际上就是一种"锁定"。所以试想假如还有男性候选人同台竞争，天蓉是否还有把握当选？

因在前文中已经对投票行为进行了大量的描述，特别是在第三章应用规则之中，已经通过大量的数据，对湖北 C 乡和河北 Y 乡在投票中的应用规则以及行为给予了详述，并且在第四章行动情境中也通过问卷详述了

①　参见埃莉诺·奥斯特罗姆：《规则、博弈与公共池塘资源》，陕西人民出版社 2011 年版，第 35—36 页。

②　卢现祥：《新制度经济学》，武汉大学出版社 2004 年版，第 169 页。

Y 乡的投票情境，所以此处仅为前面内容的补充和归纳。

四　本章小结

本章关注的是：农村妇女参与村级治理的政策运行的作用模式，对此的分析遵循两种思路，一种是遵循奥斯特罗姆原著的分析思路，将行动主体分析划分为三个层面，政治层面的国家政策、执行层面的地方政府、操作层面的村庄及个人。另一种是村级治理的三种情境：参选情境、治理情境和投票情境。本章中融合两种思路，并将本者的三个案例和众多女村官的访谈融入写作过程之中。

对每个情境分析的核心框架是：在一定职位上的行为主体在行为选择时受到资源流和应用规则的影响，行为结果产生的作用一方面受到外生变量的影响，同时自身对外部产生着影响，而这些作用也能导致资本投入的改变，这些改变的资本通过风险或机会识别机制的过滤，反映到资源流集合上，而这种资源流又作用于参与者的行为，这样就形成了影响行为主体行为的循环作用链。就参选情境中的行动者来说，至少可以看出以下几个逻辑：第一，乡政府力求与村委会保持良好的关系。第二，乡政府在维持稳定的时候也会采取"家属攻略"。这个词由笔者自己创立，在此语境下主要指的是行政组织为实现某种目的而动员、发动当事人家属去影响当事人的决策，这个策略可以说是中国共产党进行社会控制和群众动员的一大法宝。第三，维护"利益联盟者"，试图清除"非偏好"因素。在多年的村委会选举实践中，乡镇政府对非正式手段的借用轻车熟路，运用起来得心应手。而这种"得心应手"自然让很多"寻租者"垂涎三尺，而为利益所动的"寻租者"自然会为乡镇干部准备下丰厚的"糖衣炮弹"，而"糖衣炮弹"凝结成的"利益联盟"如鱼得水般利用着正式权力资源之外的多种资源。第四，维稳是头等大事。第五，村级"力治"所带来的性别意识偏见。第六，收益—成本的考虑。本书的基本人性假设是理性人假设，乡党委政府也有其理性经济人的一面。结合合阳的案例，又增加四条：第一，县级政府推动农村妇女参与治理的动力源于"双赢"。第二，推动行为产生实效源于规则的细化与可操作化，而这"两化"都变成了文件的"指标化"。第三，采取基层动员与体制内推荐相结合的选拔培养方式。但在实际操作中体现了很强的行政动员和推荐色彩，而这些"推优"的标准也正好体现了县级政府的偏好。第四，县级政府有偏好，并且"引导"村委会和村民采纳其偏好。以上是基于湖北 C 乡和陕西合阳县的十条总结。

而在参选情境里操作层面的村庄及个人，有着以下三条逻辑或策略：第一，"两委"班子成员权力来源于"下"，却对"上"负责。第二，参选是希望能有利可图。而这个"利益"并不仅指"钱"，还包括村干部之"名"所带来的"势"，以及"势"所附加的各种资源。第三，"利益联盟"也建立在利益基础上，并不具有恒稳定性。以上是根据湖北 Q 村和陕西合阳县的个案对参选情境中的行动者的行为及其逻辑或策略进行的分析。广面上说，在执行层面，受到了政治层面政策的影响，政治层面为执行层面提供了政策方向，并设定了基本的执行规则和资源分配，但同时执行层面也受到众多外在资源因素的牵制，各种资源流入执行层面，影响着其行为的产出，操作层面很显然受到执行层面的影响，造成了"对上负责"不合学理的现象，利益驱动从组织到个人都身陷其中。其产生的外部影响进而反馈到政策层面，其循环往复形成政策的形成及运行过程。

在治理情境中，通过合阳县 G 镇的调研，发现乡镇政府的行为逻辑或策略至少包括以下几点：第一，在上级压力之下有动力。第二，村委会选举中自然淘汰无法避免，符合民主性。第三，乡镇政府直接面对女村官，注重工作方式方法。作为另一个参与的行为主体，合阳县女村官协会，至少有如下几点行为逻辑或策略：第一，造福合阳女村官，作为女村官互助、交流、成长、发展的平台。这体现了女村官协会作为一个 NGO 的公益性使命。第二，依靠国际项目资金，行为逻辑要符合陕西省妇女研究会的项目要求。第三，在地方政府、妇联、乡镇权力间寻求支点，在这一支点上为女村官们谋求更多的福利。

在治理情境中，作为典型的 H 村也曾是一个"烂摊子"，而这种"烂摊子"也成了治理情境研究的一个基本假设，笔者结合 H 村及笔者访谈的其他个案，整理治理村庄的思考逻辑或行为策略如下：第一，"两委"班子要同心协力。第二，与群众支持密不可分。第三，项目争取中忍辱负重。第四，发展经济是头等大事。第五，治理过程中"嫌贫爱富"。正因为"发展经济是头等大事"的思考逻辑，一方面进入村委的女干部很大一部分是带头发家致富的能人，另一方面在村委会选举或党员选拔上都有些许的"嫌贫爱富"，村民希望"领头羊"是致富带头人，也只有没有经济压力的人才能接受村干部如此低的正当收入，所以乡镇"推优"中会优先考虑富裕者，村民投票时会倾向投给富裕者，而在假定的正当收入为主要收入来源的情况下，有钱有闲者才能有心有力参与村级治理。第六，"一事一议"应广为采用，最后着重强调的是女村干部的治理之难。有的女村官因为无法顾及家庭而离婚；有的因为在位期间身体透支太多，留下多种病根；有的因为工作繁忙疏于对子女的照顾，而心怀歉疚终身。对于女村官来说，既面临着社会的压力，也面临着家庭的不解，在公域和私域的夹缝中左右为难，在村级治理环境中，既要有阳刚之气，能"喝"；还要有阴柔之气，能"磨"；更要有公仆的无私，能"舍"，总之一个字"难"。但这种"难"是可以慢慢改变的，这也是本书的现实意义之一，希冀通过更多的研究唤起更多的关注、更多的理解，为创建一片更具性别友好型的制度环境而添砖加瓦，笔者在合阳的调研也目睹了女村官们因众多支持政策而发展得如鱼得水。

在投票情境中，对政治层面的政策介绍已在前面章节中详述，对执行层面的县级、乡镇党委政府的行为逻辑和策略也都在上文涉及，从操作层面来分析村民投票的逻辑和行为策略。有如下几点考虑：第一，能力指标；第二，利己考虑；第三，"锁定"效应。类似的研究汗牛充栋，不再赘述。

行文至此，笔者松了一口气，觉得本章的核心内容已经表达，但在回顾之后发现，选取本书三个调研点的原因之一是三者体现了农村妇女参与村级治理的中、低、高三个程度，那么上文讨论的这些逻辑或策略如何作用于农村妇女参与村级治理不同程度的村庄？有哪些共性？哪些不同？

笔者认为，总的来说，本书所涉及的三种情境，即参选情境、投票情境和治理情境，不管是哪种情境的政治层面都有较为完备的制度设计。而操作层面的村庄和个人的逻辑和策略，往往直接受制于执行层面的行为，所以，政策运行机制最核心的不同在于执行层面的地方政府。而不管是哪种程度的村庄，地方政府在推动农村妇女参与村级治理进程上都是由上而下的权力输入，但在输入过程中也有着态度的差异、力度的大小。

第一，以中等程度的湖北省 Q 村来说，体现的是压力型的地方政府回应。

根据国家推动农村妇女参与村级治理的相关政策，地方政府制定了相应的政策文件，但政策制定没有相关的配套激励机制，对在任的女村干部没有相应的政策倾斜，仅仅着眼于选举后的数据，而这个数据也只是为了上报上级政府，未对女村干部的实际工作给予更多的支持。

第二，以低等程度的河北省 Y 村来说，体现的是落后而奋起直追的政府回应。

Y 村没有妇女参与村级治理的传统，在魏县这样的村庄占到了 80% 以上，邯郸市政府在 2011 年 5 月通过五部门的联合发文，试图通过强制性制度变迁扭转局面、奋起直追，但是政策执行的效果还有待进一步观察。

第三，以高等程度的陕西省 H 村来说，体现的是积极主动的良性政府回应。

G 镇党委政府对女村官所在的村不仅在政策上有倾斜、在项目上有扶持、在工作中也注重工作方法，形成了积极主动的良性政府回应。

那么，为何会出现不同的政府回应机制？

这与外生变量有关，包括影响到政府回应的政治、经济、文化、社会等众多方面的因素。以陕西省 H 村来说，不管是女干部的发现、选拔、培训、跑项目等都离不开合阳县妇联和合阳女村官协会的支持，还有国家层面的鼓励（例如淑兰受到彭珮云、顾秀莲、陈至立等领导的接见），同时还有陕西妇女研究会争取的国际项目的推进，这种"性别友好型"政治环境基础上的多元支持系统共同合力促进了合阳县农村妇女参与村级治理的快速发展。

那么，如何构建农村妇女参与村级治理的多元支持系统呢？

依托本书的分析，笔者提出以下四个维度：

第一，依托信仰的妇女组织化。

在第一章中笔者已经阐述过"农村妇女碎片化"，而这种"碎片化"的零散状态迫切需要"组织化"来弥补，组织化是资源"整合"的最好途径，也是降低成本、提高收益的重要方法，合阳女村官协会已将组织化的益处展示得淋漓尽致，学界对农村妇女的"组织化"也已有很多涉及，笔者试图强调的是"依托信仰"，正如笔者在第一章中讨论的农民的本位性价值和社会性价值，当本位性价值目标稳定时，人们追求社会性价值和基础性价值就会较有理性、具有底线，而一旦本位性价值或终极价值缺位，社会性价值和基础性价值的追求就会失去方向和底线。本书的基本假设是理性人，所以笔者认为组织化的过程也是各种利益体整合的过程，而这种利益整合需要依托共同的信仰，对于农村妇女参与村级治理的现状，这种信仰是建立在社会性别主流化目标下的两性和谐治理。所以各地女村官协会的成立不能仅仅是个体数量上的参与，还需要有共同信仰，这种信仰，一来是将两性置于参与村级治理的平等地位上，妇女更加自信与自立；二来将女性置于女性自身的优势之中，而非摒弃女性特征，去"理性选择""去女性化"；三来将组织个体的简单相加，变成组织成员共享资源的"几何增长"，没有信仰和共同愿景，很难实现组织的"整合"效益。

第二，"性别友好型"的政治环境。

在第一章中笔者已经提出：在农村家庭结构核心化、生育行为理性化的趋势下，计划生育工作不应作为村委会容纳女性成员的一个原因。所以农村妇女拥有与男性共同参与村级治理的可行性，并且笔者在前文中概括出的社会性别视角下三种价值的核心内涵都凸显了"改观"的趋势，这种价值的"改观"趋势为妇女更多并更深入地参与村级治理提供了价值视角的可能性，如果依托信仰的组织化是针对类似女村官协会的妇女组织提出，而此处的"性别友好型"的政治环境则是针对最广泛的社会成员，包括政府、社会、个体等，试图探寻的是村级治理的两性和谐发展环境。

第三，地方政府政策和项目倾斜。

地方政府在推动社会性别主流化政策执行上的重要性非常明显，笔者视其为解决农村妇女参与村级治理诸多困境和瓶颈的突破口。从合阳县的实际案例中可知，地方政府的"扶上马、送一程"为当地女村官的发展保驾护航，成为了其他地方政府的典范，尤其是财政的支持，通过实在的项目、资金来帮选上的村级女干部更好地进行村级治理。正是因为财政部和组织部的对政策推行的重要性，所以妇联在推动妇女参选参政的政策制定中，最好能得到"人""财"两部门的支持。

第四，国家政策和上层的影响力。

前文已经阐述，各级地方政府都有"对上负责"的行为逻辑，得到国家政策的保障和上层的影响力才能对农村妇女参与村级治理有更大的推动，在中国现有体制下，上层的影响力毋庸置疑也毋须讳言。

总之，本章在前面四章的基础上，围绕"逻辑或策略"的关键词，通过政治、执行、操作三个层面，立足参选、治理和投票三个情境，利用笔者调研的案例和访谈，探索性地研究农村妇女参与村级治理政策运行的作用模式，还有众多有待打磨提炼之处，在日后研究中将进一步深入。

第六章　政策运行的绩效与反思

对于政策研究，必须顾及政策的绩效，政策运行绩效衡量的标准是什么？效率和效用。从前面几章的论述中，已经有了一个基本的认识：农村妇女参与村级治理的政策运行绩效各地不一，以笔者的三个案例来说，虽然都有着全国统一的应用规则，但在不同的行动情境中有着不同的作用模式，不同的作用模式中透着不同的行为逻辑，但总的来说，用来衡量政策运行绩效的方式不约而同地选取了"比例制"，例如邯郸市魏县 Y 村在第八届村委会换届选举中提出的政策目标是，"Y 村将在以下方面加强和完善妇女参政议政工作，努力达到试点村工作预期目标。一是增加女村官名额。目前，该村无女村官，在下次换届时，力争增加一名女村官名额。二是提高妇女在村民代表中的比例。通过在妇女中加强参政议政宣传教育，引导妇女依法行使权利，积极引导村民推选妇女代表，提高村民代表中妇女所占的比例，力争从现在的 10%，上升到三分之一。三是教育引导广大妇女参加村换届选举，主动参政议政，力争在下次换届时，在原来参与换届妇女比例 10% 的基础上，再增加 20% 的妇女比例[①]。"似乎能"达标"，就被视为政策运行有绩效。

一　比例制的预期及可能影响

全世界 190 多个国家采取性别比例制，其作为一个政府主导的保护性政策在妇女参政初期为提升妇女地位产生了积极的影响。实施性别保护政

[①]　Y 村提交给联合国民主基金会项目执行方北京众泽律师事务所明莉的内部材料（2011 年 12 月 1 日从明莉处获得）。

策体现了党和政府对妇女参政的倾斜态度，这种政策倾向主要是由我国妇女参政不成熟的状况决定的。我国目前性别保护政策的内容主要包括：制定必要的指标，规定各级人大及政协的女性代表比例配置，对党政系统、人大和政协领导班子和干部队伍有比例规定，保证妇女参政比例；制定规划，培养选拔一定比例的女干部等。在过去几十年中，妇女参政都带有"计划"色彩。女干部、女人大代表和女政协委员的产生，往往由党政领导机关按指标摊派甚至"戴帽"下达到具体人头上。性别保护政策保护的是妇女的政治权利，它维护女性在整个参政系统中的比例。可是，从客观上说，笔者认为"比例制"有如下预期或可能影响：

第一，战略联盟：女性之间可能达成一个战略联盟，例如合阳女村官协会的成立，正是因为在2005年"两委"换届选举中产生了一定数量的女村官，在2007年得以成立了女村官协会，现有在任或离任女村官50多人，并且面对"边缘化"境地，女性达到一定数量就能更有"底气"。

第二，影响同僚：在性别友好型政策上影响男性行为。有研究认为，女性数量的增加不仅可以引发女性立法者对女性事务的关注，同时还会影响她们身边的男性立法者行为上的女性主义思考①。特别是在"求同"意识强的集体主义传统中，这种"其他人"的影响力要更强一些。

第三，逆反心理：女性将激起男性的某种反冲力，而这种反冲力不仅会让男性"渐行渐远"，也会让部分女性选择"去女性化"。一个主流的预期是女性数量的增长将增加女性的代表性，但这也可能导致男性的一个反冲力，因为男性可能感受到一种威胁，这种威胁使得他们将会采用一系列隐蔽的抑或更加明显的措施来阻碍女性政策的启动来保持其权利，同时，这种反女性主义的回冲使得女性政治家必须勉强地为妇女说话②。而这种"勉强"也成为了村级女干部"去女性化"的一个原因，笔者曾撰文《村级女干部的"去女性化"》专门阐述"去女性化"的现象，笔者认为在传统观念中将"女性"化为"弱势"的代表，这

---

① Mansbridge, Jane (1980) Beyond Adversary Democracy. New York: Basic Books. ——. (1999) "Should Blacks Represent Blacks and Women Represent Women? A Contingent 'Yes'" Journal of Politics 61 (3): 628—657.

② Harsch, Donna (2007) Revenge of the Domestic: Women, the Family, and Communism in the German Democratic Republic Princeton: Princeton University Press.

种劣势的历史积累，导致了女性在追求进步时希望摆脱"弱者"的标签，自发地选择"去女性化"，同时这种劣势的积累也使得女性在"博弈"时处于劣势，"制度是博弈的均衡，人与人之间的互相博弈会形成制度或制度体系①"，正如诺斯所说，"制度不一定是，甚至经常不是按社会效率来设计的，相反，它们（至少正规规则）是为了服务于那些具有创造新规则谈判能力的利益集团而创造的②。"另外在我国虽然有"男女平等"的基本国策，但往往被认为是"男女一样"，并且荒谬地将女性男性化，混同两性差异是达到男女平等的做法。所以处于村级"力治"背景中的女干部在"博弈"中激发了其"有限理性"的选择，即"去女性化"。

第四，集体低效：美国有研究表明越多的女性在议会中，越有更多的沉默的大多数③。因为这个原因，第四个方面的预期是女性保持一个小规模反而更加有效。用中国的俗话说就是三个和尚没水喝。另外，因为女性关注女性事务，而较少涉及男性一贯掌控的领域，也减少了来自男性的阻力，但这不是一个正常状态。

第五，利益多元：女性将成为一个更加多元的组织，在游说中不仅包括女性利益，同样也有其他利益的诉求。参与者总数的增加将导致选举过程中多元利益组织的产生，而这些组织更多可能不是关注女性权益，而是其他的身份标签，她们的关注优先于其他地方，因为她们相信其他的女性立法者将继续代表女性权益，而导致女性诉求反而没有被合力提出。

基于此，笔者认为"比例制"仅为推动农村妇女参与村级治理的第一步，也仅是实现社会性别主流化最基础的要求，最终目标应是政治实质代表性，而政治实质代表性建立在"性别友好型"政治环境基础上的多元支持，这在第五章中已有详述。

---

① 卢现祥、朱巧玲：《新制度经济学》，北京大学出版社 2007 年版，第 419 页。

② ［美］阿维纳什·K. 迪克西特著：《经济政策的制定：交易成本政治学的视角》，刘元春译，中国人民大学出版社 2007 年版，第 17 页。

③ Loewenberg, Gerhard, Peverill Squire, and D. Roderick Kiewiet, Ed. s（2002）Legislatures：Comparative Perspectives on Representative Assemblies. Ann Arbor, Michigan：University of Michigan Press.

二 政治实质代表性

在第三章中已经讨论过村委会中女性承载量的众多悖论，例如村委会是不是必须有女性？有女性参与更好，但女性通常做计生工作，那么女性成员是不是只能做计生工作？事实证明女性可以承担主职工作，但村民也存在政治领域的性别分工，那女性承担主职工作还要不要身兼妇联主任和计生专干的工作，显然因人而异、因村而异，没有定论，那如果女主职不承担妇联主任和计生专干的工作，谁来做？如果是女性，那么村委会就不止一位女性的承载量，如果是男性，那说明村民在政治领域的性别分工可以打破，同时也说明村委会的女性承载量就只有一个。所以，如果是陷入这个思维的陷阱会发现女性承载量的问题无从解答，笔者换个思考的路径，回到问题的初始：为什么研究村委会中的女性承载量？是因为村级治理中女性的"缺席"或"边缘"，为什么会出现"缺席"或"边缘"？是因为女性历史的劣势积累。如何来改变这种历史的劣势积累？需要保护性政策的倾斜和社会性别意识的主流化。保护性政策往往在于要求选举时的女性比例，这也正是选举政治中的一个常见悖论：谁能代表谁？

代表（representation）的字面意义是"再次（re-）呈现（-present）"，它描述的是在场者和缺席者的关系。对于代表性的研究，最富盛名的是 Hanna F. Pitkin 在 1967 年出版的《代表的概念》，提出了三个方面的思路，"formalistic""standing for"和"acting for"，根据 Pitkin 对形式意义上的代表性（formalistic）的解释是指形式上的代表关系①。借助于形式和实质这对范畴，作者区别了代表概念的两种基本类型。形式代表包括授权（Authorization）和问责/负责（Accountability）两个亚类；实质代表可分为象征（Standing for）和行动（Acting for）两个维度。其中，象征维度的代表包括符号代表（Symbolic Representation）和相似代表（De-

---

① 原文：formalistic conceptions of representation refer to the formalities of the representation relationship. 参见 Hanna Fenichel. Pitkin , The Concept of Representation , Berkeley : University of California Press , 1972：144.

scriptive Representation) 两个子目①。从形式维度来考察政治代表性问题，主要关注两个问题：第一，代表是否得到被代表者的授权？第二，代表是否要对被代表者负责？这两个方面虽然在逻辑上可以分开论述，但在现实生活中它们常常结合在一起。道理很简单：谁授权，便对谁负责，这也印证了前文所讨论的地方政府"对上负责"的逻辑。

形式意义上的代表理论解决了权力的来源以及责任的问题，但这还不够，因为形式代表理论没有涉及下面两个重要的问题：（1）什么构成了代表？为了能够"代表"，他/她应当是怎样的一个人？一般而言，持相似代表观的人主张实行比例代表制，也就是女性代表女性利益，可以通过在女性群体里选择一定比例的女性来代表女性大众的利益。（2）在代表当选之后，他/她们究竟干了哪些事情？这将关注的焦点从"谁是代表"以及是否充分代表转向"代表做了什么"。为此，Pitkin 认为需要从实质性的方面来丰富代表的概念，而实质代表性强调的是代表对选民意愿的回应性②。

在下文中笔者尝试通过数量积累、性别认同、权力空间、组织联盟、上级政府五个维度，在权力空间中又重新设置了职位权力、权力能量、利益范围、政治环境等四个亚维度对影响实质代表性的因素进行的梳理和界定，之所以定义为一个分析框架，是因为对实质代表性影响因素的分析不仅可以用于女性在政治领域的参与之中，还适用于经济、社会生活的多种情境之中；不仅适用于研究女性的实质代表性，还可以用于男性、种族、阶层等不同利益群体的实质代表性的分析之中，所以笔者认为这个分析框架具有相当强的适用性和防范性。

三　女性实质代表性的分析框架

有学者提出"村委会成员中有适当比例的女性成员，可以保证村委会在村庄公共事务的管理中更好地维护妇女权益，因为只有妇女亲身参与

---

① 参见 Pitkin, The Concept of Representation, Berkeley：University of California Press, 1972：209.

② 景跃进：《代表理论与中国政治》，《社会科学研究》2007 年第 5 期。

到公共事务的管理中，才能为妇女的切身利益着想。同时还可以反映妇女心声、保护妇女权益、保证中央政策的贯彻落实①"。笔者认为这不仅仅是"适当比例"数量问题，女性实质代表性的实现依赖于建立在"性别友好型"政治环境基础上的多元支持。有些观点在前文中已有阐述，此处仅更加系统地以分析框架的形式点到为止。笔者认为女性实质政治代表性的分析框架，至少包括以下五个方面的考量（见表6—1）：

表6-1　　　　　　　　女性实质代表性的影响因素分析框架

女性的实质代表性的影响因素：一个分析框架
一、数量规模
二、性别认同：意识、观念、个人经历
三、权力空间 （1）职位权力：职位、职权、职能、职责等 （2）权力能量：角色、可行能力等 （3）利益范围：女性利益的界定、诉求范围等 （4）政治环境：独立空间，特别是女性赋权方面，特别是有性别明显区分的空间制度规范，特别在立法实践方面等
四、组织联盟
五、上级政府

（一）数量规模

研究妇女和政治的一个核心问题就是关于参政女性数量与女性代表性之间关系的讨论，比例制（quota）已经在全球190多个国家实行，但是数量的增加，即提高了描述代表性是否提升了女性的实质代表性呢？两者的关系如何？学术界对此的争论从未停歇，一方面，很多学者和实践者乐于用"临界量"（critical mass）来解释妇女地位的不断提升和性别问题关注度的日益提高，认为"临界量"让更多的妇女参与到政治领域，不仅可以促进性别友好型政策的产出，也可影响男性对性别平等预算的接受和

---

① 董江爱、李利宏：《公共政策、性别意识与农村妇女参政——以提高农村妇女当选村委会成员比例为例》，《山西大学学报（哲学社会科学版）》2010年第1期，第111—116页。

赞同，然而这在现实中却有很多的悖论，无法言之凿凿地证明"临界量"和代表性之间的直接关系，在第二章笔者已经证明了妇女群体的非同质性，除非女性代表的利益需求从个人愿意发展成集体的意愿，才能发挥集体的作用，否则很难促进在立法和政策产出上的性别友好性。

"临界量"虽然首先用于大众媒体和国际组织，但日渐被研究者和实践者作为一项促进女性参政的政治策略，笔者纵览了大量关于数量与代表性辩论的文章，不管是赞许还是批评，不管是证实还是证伪，都追溯到20世纪七八十年代的三个著名研究，分别是两个来自 Kanter（1977），一个来自 Dahlerup（1988），Kanter 1977 年的文章集中在"临界量"的概念上，概括了三种增加女性的比例后的可预期性的影响①，1988 年 Dahlerup发表文章创造性地提出了"critical acts"的分析②，建议将 30% 作为比例制的额度③，这在当时的政治科学界非常具有政治想象力。在此问题上此三篇文章属于开山之作，随后的很多学者从"临界量"的核心观点引申和发展这些概念，在 Kanter 和 Dahlerup 的分析框架下证实或证伪了"临界量"理论。

对于描述代表性与实质代表性的关系，笔者认为：描述代表性是获得实质代表性的必经阶段，但并不必然发展成实质代表性。正如 Melissa Williams 在 1996 年所说，代表性是有能力执行一个女性权益倡导的人④，在其生活中能理解被代表者并且有表达的渠道。很少的证据表示，30% 是一个神奇的能确保妇女在国家政治中获得实质代表性的额度，即使是 Dahlerup 也建议最重要的是实质的代表性，比例仅是一种"临界的行为"（critical acts）或者安全的空间⑤。毋庸置疑，"临界量"的概念促成了对

---

① 参见 Kanter, Rosabeth Moss. 1977. "Some Effects of Proportions on Group Life: Skewed Sex Ratios and Responses to Token Women." American Journal of Sociology 82 (1): 965—990.

② 参见 Dahlerup, Drude. 1988. "From a Small to a Large Minority: Women in Scandinavian Politics." Scandinavian Political Studies 11 (4): 275—298.

③ Ibid. .

④ 参见 Williams, Melissa S. 1996. "Memory, History and Membership: The Moral Claims of Marginalized Groups in Political Representation." In Do We Need Minority Rights? ed. J. Raikka. Netherlands: Kluwer Law International, 85—119.

⑤ 参见 Childs, Sarah. 2004. "A Feminised Style of Politics? Women MPs in the House of Commons." British Journal of Politics and International Relations 6 (1): 3—19.

女性实质代表性的研究，但通过近些年的观察，学者们揭示了女性当选数量和有助于女性权益立法并不存在必然联系，数量规模只是女性实质政治代表性的影响因素之一。

（二）性别认同

性别和性别意识并不具备必然的相关性，性别与性别认同亦然，同时政治精英的性别认同往往弱于政治身份的认同，因笔者在第二章中已经详尽论述，在此不再赘述。

（三）权力空间

受制于多种因素，少数进入村级权力的妇女精英在村务的实际决策和管理中被边缘化，表现为农村女干部担任正职的少，在关键岗位的少，基本上主管妇联计生工作。妇女在村级权力结构中的地位，往往只是一种政治性的象征，在决策中的影响力偏弱，作用发挥也很难。

笔者认为权力空间是获得实质代表性最重要的因素，其依赖于以下四个方面：职位权力、权力能量、利益范围、政治环境。

第一，职位权力。有研究指出女性通常不出现立法机构的高层职位，还有当她们作为一个性别规范而获得的权力，对她们领导力而言经常面对着惯有的挑战[1]。也正是笔者在前文中涉及的职位边缘化的困境。

第二，权力能量。为什么在合阳县〔2011〕27 号文件中对第八届村委会换届选举进行要求，不仅要求了妇女进村委的比例，即至少一名女性成员，还有女主职的比例，即在每个镇的女村委会主任数应达到村委会主任总数的 5% 以上？因为不同的职位有着不同的权力能量，而权力能量直接影响着权力空间。

第三，利益范围。在河北省邯郸市下达的邯组通字〔2011〕20 号文件得到了来自邯郸市委组织部、民政局、财政部、人力资源和社会保障局和妇联的支持，而有了组织部和财政部的联合发力，使得这个政策更能落到实处，笔者在第五章中已经提及了现有体制下组织部和财政部的政策影

---

[1]　参见 Childs, Sarah. 2002. "Hitting the Target: Are Labour Women MPs 'Acting for' Women?" Parliamentary Affairs 55 (1): 143—153.

响力。

第四，政治环境。特别是女性赋权方面的政治环境将越来越友好，这是一种全球趋势，也受到新自由主义（neo‐liberalism）发展①的影响，此点在第五章中已经详述。

（四）组织联盟

虽然妇联在项目推动、选举动员上发挥了很重要的作用，但村级选举和女村官的培养只是妇联工作的一部分，不能过多地依赖和指望妇联，而妇联作为最强有力、拥有最大资源网络的妇女组织，必须履行"扶上马"的职责，很多地方妇联也确实承担起这些责任，但合阳略有不同的是，她们还有女村官协会这个独立的法人组织。笔者在调研过程中深刻感受到合阳女村官协会的巨大推动作用，此点在第四章中已有详述。

（五）上级政府

在这里笔者往往指的是地方政府，包括县级和乡镇政府。

全国各地初始政策都是一样，为什么有的地方能产生效果，有的地方则不能？原因在哪里？合阳县、邯郸市乃至广水市，政府也都是支持的，为什么政策在三个地方的实施效果不一样？当然，仅仅从三个地级市无法得出精确的判断，但现实就是三者出现了不一样的情况，在第五章中笔者也专门分析了地方政府的逻辑或策略。在与合阳县、妇联、乡镇领导干部的座谈中，了解到从县到乡镇都在政策和项目资助上对女干部所在的村倾斜，比如道路硬化项目和饮用水项目都优先考虑女村官所在的村，形成了女村官出去跑项目，班子中的男干部在村管理村委的现状，这些着实体现的是"扶上马、送一程"的指导思想，既解决了女村官上任后"做什么"和"怎么做"的问题，让女村官"有事干"、"能干事"，做为村里解决实际困难的实事和好事，这些都为女村官开展工作和赢取群众信任提供了机会和平台。

笔者提出虽然有着全国统一的政策，但各地政策执行效果良莠不齐，

---

① 参见 Grey, Sandra. 2002. "Does Size Matter? Critical Mass and New Zealand's Women MPs." Parliamentary Affairs 55 (1): 19—29.

地方政府在农村妇女参与村级治理政策运行过程中发挥了重要作用，地方政府行为是诸多困境和瓶颈的突破口，但笔者也同时即使是同一个地方政府因各阶段的发展重心不一，很难保持对政策的长效推动机制，这就需要其他治理主体的参与，共同推动多元主体的和谐治理机制才是解决妇女参与村级治理的长效措施，此点在第五章中已有详述。

四　悖论与反思

行文至此，已接近尾声，回顾整篇论文，时常处于悖论与反思中。关于性别、性别意识、性别认同、村庄的女性承载量等问题的悖论思考已经在前文中逐一阐述，在此，进行归纳整理与补充。

（一）"性别"与"性别意识"

笔者在第二章已经阐述，两性在社会性别意识层面上的巨大差异是建构而成的。"社会性别意识"不是单一性别所特有的，"社会性别角色"（Gender role）是可以相互转换的，不是简单意义上的"性别"的区分，是社会"塑造"的差异。所以社会性别意识与性别相关，但二者并非是严格的正相关关系，正如"女人不是天生的，女人是生成的[①]"，社会性别意识也不是依托性别而天生具有的，随着文化禁忌的突破，群与群之间的差异将越来越小，个体之间的差异将越来越大。所以，是不是女干部都有社会性别意识呢？是不是通过更多的保护性政策让妇女进入权力结构之中就能使得社会政策更加具有社会性别意识呢？笔者的回答是"不一定"，因为"社会性别意识"不是"性别"的直接必然产物。

（二）"性别"与"职位分工"

虽然大量的数据表明，村民在投票时对村委会职位存在着性别分工，但笔者在Q村的调研发现，在2008年第七届村党支部换届选举之后，Q村的女书记不愿承担计生工作，于是选择了一位男性来从事性别凸显性较强的妇联主任和计生专干的职务，虽然在前面已经证明了村委会并非只能

[①]　西蒙·波伏娃：《第二性：女人》，西苑出版社1998年版，第15、58、70页。

有一个女性，但村民对村委会干部的角色期待是女性承担妇女主任的职位，而 Q 村的例子又形成了一个悖论，即当女主职不承担计生工作的时候，反而有男性来承担，那么村民对妇联主任职位的"女性期待"能简单从"性别"上认定吗？政治领域的"性别分工"能从外在的"性别"划分吗？回答都是否定的。所以，从"社会空间"意义上的范围规则来说，妇联主任并不是女性的专属职位，女主职也并不一定需要兼任妇联主任或计生专干，农村妇女参与村级治理应有更为广阔的发展空间。

（三）"治理能力"与"搅局能力"

"能力"一词，反复出现在行文之中，探讨村民的投票逻辑时，笔者首先指出的就是"能力指标"，提出任何时候"个人能力"都是社会评价的一个极为重要的指标之一。在探讨农村妇女进村委比例低的现状时，大多数被访者认为主要原因是妇女的"能力不行"，但在分析 Q 村的案例时，笔者意外地发现"泼辣"妇女因"搅局能力"被推到了村内矛盾的风口浪尖，在笔者看来，妇女"搅局"能力的背后是妇女可以公开走到村庄公共事务中，而不是躲在男性背后指手画脚。这也提醒笔者，新时期妇女退出村庄公共生活，并不是因为妇女没有能力参与村庄公共事务，而只是因为妇女不再关注与自家直接利益无关的村庄公共事务，一旦公共事务与自家直接利益联系起来，妇女则可能会有强烈的参与积极性，尤其会积极阻止可能损害自家利益的村庄公共决策的通过。所以，从这个角度来说，笔者认为妇女既然可以成为"搅局高手"，也自然能成为"治理能手"，需要的是制度设计提供的机会与平台。

"搅局能力"这个词并非笔者首创，借用自贺雪峰教授的著作中，其定义为，"搅局"能力是妇女对村庄公共事务的直接参与，这种参与的前提是与自家利益直接相关，而方法则是"不讲理"（不用讲理，反正不同意），一旦妇女不讲理，丈夫也没有办法说服她，村组决策就无法达成，即使已经决策也执行不了①。在"新中国成立之后，妇女在家庭中的地位是持续上升的，而在村庄公共生活中的地位，到分田到户后有一定下降，但这时妇女的地位只是略低于人民公社时期，且这种下降只是因为妇女不

---

① 贺雪峰：《村治模式：若干案例研究》，山东人民出版社 2009 年版，第 11 页。

再像人民公社时期那么主动关注村庄公共事务，在妇女们认为需要参与村庄公共事务时，她们具有足够的参与公共生活的能力，这种能力尤其表现为阻止公共决策得以通过或执行的'搅局'能力[①]"。所以，从 Q 村的案例可以看出，虽然分田到户以后，农村集体生产解体，村社集体生活大幅度减少，妇女再次退出村庄公共生活领域。但因为市场经济的发育，妇女一方面退出村庄公共生活，另一方面又参加到全国性劳动力市场的流动中，并且面向一个更加开放自由的、以现代媒体为终结的意识形态，面对一个更加讲求个人利益和功利目标的意识形态。其后果是，束缚农村妇女的传统道德彻底解体，妇女在农村家庭中的地位获得了极大的提高，农村妇女参与村级治理有着现实需要和可行性。

（四）"数量规模"与"集体低效"

笔者一直不遗余力地呼吁落实农村妇女参与村级治理的比例政策，试图通过达到数量规模来实现个体的组织合力，但本章也分析了"数量规模"导致的"利益多元"，也可能产生"集体低效"。基于以上对悖论与反思的分析，笔者更加认为要避免"去女性化"、要避免性别的"消极锁定"、要避免"集体低效"的产生，就更加需要系统的政策支持，更加需要多元主体的和谐治理机制。

五 本章小结

本章对衡量政策运行绩效的"比例制"进行了分析，并通过政治实质代表性的概念对"比例制"进行了反思，并且尝试性地提出了女性实质代表性依托的五个维度，分别是数量积累、性别认同、权力空间、组织联盟和上级政府。只有这五者的合力才能实现女性的实质代表性，而所有推动农村妇女参与村级治理的努力才能更有意义。

---

① 贺雪峰：《村治模式：若干案例研究》，山东人民出版社 2009 年版，第 10 页。

结　　论

华中村治研究传统强调经验优先。2002 年华中村治研究学者集体发表《村治研究的共识与策略》，提出村治研究的三大共识，即田野的灵感、野性的思维和直白的文风，希望在大量经验研究的基础上，形成理解吸纳共存的中国概念体系，希望在西方社会科学与中国经验之间找到结合点，从而实现社会科学的本土化①。这也是笔者在研究过程中铭刻在心的金玉良言，在立足本土、放眼全球的学术理想下，笔者着眼于农村妇女参与村级治理的本土问题，选取了西方社会科学中久负盛名的 IAD 框架，试图回答这样一个问题：在《村组法》(1998) 以及新《村组法》(2010) 的政策进入下，农村妇女参与村级治理有怎样的运行机制？在政策运行过程中各主体有着怎样的逻辑或策略？

在海外求学期间，经常被其他学者要求用一句话来说明自己的研究发现，每到此时自己都会无言以对，数年的研究、洋洋洒洒二十多万字，觉得千言万语都不够，怎能一语道尽？在写本章之时，这些场景时常浮现，所以怎么用一句话总结的思考时常萦绕在心，笔者试探性地总结为：农村妇女参与村级治理的政策在不同行动情境的村庄中有着不同的作用模式，但这些不同的作用模式并非杂乱无序地发生，政策运行的主体各有其规律性的逻辑和策略，并且妇女参政的"比例制"仅为实现女性实质代表性的第一步，而女性实质代表性的实现依赖于建立在"性别友好型"政治环境基础上的多元支持。

在参与村级治理上男女有着怎样的不同？笔者通过全国 50 名现任或离任女村官的部分访谈，认为在现有制度环境下，妇女参与村级治理比男

① 贺雪峰：《村治模式：若干案例研究》，山东人民出版社 2009 年版，第 9 页。

性更"难"。有的女村官因为无法顾及家庭而离婚,有的因为在位期间身体透支太多,留下多种病根;有的因为工作繁忙疏于对子女的照顾;而心怀歉疚终身,对于女村官来说,既面临着社会的压力,也面临着家庭的不解,在公域和私域的夹缝中左右为难。在村级治理环境中,既要有阳刚之气,能"喝";还要有阴柔之气,能"磨";更要有公仆的无私,能"舍",总之一个字"难",这就更加凸显了研究和改进农村妇女参与村级治理的重要意义。

农村妇女参与村级治理有何地区差异?为什么有的地区卓有成效,有的地区举步维艰?本书的落脚点在哪里?这一直是笔者写作过程中不断询问的问题。

笔者通过湖北广水、河北邯郸、陕西合阳三地的比较研究,发现农村妇女参与村级治理程度和水平高的地区有着"性别友好型"政治环境基础上的多元支持,尤其是地方政府和妇女组织的支持。笔者提出虽然有着全国统一的政策,但各地政策执行效果良莠不齐,地方政府在农村妇女参与村级治理政策运行过程中发挥了重要作用,地方政府行为是诸多困境和瓶颈的突破口,但笔者也同时指出即使是同一个地方政府因各阶段的发展重心不一,很难保持对政策的长效推动机制,这就需要其他治理主体的参与,即多元主体的和谐治理机制才是解决妇女参与村级治理的长效措施。

具体来说,笔者认为,本书所涉及的三种情境,即参选情境、投票情境和治理情境,不管是哪种情境的政治层面都有较为完备的制度设计。而操作层面的村庄及个人的逻辑和策略,往往直接受制于执行层面的行为,所以,政策运行机制最核心的不同在于执行层面的地方政府。而不管是哪种程度的村庄,地方政府在推动农村妇女参与村级治理进程上都是由上而下的权力输入,但在输入过程中也有着态度的差异、力度的大小。

第一,以中等程度的湖北省 Q 村来说,体现的是压力型的地方政府回应。根据国家推动农村妇女参与村级治理的相关政策,地方政府制定了相应的政策文件,但政策制定没有相关的配套激励机制、对在任的女村干部没有相应的政策倾斜,仅仅着眼于选举后的数据,而这个数据也只是为了上报上级政府,未对女村干部的实际工作给予更多的支持。

第二,以低等程度的河北省 Y 村来说,体现的是落后而奋起直追的政府回应。Y 村没有妇女参与村级治理的传统,在魏县这样的村庄占到了

80% 以上，邯郸市政府在 2011 年 5 月通过五部门的联合发文，试图通过强制性制度变迁扭转局面、奋起直追，但是政策执行的效果还有待进一步观察。

第三，以高等程度的陕西省 H 村来说，体现的是积极主动的良性政府回应。G 镇党委政府对女村官所在的村不仅在政策上有倾斜、在项目上有扶持、在工作中也注重工作方法，形成了积极主动的良性政府回应。

那么，为何会出现不同的政府回应机制？

这与外生变量有关，包括影响到政府回应的政治、经济、文化、社会等众多因素。以陕西省 H 村来说，不管是女干部的发现、选拔、培训、跑项目等都离不开合阳县妇联和合阳女村官协会的支持，还有国家层面的鼓励（例如淑兰受到彭珮云、顾秀莲、陈至立等领导的接见），同时还有陕西妇女研究会争取的国际项目的推进，这种"性别友好型"政治环境基础上的多元支持系统共同合力促进了合阳县农村妇女参与村级治理的快速发展。

那么，如何构建农村妇女参与村级治理的多元支持系统呢？

依托本书的分析，笔者提出以下四个维度：

第一，依托信仰的妇女组织化。在第一章中笔者已经阐述过"农村妇女碎片化"，而这种"碎片化"的零散状态迫切需要"组织化"来弥补，组织化是资源"整合"的最好途径，也是降低成本、提高收益的重要方法，合阳女村官协会已将组织化的益处展示得淋漓尽致，学界对农村妇女的"组织化"也已有很多涉及，笔者试图强调的是"依托信仰"，正如笔者在第一章中讨论的农民的本位性价值和社会性价值，当本位性价值目标稳定时，人们追求社会性价值和基础性价值就会较有理性、具有底线，而一旦本位性价值或终极价值缺位，社会性价值和基础价值的追求就会失去方向和底线。本书的基本假设是理性人，所以笔者认为组织化的过程也是各种利益体整合的过程，而这种利益整合需要依托共同的信仰，对于农村妇女参与村级治理的现状，这种信仰是建立在社会性别主流化目标下的两性和谐治理。所以各地女村官协会的成立不能仅仅是个体数量上的参与，还需要有共同信仰，这种信仰，一来是将两性置于参与村级治理的平等地位下，妇女更加自信与自立；二来是将女性置于女性自身的优势之中，而非摒弃女性特征，去"理性选择""去女性化"；三来是将组织个体的简单相加，变成组织成员共享资源的"几何增长"，没有信仰和共同愿景，很难实现组织的"整合"效益。

第二，"性别友好型"的政治环境。在第一章中笔者已经提出：在农村家庭结构核心化、生育行为理性化的趋势下，计划生育工作不应作为村委会容纳女性成员的一个原因。所以农村妇女拥有与男性共同参与村级治理的可行性，并且笔者在前文中概括出的社会性别视角下三种价值的核心内涵都凸显了"改观"的趋势，这种价值的"改观"趋势为妇女更多并更深入地参与村级治理提供了价值视角的可能性，如果依托信仰的组织化是针对类似女村官协会的妇女组织提出，而此处的"性别友好型"的政治环境则是针对最广泛的社会成员，包括政府、社会、个体等，试图探寻的是村级治理的两性和谐发展环境。

第三，地方政府政策和项目倾斜。地方政府在推动社会性别主流化政策执行上的重要性非常明显，笔者视其为解决农村妇女参与村级治理诸多困境和瓶颈的突破口。从合阳县的实际案例中可知，地方政府的"扶上马、送一程"为当地女村官的发展保驾护航，成为了其他地方政府的典范，尤其是财政的支持，通过实在的项目、资金来帮选上的村级女干部更好地进行村级治理。正是因为财政部和组织部对政策推行的重要性，所以妇联在推动妇女参选参政的政策制定中，最好能得到"人""财"两部门的支持。

第四，国家政策和上层的影响力。前文已经阐述，各级地方政府都有"对上负责"的行为逻辑，争取国家政策的保障和上层的影响力才能对农村妇女参与村级治理有更大的推动，在中国现有体制下，上层的影响力毋庸置疑也毋须讳言。以上是笔者对构建农村妇女参与村级治理的多元支持系统的四点设想。

回到本书的内容布局，本书最核心的内容当属第五章"政策运行的作用模式"，对此部分的分析遵循两种思路，一种是遵循奥斯特罗姆原著的分析思路，将行动主体分析划分为三个层面：政治层面的国家政策、执行层面的地方政府、操作层面的村庄及个人。另一种思路是村级治理的三种情境：参选情境、治理情境和投票情境。对每个情境分析的核心框架是：一定职位上的行为主体在行为选择时受到资源流和应用规则的影响，行为结果产生的作用一方面受到外生变量的影响，同时自身对外部产生着影响，而这些作用也能导致资本投入的改变，这些改变的资本通过风险或机会识别机制的过滤，反映到资源流集合上，而这种资源流又作用于参与者的行为，这样就形成了影响行为主体行为的循环作用链。就参选情境中执行层面的行动者来说，至少可以看出以下几个逻辑：第一，乡政府力求与村委会保持良好的关系。第二，乡政府在维持稳定的时候也会采取"家属攻略"。这个词由笔者自己创立，在此语境下主要指的是行政组织为实现某种目的而动员、发动当事人家属去影响当事人的决策，这个策略可以说是中国共产党进行社会控制和群众动员的一大法宝。第三，维护"利益联盟者"，试图清除"非偏好"因素。在多年的村委会选举实践中，乡镇政府对非正式手段的借用轻车熟路，运用起来得心应手。而这种"得心应手"自然让很多"寻租者"垂涎三尺，而为利益所动的"寻租者"自然会为乡镇干部准备下丰厚的"糖衣炮弹"，而"糖衣炮弹"凝结成的"利益联盟"如鱼得水般利用着正式权力资源之外的多种资源。第四，维稳是头等大事。第五，村级"力治"所带来的性别意识偏见。第六，收益—成本的考虑。本书的基本人性假设是理性人假设，乡党委政府也有其理性经济人的一面。以上六条得自对湖北省广水市的分析，结合陕西省合阳县的案例，又增加四条：第一，县级政府推动农村妇女参与治理的动力源于"双赢"。第二，推动行为产生实效源于规则的细化与可操作化，而这"两化"都变成了文件的"指标化"。第三，采取基层动员和体制内推荐相结合的选拔培养方式。但在实际操作中体现了很强的行政动员和推荐色彩，而这些"推优"的标准也正好体现了县级政府的偏好。第四，县级政府有偏好，并且"引导"村委会和村民采纳其偏好。以上是基于湖北省 C 乡和陕西省合阳县对参选情境中执行层面行为主体的行为逻辑或策略的十条总结。

而在参选情境里操作层面的村庄及个人，有着以下三条逻辑或策略：第一，"两委"班子成员权力来源于"下"，却对"上"负责。第二，参选是希望能有利可图。而这个"利"并不仅指"钱"，还包括村干部之"名"所带来的"势"，以及"势"所附加的各种资源。第三，"利益联盟"也建立在利益基础上，并不具有恒稳定性。以上是根据湖北省 Q 村和陕西省合阳县的个案对参选情境中的行动者的行为及其逻辑或策略进行的分析。广面上说，在执行层面，受到了政治层面政策的影响，政治层面为执行层面提供了政策方向，并设定了基本的执行规则和资源分配，但同时执行层面也受到众多外在资源因素的牵制，各种资源流进入执行层面，影响着其行为的产出，操作层面很显然受到执行层面的影响，造成了"对上负责"的不合学理现象，利益驱动从组织到个人都深陷其中。其产生的外部影响进而反馈到政策层面，其循环往复形成政策的形成及运行过程。

在治理情境中，通过合阳县 G 镇的调研，发现乡镇政府的行为逻辑或策略至少包括以下几点：第一，在上级压力之下有动力。第二，村委会选举中自然淘汰无法避免，符合民主性。第三，乡镇政府直接面对女村官，注重工作方式方法。作为另一个参与的行为主体——合阳县女村官协会，至少有如下几点行为逻辑或策略：第一，造福合阳女村官，作为女村官互助、交流、成长、发展的平台。这体现了女村官协会作为一个 NGO的公益性使命。第二，依靠国际项目资金，行为逻辑要符合陕西省妇女研究会的项目要求。第三，在地方政府、妇联、乡镇权力间寻求支点，在这一支点上为女村官们谋求更多的福利。

在治理情境中，作为典型的 H 村也曾是一个"烂摊子"，而这种"烂摊子"也成了治理情境研究的一个基本假设，笔者结合 H 村及笔者访谈的其他个案，整理治理村庄的思考逻辑或行为策略如下：第一，"两委"班子要同心协力。第二，与群众支持密不可分。第三，项目争取中忍辱负重。第四，发展经济是头等大事。第五，治理过程中"嫌贫爱富"。正因为"发展经济是头等大事"的思考逻辑，一方面进入村委的女干部很大一部分是带头发家致富的能人，另一方面在村委会选举或党员选拔上都有些许的"嫌贫爱富"，村民希望"领头羊"是致富带头人，也只有没有经济压力的人才能接受村干部如此低的正当收入，所以乡镇"推优"中会优先考虑富裕者，村民投票时会倾向投给富裕者，而在假定的正当收入为主要收入来源的情况下，有钱有闲者才能有心有力参与村级治理。第六，"一事一议"应广为采用，最后着重强调的是女村干部的治理之难。但这种"难"是可以慢慢改变的，笔者在合阳的调研也目睹了女村官们因众多支持政策而发展得如鱼得水，这也是本书的现实意义之一，希冀通过更多的研究唤起更多的关注、更多的理解，为创建一片更具"性别友好型"的制度环境而添砖加瓦。

在投票情境中，对政治层面的政策介绍已在前面章节中详述，对执行层面的县级、乡镇党委政府的行为逻辑和策略也都在上文涉及，从操作层面来分析村民投票的逻辑和行为策略，有如下几点考虑：第一，能力指标；第二，利己考虑；第三，"锁定"效应。

虽然笔者将第五章视为本书收集最核心的部分，但对其他部分的分析不可或缺，例如第四章"政策运行的行动情境"，从内容上说，此章立足三个调研点的实际调研，从前面三章的宏观视野中转到微观场景，试图分析此三个调研点的行动情境。从选点来说，我国东部、中部、西部的社会经济发展不平衡并呈现出三大地带的特点，三个调研点分属三地，另外，就农村妇女参与村级治理的发展程度上说，本书所选取湖北省广水市、河北省邯郸市、陕西省合阳县的三个村分别体现了农村妇女参与村级治理的中、低、高的程度。对湖北 Q 村是从概况、政治、经济、社会性别视角下的村庄特色、村庄中的女干部五个维度进行的深入剖析，从妇女参与治理的角度来说，Q 村处于中等水平，有妇代会组织，村委会中一直都有女性成员，并且还曾经通过党员选举成功选出一名女支书，但后被降职，然而在第八届"两委"换届（2011 年 12 月）中又成功当选，和众多村庄一样，Q 村女干部的从政之路并非一帆风顺，历经众多波折，揭示了众多的社会现实。在 Q 村复杂而又多变的众多情境中，笔者着重选取的是参选情境，在此行动情境中行动者包括了女干部国珍、"两委"班子的其他成员、乡镇领导、"电老虎"、告状村妇等，这些行动者在各自的职位或者身份的驱动下，凭借着信息和控制程度，基于收益和成本的考虑互相作用的影响着潜在结果。对河北 Y 村的分析是通过基本情况、调查问卷、个案访谈和政策探索四个方面，虽然在前三部分的阐述中笔者一直沉浸在为当地农村妇女参与村级治理举步维艰的担忧之中，但最后一部分的政策探索可看出，邯郸市在推动农村妇女参与村级治理的力度非常大，尤其是整合了邯郸市委组织部、民政局、财政局、人力资源和社会保障局、妇联五大部门的力量，针对邯郸市依靠妇代会直选来推动妇女进村委的实际，通过改善报酬、补贴制度等措施来激励在任或者离任的妇代会主任，通过硬性规定农村女党员的比例来试图减少妇女参与村级治理的阻力，通过妇代会组织来培养妇代会主任和成员，并依托此平台，为村"两委"输送更多的女干部。因为合阳县的特殊性，主要是从基本情况、合阳女村官协会和村庄中的女干部三个层面对合阳县及 H 村进行的阐述。合阳女村官协会通过近五年的运作和发展实实在在探索出了一条女村官发展和培养的可行路径，笔者认为类似合阳女村官协会这样的农村女干部的自我管理、自我提升、自我服务的组织，是整合妇女力量、促进农村妇女参与村级治理可持续性发展的一个重要支撑。第三部分是融合三个调研点，重新整合分类，着重分析在应用规则作用下的行动情境，即在政策运行所处的参选情境、投票情境、治理情境，这些情境分析都为第五章分析每种情境下的作用模式做出铺垫。

　　而前面三章详述了政策运行的外生变量、共同体属性以及应用规则，以及第六章"政策运行的绩效与反思"，整体上形成了政策运行的过程。在第二章中对农村妇女群体的分析中，笔者提出从个人角度来说都是理性人，从群体角度来说具有不同质性，这种不同质性本身就使得政治代表性的意愿和目标不一样。另外，政治精英因为贴上了职位的标签，其身份所代表的利益已经远远超过了性别的约束力，回到第二章的起点假设，推动农村妇女参与村级治理的一个潜在假设是，更多的女性参与能推动村级治理的性别平等，这个论断并不是必然成立的，这种不成立并不是女性没有性别代表意愿。在此提出的结论是：促进妇女进村委只是万里长征的第一步，进入村委的女干部能不能实现其代表性，政策运行能不能实现性别主流化的目标，还需要"性别友好型"政治环境基础上的多元支持，笔者在第六章提出了实现实质性代表性的分析框架，试图通过此框架来应对此悖论。

　　在第三章"政策运行的应用规则"中笔者依托的是湖北省广水市 C 乡的案例，通过案例提出的问题是"村委会是否只能有且只有一个女性，如果该女性承担起主职工作，那么她是否必须附带着妇联主任和计生专干的兼职？"的分析逻辑是：（1）村委会是不是必须有女性？（2）村委会是不是只能有一个女性？（3）女性成员是不是只能做妇联主任？（4）女主职是不是必须身兼妇联主任或计生专干的职务？（5）女主职不做计生工作的话，谁来做？在对问题的分析过程中不仅使用到从 2005 年至今在 C 乡的调研问卷和资料，为力求分析得客观全面，还使用笔者 2011 年在河北省邯郸市和陕西省合阳县的调研所得，并且辅之笔者 50 位村级女主职的访谈资料，这些问卷调研和访谈资料将在后文中得到更为充分地使用。通过应用规则模式来分析，从村干部的角色来探讨村委会组织中的性别边界，也就是问题（1）村委会是不是必须有女性？得出的一条结论是：不管是村民"期望"，还是法律规定，村级干部的"角色"要求有女性参与更好。但此处产生一个新的问题是村民的"期望"是通常认为女性参与是计生工作的需要。从职位规则来说，针对问题（2）村委会是不是只能有一个女性？得出的结论是：因为村级财政的限制，村委组织的"结构"要求人数不能再多，所以不能说村委会只能有一个女性，只能表明不管村委会的男女比例是多少，按照当前村庄的现实来说，总体成员的数量不宜增多，但是又因为女性党员身份的限制和村庄"力治"的现状使得性别分工中仍遵循的是"男性优先"的选择模式。从选择规则来说，针对问题（3）女性成员是不是只能做妇联主任？在所调研的 C 乡和 Y 乡，村民依托原有村庄治理的"先例"，遵循原有的消极"路径依赖"，对政治领域的性别分工存在着较高的认可度。从聚合规则来说，包括控制力和决策权在内的聚合规则取决于村庄类型和参与者自身资源，在两者的相互作用下产出村级治理的效果。从"社会空间"意义上的范围规则来说，妇联主任并不是女性的专属职位，女主职也并不一定需要兼任妇联主任或计生专干，农村妇女参与村级治理应有更为广阔的发展空间。从信息规则来说，信息不完全是一个农村妇女参政重要的制度性障碍。从偿付规则来说，作为理性人的参选个体自然都有自己的成本与收益核算，会自动地选择对自己最有利的方案。从参选者自身来说可能因为昂贵的交易费用而对参选望而却步，而作为投票人的普通村民，可能会因为路径依赖而继续保持投票中的偏好，而作为政策运行主体的地方政府来说，可能因为受益于原有的制度安排而继续限制女干部的社会空间。回顾对此系列问题的分析，发现处处充满了悖论。村委会是不是必须有女性？有女性参与更好，但女性通常做计生工作，那么女性成员是不是只能做计生工作，事实证明女性可以承担主职工作，但村民也存在政治领域的性别分工，那女性承担主职工作还要不要身兼妇联主任和计生专干的工作，显然因人而异、因村而异，没有定论，那如果女主职不承担妇联主任和计生专干的工作，谁来做？如果是女性，那么村委会就不止一位女性的承载量；如果是男性，那说明村民在政治领域的性别分工可以打破，同时也说明村委会的女性承载量就只有一个。所以，如果是陷入这个思维的陷阱会发现农村妇女参与治理问题处处悖论、无从解答，本书换个思考的路径，回到问题的初始：为什么研究农村妇女参与村级治理？是因为村级治理中女性的"缺席"或"边缘"，为什么会出现"缺席"或"边缘"？是因为女性历史的劣势积累。如何来改变这种历史的劣势积累？需要保护性政策的倾斜和社会性别意识的主流化。这就引出了现有典型的选举模式，笔者列举的主要是直接竞选制、妇代会直选制和性别两票制，但是每种制度都有其适用性。直接竞选制使一些真正有能力的妇女勇敢地站出来平等地参与竞选，实际上是向以男性为主体的政治结构发起了冲击。但是直接竞选制使得妇女有机会问鼎主职的同时进入村委会的妇女总人数大为下降，制度所营造的机会平等却导致了结果的不尽如人意，因为男女本身的起点不一样，所以即使男女站在同一平台上进行竞争，结果也未必是平等的，仅仅一种选举制度很难实现真正意义上的平等。妇代会直接竞选制虽然有助于妇女依托保护性政策进入村委会，但治标不治本，用保护性政策并不能有效地解决入选女性的身份危机。性别两票制的设计只是考虑了选出妇女委员，其设计的职位保留制的职位是妇女委员，其实是使妇女边缘化的地位加剧和稳固。这都是农村妇女参与村级治理政策运行的现状，也是全书讨论的制度基础。

笔者一直思考的又一问题是：本书选取的框架、理论和模型与现实问题之间是否具有契合度？有没有在西方社会科学与中国经验之间找到契合点？其理论价值在哪里？

通过本书，笔者认为，此书属于国内的博士毕业论文中采用制度分析与发展框架研究农村妇女参与村级治理问题的首次尝试，虽无众多能借鉴之处，但本书的尝试发现两者的结合相当具有契合性、解释力和开创性。

使用"框架"的研究是理论性分析最为普遍的形式，提供了用于分析各种类型的制度安排的一系列的变量，"框架识别了制度分析所需要考虑的'元素'和各元素'一般关系'，用来组织诊断（organize diagnostic）和规范调查（prescriptive inquiry）①"，有助于跨制度的比较和评估，强调"普遍"的适用性。作为总的组织工具，制度分析与发展框架为奥斯特罗

---

① 原文：Frameworks identify the elements and general relationships among these elements that one needs to consider for institutional analysis and they organize diagnostic and prescriptive inquiry. Elinor Ostrom, Background on the Institutional Analysis and Development Framework, Policy Studies Journal, 2011. 1.

姆进行公共池塘资源困境，以及其他与个人处在自然、文化、规则等因素综合影响的重复博弈情境中有关的问题开展长期研究提供了方便，同样适用于本书对农村妇女参与村级治理困境的研究。

理论为表述、假定、预测、评估以及改变由该理论建立的各种模型提供了元理论语言①。制度分析与发展框架并没有限制分析者只能使用一种理论。事实上，分析者可以根据决策环境的具体背景，利用这个框架来考察相互之间存在互补关系或竞争关系的理论与模型的预测力②。理论用于分析"普适"框架中的"特殊"要素，"为诊断特殊现象、解释进程、预测产出的提供假设③"，并在一个普遍适用的假设下塑造或者加强这些要素。一个框架可以兼容多种理论④，如经济学理论、博弈论、交易成本理论、公共选择理论、公共物品理论、公共池塘理论等都使用在 IAD 框架之中。这也让笔者在使用众多与框架兼容的理论过程中游刃有余。

所以笔者所尝试的是使用一个普适框架兼容多种理论、多种理论构建解决特定问题的多元模型，即在研究过程中需要一个普适的框架和一批理论来解释和分析问题，然后使用特定的模型来演绎出在高度简化结构里对可能结果的预测，是相当具有创新性的。因此，在本书即将封笔之前，笔者更加坚定本研究框架、理论与研究问题选取的创新意义。

就价值取向的问题，笔者访谈过众多妇女研究者或者工作者，也曾经对一些倾斜政策并不理解，为什么在选举的时候非要选择女性？这是不是一种对人权平等的忽视？为什么要倡导县乡政府在项目支持上多给予女村官所在的村？这是不是对男村官的不公平？为什么必须要规定妇女参政的比例？等等。经过接触大量的农村妇女干部，笔者不再问类似的问题，因为实在目睹太多农村妇女的"难"，作为一个研究者，虽然应该保持客观中立，但笔者认为还是应该有其价值取向，所以在本书中笔者情不自禁地

---

① 埃莉诺·奥斯特罗姆：《规则、博弈与公共池塘资源》，陕西人民出版社 2011 年版，第 25 页。

② 同上书，第 26 页。

③ 原文：Theories make assumptions that are necessary for an analyst to diagnose a specific phenomenon, explain its processes, and predict outcomes. Elinor Ostrom, Background on the Institutional Analysis and Development Framework, Policy Studies Journal, 2011.1.

④ 原文：Multiple theories are usually compatible with one framework. Elinor Ostrom, Background on the Institutional Analysis and Development Framework, Policy Studies Journal, 2011.1.

流露出对底层农村妇女的关怀，将改善农村妇女的社会地位、实现村级治理的性别主流化作为自己的使命，期待着政策运行的外生变量朝着一个更加性别友好的趋势发展，也倡导应用规则更加具有性别敏感性，也希望通过各种项目推动，用实际行动来帮助共同体属性更加具有社会性别意识。

最后想说的是，中国农村因其内部性质的差异在接应自上而下、自外而内的政策、法律和制度时，会形成不同的过程、机制和后果，笔者虽理解中国农村的区域非均衡性，但在此研究中无法——道尽，留备日后思考。

参 考 文 献

一 中文参考文献

1. 何显明著：《市场化进程中的地方政府行为逻辑》，人民出版社2008年版。

2. 李银河著：《女性主义》，山东人民出版社2005年版。

3. 朱爱岚著：《中国北方村落的社会性别与权力》，胡玉坤译，江苏人民出版社2004年版。

4. 罗斯玛丽·帕特南·童著：《女性主义思潮导论》，艾晓明译，华中师范大学出版社2002年版。

5. 王凤华、贺江平等著：《社会性别文化的历史与未来》，中国社会科学出版社2006年版。

6. 李小江、朱虹、董秀玉主编：《性别与中国》，生活·读书·新知三联书店1994年版。

7. 费孝通著：《江村经济——中国农民的生活》，商务印书馆2001年版。

8. 刘霓著：《西方女性学：起源、内涵与发展》，社会科学文献出版社2007年版。

9. 理查德·C.博克斯著：《公民治理：引领21世纪的美国社区》，孙柏瑛等译，中国人民大学出版社2005年版。

10. 费孝通著：《乡土中国 生育制度》，北京大学出版社1998年版。

11. 李传军著：《管理主义的终结——服务型政府兴起的历史与逻辑》，中国人民大学出版社2007年版。

12. 周颜玲、凯瑟琳·W.伯海德主编：《全球视角：妇女、家庭与公共政策》，王金玲等译，社会科学文献出版社2004年版。

13. 王金玲、林维红主编：《性别视角：文化与社会》，社会科学文献出版社 2009 年版。

14. 罗晓戈主编：《女性学》，湖南大学出版社 2004 年版。

15. 珍妮特·V. 登哈特、罗伯特·B. 登哈特著：《新公共服务：服务，而不是掌舵》，丁煌译，中国人民大学出版社 2004 年版。

16. 李小江等著：《女人：跨文化对话》，江苏人民出版社 2005 年版。

17. 威廉·N. 邓恩著：《公共政策分析导论（第二版）》，谢明等译，中国人民大学出版社 2002 年版。

18. 吴锡泓、金荣枰编著：《政策学的主要理论》，金东日译，复旦大学出版社 2005 年版。

19. 王政、杜芳琴主编：《社会性别研究选译》，生活·读书·新知三联书店 1998 年版。

20. 陈庆云主编：《公共政策分析》，北京大学出版社 2006 年版。

21. 陈振明主编：《公共政策分析》，中国人民大学出版社 2003 年版。

22. 杜芳琴、王向贤主编：《妇女与社会性别研究在中国（1987—2003）》，天津人民出版社 2003 年版。

23. 斯蒂芬·戈德史密斯、威廉·D. 埃格斯著：《网络化治理：公共部门的新形态》，孙迎春译，北京大学出版社 2008 年版。

24. 何俊志、任军锋、朱德米编译：《新制度主义政治学译文精选》，天津人民出版社 2007 年版。

25. 罗丽莎著：《另类的现代化——改革开放时代中国性别化的渴望》，黄新译，江苏人民出版社 2006 年版。

26. 柯武刚、史漫飞著：《制度经济学：社会秩序与公共政策》，韩朝华译，商务印书馆 2004 年版。

27. 曼瑟尔·奥尔森著：《集体行动的逻辑》，陈郁等译，上海三联书店、上海人民出版社 1995 年版。

28. 白馥兰著：《技术与性别——晚期帝制中国的权力经纬》，江湄、邓京力译，江苏人民出版社 2006 年版。

29. 道格拉斯·C. 诺思著：《制度、制度变迁与经济绩效》，杭行译，格致出版社、上海三联书店、上海人民出版社 2008 年版。

30. 道格拉斯·C. 诺思著：《经济史中的结构与变迁》，陈郁等译，上海三联书店、上海人民出版社 2002 年版。

31. 宝森著：《中国妇女与农村发展——云南禄村六十年的变迁》，胡玉坤译，江苏人民出版社 2005 年。

32. R. 科斯、A. 阿尔钦、D. 诺斯等著：《财产权利与制度变迁——产权学派与新制度学派译文集》，上海三联书店、上海人民出版社 1994 年版。

33. 卢现祥主编：《新制度经济学》，武汉大学出版社 2004 年版。

34. 艾华著：《中国的女性与性相：1949 年以来的性别话语》，江苏人民出版社 2008 年版。

35. 卢现祥、朱巧玲主编：《新制度经济学》，北京大学出版社 2007 年版。

36. 程恩富、胡乐明主编：《新制度主义经济学》，经济日报出版社 2005 年版。

37. 朱迪斯·巴特勒著：《性别麻烦：女性主义与身份的颠覆》，朱素凤译，上海三联书店 2009 年版。

38. 朱迪斯·巴特勒著：《消解性别》，郭劼译，上海三联书店 2009 年版。

39. 埃莉诺·奥斯特罗姆著：《公共事务的治理之道》，余逊达等译，上海三联书店 2000 年版。

40. 巴巴拉·阿内尔著：《政治学与女性主义》，郭夏娟译，东方出版社 2005 年版。

41. 杜杉杉著：《社会性别的平等模式："筷子成双"与拉祜族的两性合一》，赵效牛、刘永青译，云南大学出版社 2008 年版。

42. 迈克尔·麦金尼斯主编：《多中心治道与发展》，毛寿龙译，上海三联书店 2000 年版。

43. 唐娟著：《政府治理论》，中国社会科学出版社 2006 年版。

44. 李慧英主编：《社会性别与公共政策》，当代中国出版社 2002 年版。

45. 杨凤春著：《中国政府概要》，北京大学出版社 2002 年版。

46. 赵成根著：《民主与公共决策研究》，黑龙江人民出版社 2002 年版。

47. 杰华著：《都市里的农家女：性别、流动与社会变迁》，吴小英译，江苏人民出版社 2006 年版。

48. 戴维·奥斯本、特德·盖布勒著，上海市政协编译组、东方编译所编译：《改革政府：企业精神如何改革着公营部门》，上海译文出版社 1996 年版。

49. 欧文·E. 休斯著：《公共管理导论》，张成福、王学栋译，中国人民大学出版社 2007 年版。

50. 李银河著：《后村的女人们——农村性别权力关系》，内蒙古大学出版社 2009 年版。

51. 尼古拉斯·亨利著：《公共行政学》，项龙译，华夏出版社 2002 年版。

52. B. 盖伊·彼得斯、弗兰斯·K. M. 冯尼斯潘编：《公共政策工具——对公共管理工具的评价》，顾建光译，中国人民大学出版社 2007 年版。

53. 郑新蓉、杜芳琴主编：《社会性别与妇女发展》，陕西人民教育出版社 1999 年版。

54. 陈振明编著：《公共政策学——政策分析的理论、方法和技术》，中国人民大学出版社 2004 年版。

55. 黎民、张小山主编：《西方社会学理论》，华中科技大学出版社 2005 年版。

56. 吴治平著：《中国乡村妇女生活调查——随州视角》，湖北长江出版集团长江文艺出版社 2008 年版。

57. 田翠琴、齐心著：《农民闲暇》，社会科学文献出版社 2005 年版。

58. 马元曦主编：《社会性别与发展译文集》，生活·读书·新知三联书店 2000 年版。

59. 张鸣著：《乡村社会权力和文化结构的变迁（1903—1953）》，广西人民出版社 2001 年版。

60. 云南社会性别与发展小组著：《参与性发展中的社会性别足迹》，中国社会科学出版社 2005 年版。

61. 蔡葵、黄晓主编：《社会性别与农村发展政策——中国西南的探索与实践》，中国社会科学出版社 2009 年版。

62. 弗里曼、毕克伟、赛尔登著：《中国乡村，社会主义国家》，陶鹤山译，社会科学文献出版社 2002 年版。

63. 朱莉·费希尔著：《NGO 与第三世界的政治发展》，邓国胜、赵秀梅译，社会科学文献出版社 2002 年版。

64. 谭琳、孟宪范主编：《他们眼中的性别问题——妇女/性别研究的多学科视野》，社会科学文献出版社 2009 年版。

65. 米切尔·黑尧著：《现代国家的政策过程》，赵成根译，中国青年出版社 2004 年版。

66. 保罗·A. 萨巴蒂尔编：《政策过程理论》，彭宗超、钟开斌等译，生活·读书·新知三联书店 2004 年版。

67. 徐安琪主编：《社会文化变迁中的性别研究》，上海社会科学院出版社 2005 年版。

68. 拉雷·N. 格斯顿著：《公共政策的制定——程序和原理》，朱子文译，重庆出版社 2001 年版。

69. 李小江等著：《女性主义——文化冲突与身份认同》，江苏人民出版社 2000 年版。

70. 蒋美华著：《20 世纪中国女性角色变迁》，天津人民出版社 2008 年版。

71. 梅里·威斯纳·汉克斯著：《历史中的性别》，何开松译，东方出版社 2003 年版。

72. 杜芳琴著：《妇女学和妇女史的本土探索——社会性别视角和跨学科视野》，天津人民出版社 2002 年版。

二　英文著作与文献

1. Dolsak, N. & E. Ostrom（2003），"The Challenges of the commons", In：Dolsak & Ostrom（ed.），The Commons in the New Millennium, MIT Press.

2. Kiser, L. & E. Ostrom（1982），"The three worlds of action：A metatheoretical synthesis of institutional approaches", In：E. Ostrom（ed.），

Strategies of Political Inquiry. Beverly Hills, CA: Sage.

3. Poteete, A. R., M. A. Janssen & E. Ostrom (2010), WorkingTogether: Collective Action, the Commons, and Multiple Methods in Practice. Princeton University Press.

4. Ostrom, E. (1990), Governing the Commons: The Evolution of Institutions for Collective Action. Cambridge University Press.

5. Ostrom, E. (1999), Institutional rational choice: An as sessment of the institutional analysis, In: P. A. Sabatier (ed.), Theories of the Policy Process. Boulder, CO: Westview Press.

6. Ostrom, E. (2005), Understanding Institutional Diversity. Princeton University Press.

7. Ostrom, E. (2007), Multiple institutions for multiple outcomes, In: Smajgl & Larson (ed.), Sustainable Resource Use. Sterling, VA: Earthscan.

8. Ostrom, Elinor, Roy Gardner, and James Walker (1994), Rules, Games, and Common – Pool Resources. Ann Arbor: University of Michigan Press.

9. Aligica, Paul Dragos, and Peter Boettke (2009), Challenging Institutional Analysis and Development: The Bloomington School. New York: Routledge.

10. Ostrom, Elinor (1998), "A Behavioral Approach to the Rational Choice Theory of Collective Action." American Political Science Review 92 (1): 1—22.

11. Ostrom, Elinor, and James Walker (1991), "Communication in A Commons: Cooperation without External Enforcement." In Laboratory Research in Political Economy, ed. Thomas R. Palfrey. Ann Arbor: University of Michigan Press, 287—322.

12. Ostrom, Elinor, and Mary Beth Wertime (2000), "IFRI Research Strategy." In People and Forests: Communities, Institutions, and Governance, ed. Clark Gibson, Margaret McKean, and Elinor Ostrom. Cambridge, MA: MIT Press, 243—268.

13. Ostrom, Elinor, Larry Schroeder, and Susan Wynne (1993), Institutional Incentives and Sustainable Development: Infrastructure Policies in Perspective. Boulder, CO: Westview Press.

后 记

（一）

庄子有诗云：人生天地之间，若白驹过隙，忽然而已。回头望，自己在桂子山已有十个年头了，从2奔3的青春都洋洒在这片热土上，成为了管院有史以来求学时间最长的学生，是我惰性太强、安土重迁？还是渊源太深、命中注定？总之，十年，呼啸而过，伏案回思，往事如昨。今日回想，选题的挣扎、调研的辛苦、提笔的恐惧、灵感乍现的惊喜、自信和绝望的交织，种种滋味，涌上心头。

博士论文后记自然要对博士阶段略做小结，回想博士这三年，发表了C刊论文4篇，省级论文9篇，英文论文1篇，台湾期刊1篇，会议摘要论文2篇，网站论文1篇。在昆明参加"健康、环境与发展论坛暑期研修班"半个月，在北京参加"中国底层社会与民众文化研究培训项目"半个月，作为富布耐特联合培养博士生在哈佛费正清中国研究中心访学一年，在北京师范大学参加"灾害、风险与社会管理暑期研究班"半个月，在中国人民大学参加"2011年黄宗智秋季研修班"两个月，到香港中文大学参加"第八届国际研究生当代中国研讨班"一周，去湖北广水、陕西合阳、河北邯郸调研若干次，原以为三年很久，现在觉得好快好快，时间就这么过了三年。

从选题、定题、收集资料、调研、写作、补充调研、再写作，历时一年有余，写作的足迹遍布了华师、哈佛大学、人大、北师大、香港中文大学等著名学府，这是一场脑力和体力的双重考验，在这场考验中，我力求每一句话都出之有名，每一个观点都来之有据，虽然辛苦但很快乐，调研中经历的那些人和事跃然纸上的感觉非常满足。现在论文已经付梓，回顾自己这一路走来，心怀感恩，是如此的幸运，能处处得到贵人相助。

首先，感谢伴我十年成长、视我如女一般培养的恩师刘筱红教授，是恩师引我进门，每遇难题，恩师都不避烦琐，细心教导，一直以来，导师犹怀琢石成玉之心，循循善诱，授我以渔，总在关键时刻为我指明方向，帮我拨开云雾展望未来。论文从构思到成文，无不凝聚着恩师的心血。学为人师，行为世范，恩师的敬业精神和高贵品行一直激励着我努力前行。感谢在我学术生涯中给我帮助和指导的老师们，管理学院的张立荣院长、邓虹书记、傅广宛老师、姚瑞敏老师、陈彬老师、石丹林老师、尤光付老师、费军老师、吴克明老师、李哲老师、周凤华老师、李立老师、蔡灏老师、陈雪玲老师、张锦钟老师、莫老师、朱老师、袁红老师、马汉英老师、王娟老师、汤老师、打印室马阿姨等，感谢十年的管院生活将我重新塑造，感谢各位老师让我在管院感受到了家的温暖。

论文的开题和前三章的写作都是在哈佛大学完成，难忘穿行于哈佛各大图书馆的惬意，怀念在知识海洋里忙得不亦乐乎的畅快。在此要感谢哈佛大学政府系裴宜理教授给予我的访学机会，结识 Perry 教授是在 2010 年 1 月参加"底层社会与民众文化"中国社科院和哈佛燕京学社的联合培训项目，有幸成为了全国 15 名学员中的一员。万万没有想到这次偶然的相识却帮我在申请哈佛的进程中得到了 Perry 教授的鼎力相助，如果没有她，我叩不开享誉世界的东亚研究机构，也是美国中国问题研究的大本营——哈佛大学费正清中国研究中心的大门。她虽为国际顶尖的学者，却仍拨冗为我的申请事宜亲力亲为，当我将 Perry 教授亲自为我填写的众多表格拿到手的时候，心里的感激之情溢于言表，我是何德何能能让她将这么珍贵而稀缺的资源给我，更为荣幸的是，她还亲自担任我的指导老师，帮助我在哈佛完成研究，知遇之恩无法答谢，只能加倍努力不负师恩！感谢哈佛燕京学社的李若虹老师，李老师总是那么和蔼可亲，对我们这些学术后生给予最真挚的鼓励和最热情的帮助！感谢哈佛大学政府系的 Daniel Koss，他在美期间是我的语言老师，在中国期间是我的调研搭档，深为荣幸得此学术路上的同行人。感谢为我的哈佛之行提供资金保障的 Fulbright scholarship。没有 Fulbright，即使 Perry 教授愿意担任我的导师，我也只能对哈佛高昂的学费和生活费望而却步，感谢 Fulbright 为我解决了后顾之忧，帮助有强烈求知欲却无经济能力的我实现学术理想。从小到大，经济上都紧巴巴地过日子，虽有出国的计划，但一直的原则都是除非全奖，否则免谈，也是因为经济的压力，所以在雅思通过之后虽然得到了牛津大学、伦敦大学等英国院校的邀请函，都不得已放弃了，幸而在 2009 年 12 月获得 Fulbright 奖学金的通知，进而考托福，将目标转移到美国的高校，这才成就了我的哈佛之行。我是如此的幸运成为了 2010—2011 年度全国 20 名获奖者之一，湖北地区唯一的 Fulbright 联合培养博士生奖学金获得者，也是华中师范大学的第一位获得此机会的人。

感谢带给我无限快乐的博士团队，我亲爱的高师兄、军超、曾大哥、吴师姐、韩主席、春婷、仁汉、张翔，你们一路支持着我，为我的每一次进步给予最大的鼓励，永远忘不了我们在一起时激烈的学术探讨和丰富的课余活动，永远忘不了在我的小窝里的那次吴师姐的生日狂欢，我们彼此那样相亲相爱、那么坦诚真实，能有这么一批学术上能相互促进、生活上能互相关心的兄弟姐妹是我的福气。感谢刘门的兄弟姐妹们，感谢所有帮助过我的遍布全球的学友们，有你们同行，学术道路才能如此的多姿多彩。

同时感谢恩师的好姐妹北京农家女文化发展中心秘书长吴治平老师，吴老师多次为我安排调研和访谈，她为农村妇女发声的那份执着深深地影响着我，她的敬业精神和工作热情让我非常佩服，一并感谢我的调研地湖北省广水市、乡、村各级干部和每个访谈者提供的宝贵资料，同时感谢北京众泽法律事务所（原北京大学妇女法律援助中心）的明莉和金剑南，为我开辟了河北省邯郸市和陕西省合阳县两个调研点，这使得我的调研资料更为丰富，感谢你们为我所做的一切！

还有，武汉大学政治与公共管理学院的丁煌老师、陈世香老师，华中师范大学政治学研究院的徐勇老师、项继权老师、唐鸣老师、邓大才老师、王敬尧老师，中国社科院的于建嵘老师、陆雷老师、李人庆老师，北京大学的张静老师、张世秋老师，耶鲁大学的萧凤霞老师，哈佛大学的默怀霆老师、张晓山老师、赵鼎新老师，樊红敏老师，上海大学的董国礼老师，中山大学的曾繁旭老师等，太多太多，不再一一列举，所有在我成长过程中支持我、关心我、帮助我的老师们，对你们的感激无法一一道尽，毕生深藏于心！

最后，感谢我的家人，亲爱的爸爸妈妈，女儿虽然克勤克俭没有多花家里一分钱，但一直没为家里创造什么财富，深感幸运的是父母身体都还安康，爸妈把身体养好就是给我们最好的礼物。有像李萍这样的一个妹妹真是我前世修来的福气，我上大学第一年的生活费是妹妹每个月工资里给我300元钱，从大一暑假开始我能保证自给自足了，妹妹虽然没有例行公事般地每个月给我钱，但她买东西都是双份，不管是衣服还是护肤品，如果没有妹妹，我不知道我的生活将有多粗糙，弟弟也很争气，做人做事踏踏实实，完全靠自己的努力在为将来打拼。好样的！有你们我很骄傲！

最初的博士学位只授予那些对能够给人类知识的宝库添砖加瓦的人，我无法确定自己是否符合这一标准，但我相信自己所讨论的问题以及给出的答案都并非轻浮之语。论文写作的过程中，我尽量克制自己的年轻气盛，但偏颇在所难免，如有不周，还望方家海涵。

李琴于香港凯旋门
2012 年 4 月 22 日

（二）

时隔近三年，博士论文终将出版，记得有人说过，我们写一本书，仅为浩瀚书海增加一滴水珠，而对自身而言，却是十多年求学生涯的一次总结，这里凝聚的不仅是自己的汗水，更多的是亲朋师友的关爱和帮助，感激之情无以为报，想说一声"感谢"，又怎一个"谢"字了得！

我的人生在这三年里发生了巨变，嫁为人妇、十月怀胎、初为人母、照顾幼儿，面临生活的压力、家事的琐碎、事业的起步，多重压力之下还要全天24小时照顾孩子吃喝拉撒，毫无自由时间的情况下还要兼顾工作和研究，幸得师友们的帮助，方能安然渡过难关。

首先感谢我博士后阶段的合作导师，武汉大学政治与公共管理学院院长丁煌教授，所有的言语都无法表达对他的感激，如果没有他的宽容和理解，我定无法事业家庭兼顾，后来得知他和师母当年也是同样的辛苦和不易，让我们更加敬佩。同时，感谢武汉大学政治与公共管理学院行政管理系主任陈世香教授，三年前陈教授不拘一格将我引进武大，方能让我在生命中有机会遇到这么多良师益友，知遇之恩终生难忘。感谢系里所有的师长，包括操小娟教授、李和中教授、吴湘玲教授、常荔副教授、东晓副教授、李曦副教授、刘彬副教授、刘重春副教授、田蕴祥副教授、王少辉副教授、楼笛晴副教授、石书伟副教授、黄菁老师、黄景驰老师、汤惠琴老师，感谢大家对我的帮助和支持！还要感谢武汉大学政治与公共管理学院的领导和各位老师，包括尤传明书记、袁丽华副书记、左征军副书记、严双伍副院长、张星久副院长、杨兵主任、熊燕文主任、李霖老师、王璟老师、唐奇志老师、陈爱红老师、孙艳老师，感谢你们的关心，这个有爱的大家庭让我特别有归属感！

在此需要特别感谢武汉大学博士后管理办公室的蒋瑛老师，蒋老师工作辛苦认真，经常加班加点，处处为我们着想，让我们感动不已。同时感谢同为博后的朱国伟、张峻豪、李伯阳、周英，你们时常的提点与分享让我受益颇多，友谊万岁！

最后感谢如母亲般疼爱我的恩师刘筱红教授，我一有意将博士论文出版，恩师立马帮我联系出版社，时时刻刻牵挂着我的衣食起居和事业发展，十几年来一直是我的引路明灯和坚强后盾，成为刘老师的学生是我这辈子最大的福气。感谢挚友张汉百忙之中为本书的英文摘要修正把关，感谢中国社会科学出版社的冯春凤主任为此书付出的辛勤劳动。感谢我的先生颜子龙，悉心营造我们的温馨小家，没有他的得力，我不敢想象我们怎么能在没老人帮忙的情况下独自照顾幼儿还能兼顾工作，感谢他给予我最大的爱护与包容、支持和理解，我所有的成绩都属于我们俩！感谢我两岁多的儿子颜安博，你的快乐是妈妈最大的动力，希望你能永远健康快乐！

博士毕业后的两三年里总在试图将昔日的青涩之作进行修订完善，但因时间和学术水平有限，仍不能让自己满意，期待出版后得到海内外专家赐教，必感欣幸之至！

李琴于武大珞珈山
2015 年 4 月

附　录

附录1　项目组在Q村制定的
项目实施的初步方案

Q村试点初步方案

第一：成立妇代会

1. 宣传发动：先由村妇联主任征求本村女能人和在妇女中有威望的妇女意见，并走家串户动员妇女。4月29日召开全村妇女动员大会，宣传联合国项目内容、意义、实施办法和要求；

2. 妇代会候选人调查摸底：由村党支部和妇联主任联手摸底，征求妇女意见，按照文化程度、组织能力、是否有影响力和参政意识等条件，初步确定每个村民小组1个候选人推荐名单（全村12个村民小组，暂定12个候选人，加上村妇联主任，妇代会委员初定13名）；

3. 起草妇代会章程、活动计划等文件材料；

4. 7月中旬正式选举产生Q村妇代会，拟采取全体在家妇女直接投票选举办法直选村妇代会。

第二：组织开展各种培训

1. 对妇代会委员进行社会性别意识和参政议政能力培训，计划先后举办2次培训班，由刘筱红教授和吴治平主讲；

2. 根据Q村目前产业结构和传统生产比较优势，分别举办妇女养猪和植棉技术讲座，向农妇传授科学致富技术，此培训由村妇代会负责组织，借此提高妇代会凝聚力；

3. 在第七届村委会选举前，对村民代表、村"两委"会成员进行社会性别意识和男女平等国策等妇女观理论培训；

4. 选举前，对妇代会委员、女村民代表进行民主选举知识、技巧、策略等培训，同时对该村下一届有望进入村"两委"会的妇女骨干精英进行重点指导和模拟训练。

第三：妇代会成立后拟开展的工作

1. 由妇代会成员发动组织村民以改水改厕建沼气为突破口，提高村民生活质量（由村"两委"会向乡、再由乡向上级申请改水改厕项目资金）；

2. 按村容整洁要求，发动妇女搞好环境卫生，美化绿化庭院，改变农村脏乱差现状；

3. 组织健康有益的文化活动，如：组建妇女腰鼓队，组织妇女健身操、彩莲船、家庭体育运动会，组织 Q 村妇女桃花节，开展女红比赛等，以文化切入，将农妇从麻将桌上吸引出来参加村文化活动；

4. 开展妇女评选表彰先进活动，如：评选妇女致富标兵、好婆婆、好媳妇、卫生模范等。

上述活动都由妇代会出面组织，借此提高妇女委员和妇代会参入村级事务和村级管理的能力和号召力影响力，最终达到提高妇女当选比例的目的。这些活动的开展在很大程度上加强了村妇女的参与公共事务管理的热情。

附录2 Q村《新女儿经》

女儿经，仔细听：早早起，扫门庭。

猪牛粪，捡干净；塑料袋，不乱扔。

屋前后，树成荫；种花草，美环境。

修女容，仪态美；习女红，绣前程。

待宾客，笑脸迎；知廉耻，礼先行。

谈恋爱，不收礼；办婚嫁，要节省。

懂政策，不超生；少生娃，利国家。

对夫君，要忠诚；德贤淑，话贴心。

家务事，共分担；不霸道，要自尊。

育儿女，慈母心；严管教，不溺爱。

奉衣食，敬双亲；病床前，讲孝心。

婆媳好，是个宝；家和谐，万事兴。

学文化，强自身；远赌博，亲近邻。

文明语，要记清；去陋习，不迷信。

学科学，长本领；夫外出，妻掌门。

勤劳动，地生金；奔小康，主力军。

新农村，新女性；文明花，开万家。

附录3

中 共 邯 郸 市 委 组 织 部
邯 郸 市 民 政 局
邯 郸 市 财 政 局
邯 郸 市 人 力 资 源 和 社 会 保 障 局
邯 郸 市 妇 女 联 合 会

邯组通字〔2011〕20号

关于印发《关于坚持党建带妇建进一步
加强妇联基层组织建设的实施意见》的通知

各县、区（市）委组织部，各县、区（市）民政局、财政局、人力
资源和社会保障局、妇联，市直各单位干部（人事）处：

现将《关于坚持党建带妇建进一步加强妇联基层组织建设的实施意
见》印发给你们，请结合实际抓好贯彻落实。

中共邯郸市委组织部　邯郸市民政局　邯郸市财政局
邯郸市人力资源和社会保障局　邯郸市妇女联合会
2011 年 4 月 28 日

关于坚持党建带妇建
进一步加强妇联基层组织建设的实施意见

为进一步加强和改善党对妇女工作的领导，坚持党建带妇建，推动妇

联基层组织建设，现提出如下实施意见。

一　指导思想和任务目标

（一）指导思想。以邓小平理论和"三个代表"重要思想为指导，深入贯彻落实科学发展观，以党群共建创先争优为契机，以"共建组织、共建队伍、共建阵地"为主题，以健全组织、提升能力、完善机制、激发活力为重点，坚持"巩固、创新、拓展、延伸"的工作方针，在各级党组织的带领和推动下，努力把妇联组织建设成为党开展妇女工作的坚强阵地和深受广大妇女信赖和热爱的温暖之家。

（二）任务目标。在创先争优活动中不断巩固和扩大妇联基层组织建设成果，为从源头解决妇联基层组织建设和基层妇女工作面临的困难和问题提供有力保障，使党建带妇建工作成效更加明显，使妇联基层组织服务大局、服务妇女的能力和水平得到明显提高，把党开展妇女群众工作的阵地建设得更加坚强，把妇女群众的"娘家"建设得更加温暖。

二　加强组织建设，进一步健全妇联基层组织网络体系

（一）健全组织网络。进一步加强农村、社区及机关事业单位妇女组织建设。到2012年底，实现全市100%的乡（镇、街道）妇联组织有编制、有干部，实现100%的行政村建立妇代会组织，100%的社区建立妇联组织，95%以上的党政机关、科教文卫等事业单位建立妇委会；促进妇联组织创先争优，使全市30%的县（市、区）、20%的乡（镇、街道）、10%的村（社区）创建成为特色鲜明、作用突出的先进妇联基层组织。

（二）推动组织创新。按照有利于组织妇女、凝聚妇女、服务妇女的原则，在巩固现有妇联基层组织形式的基础上，大力创新基层组织建设模式，推广农村"妇代会＋协会加基地""妇代会＋合作社"等模式，努力探索妇代会与专业经济合作组织、基地紧密联系的方式方法，推动妇联基层组织与新经济组织及生产工作实体有机结合，使基层组织结构更合理、工作更活跃。

（三）扩大组织覆盖。扎实推进新经济组织、社会组织中的妇女组织

建设工作，坚持党的基层组织建到哪里，妇联基层组织就建到哪里；哪里有妇女，哪里就要建立妇联组织。在新经济组织、社会组织中，已经建立党组织的，在党组织的指导下建立健全妇女组织；尚未建立党组织的，在同级党组织、同级妇联的指导下，积极建立妇女组织，为建立党组织创造条件。

三 加强队伍建设，进一步提高基层妇女干部素质

（一）推动配强村、社区妇联干部。继续大力推广竞争上岗、群众直选等办法，努力把懂大局、善协调、重实干、能创新、素质好的女能人、女典型、女致富带头人等优秀女性选拔到村、社区一级的妇联工作岗位上来。社区妇联主席由社区领导兼任的，应另配一名专职妇联干部。

（二）推进基层妇女参政。进一步支持和引导文化水平高、工作能力强、群众基础好的优秀农村妇女参选村干部，认真落实"村民委员会成员中，应当有妇女成员"的规定，落实村委会换届选举中女性委员"定位产生"制度。积极推荐村妇代会主任和社区妇联主席进村、社区"两委"班子；村和社区"两委"班子中，要保证至少有一名女干部。积极培养、引导优秀妇女向党组织靠拢，不断扩大妇女入党积极分子队伍，加快发展农村女党员的步伐，在原有女党员占党员总数15.69%的基础上每年提高一个百分点，"十二五"期间达到21%以上。注重发挥女大学生"村官"的作用。积极推荐政治素质好、参政议政能力强的基层妇女干部担任党代表、人大代表、政协委员，在原有女代表、女委员的基础上再提高2个百分点。

（三）加强基层妇女干部培训。把基层妇女干部培训纳入基层干部培训整体规划，在安排基层干部教育培训计划时，明确基层妇女干部参训比例，着力提高妇女干部的综合素质。上一级妇联要承担起对下一级妇联领导班子成员业务培训工作，妇联组织要加强对基层妇联干部的培训，五年内对基层妇联干部轮训一遍。

（四）抓好志愿者队伍建设。各级妇联组织要坚持"立足基层、面向家庭、见诸日常、细致入微、持续发展"的宗旨，大力发展巾帼志愿者队伍，建立健全巾帼志愿服务的组织网络，规范工作管理制度，扎实开展

志愿服务工作，引导她们在日常生活中坚持不懈地为妇女群众和广大家庭开展形式多样的志愿服务活动，充分彰显巾帼志愿服务的独特作用，使巾帼志愿服务者成为村、社区妇联组织开展工作的有力帮手。各有关单位在场所和相关政策上应给予必要的倾斜和支持，对公益性的志愿活动应给予一定的资金支持，推动巾帼志愿活动健康有序开展。

（五）引领广大妇女建功立业。妇联组织要紧紧围绕党的中心工作，服务大局，立足本职，创先争优，广泛开展争创"新女性、新形象、新家园""女性创业促进行动""巾帼文明岗""巾帼示范村""和谐家庭"等活动，在科学发展、富民强市的实践中建功立业。

四　加强激励保障建设，充分调动基层妇联干部工作积极性

（一）落实基层妇联干部基本待遇。农村妇代会主任为村"两委"成员的，经济报酬纳入村干部基础职务补贴发放范围，补贴标准按村党组织书记、村委会主任基础职务补贴的 50% 给予补贴。没有进"两委"的农村妇代会主任的经济报酬要列入县、区（市）财政预算，按照村支书职务补贴的 25% 的标准拨付，随着县、区（市）经济条件的好转，农村妇代会主任待遇逐年提高。县、区（市）政府要根据当地实际情况，积极开发公益性岗位，吸纳符合条件的就业困难人员，专职从事社区妇女工作，按规定给予公益性岗位补贴和社会保险补贴。乡镇（街道）、社区妇联主席享受同级党政领导副职政治、生活待遇；机关事业单位妇委会主任享受本单位所属部门主要负责人的政治、生活待遇。

（二）探索实行离任补贴制度。对已正常离任但未享受养老保险的村妇代会主任，可根据任职年限和贡献发放一次性离任补贴。补贴范围、标准由县确定，费用由县、乡财政列支。

五　加强阵地建设和资金投入，提高基层妇联服务能力和水平

（一）大力建设"妇女之家"。在全市农村、社区建设"妇女之家"，不断完善并充分发挥其组织开展宣传教育、学习培训活动、维护妇女儿童合法权益、组织开展文体娱乐活动、排忧解困办实事等功能。各级党组织

要在村级（社区）组织活动场所建设中统筹考虑解决妇女的活动阵地问题，通过单建、联建、共用等多途径逐步实现"妇女之家"的配套建设。2011年实现"妇女之家"运转和管理正常化、规范化。

（二）落实基层妇联组织经费保障。各级财政要加大对妇联工作经费的支持力度，使妇联工作经费实现按妇女人均一元纳入财政预算。其中资金要向业务工作和重点项目倾斜，切实为妇女儿童办实事、办好事。

六　组织领导和工作保障

（一）加强对基层妇联组织建设的领导。县级以上党委要定期对基层妇联组织建设进行专题研究，提出工作要求，帮助解决问题。要把妇建作为党建的重要任务，纳入党的组织建设的总体规划，落实领导责任制，明确党委分管领导为第一责任人，党的组织部门为责任单位，形成一级抓一级、一级带一级、一级促一级、层层抓落实的党建带妇建工作格局。

（二）强化目标管理。从现在开始，市委组织部牵头，市妇联参与，建立党建带妇建工作责任考核的目标体系，把妇联组织、队伍、阵地建设中的重点内容作为党建考核的目标之一，并纳入年度工作目标之中，做到党建、妇建工作同时部署、同时考核、同时奖惩，统一配置力量、统一检查督导、统一考核验收，保证各项工作落实。

（三）加强对党建带妇建工作的督导检查。上级党委组织部门、妇联负责对下级党建带妇建工作的督导检查，不断研究新情况，探索新途径，树立新典型，推广新经验。市县两级组织部门和妇联组织要从今年开始每两年表彰党建带妇建工作成绩突出的单位及个人，发挥先进典型的示范引导作用，推进党建带妇建工作深入开展。

主题词：基层党建　妇联　实施意见　通知

中共邯郸市委组织部 2011 年 5 月 10 日印

（共印 350 份）

附录4 合阳县女村官协会章程

第一章 总 则

第一条 本会定名为合阳县女村官协会。本会是由全县现任、离任女村官自愿组成的非营利性社团组织。

第二条 协会的宗旨：以维护女村官合法权益，增进女村官交流沟通，提高女村官议事决策能力为目标，为振兴合阳经济、促进两个文明建设作贡献。

第三条 协会接受合阳县妇女联合会的业务指导，接受合阳县民政局的社团管理和监督。

第四条 协会办公室设在凤凰北路风景家园小区。

第二章 业务范围

第五条 协会的业务范围是：

1. 组织动员女村官认真学习贯彻党在农村的路线、方针、政策。通过举办各种形式的培训班、研讨会等，提高女村官议事决策能力。

2. 根据女村官工作的热点、难点，组织女村官学习和推广外地的工作经验。

3. 增强女村官的法律意识，引导女村官学法、守法，依法规范自身行为，维护合法权益。

4. 组织与其他社会团体的友好双向交流活动，沟通信息，交流经验，加强与有关团体、组织的合作，不断促进协会的发展壮大。

5. 加强与政府和有关部门的沟通，及时反映会员的愿望、建议和正当要求，呼吁社会有关方面为她们提供各种支持服务，解除后顾之忧。

6. 加强协会的整体功能。总结宣传表彰优秀女村官，提高女村官的社会地位，扩大女村官协会的影响，增强协会的凝聚力，促进协会自身发展。

7. 培养优秀妇女人才，健全全县女村官人才库。

8. 根据会员要求，组织各种文化、娱乐联谊活动。

第三章 会 员

第六条 会员为合阳县全县现任及离任女村党支部书记、村委会主任和女村党支部副书记、村委会副主任。

申请加入本会，必须具备的条件是：

1. 拥护本会的章程；

2. 有加入本会的意愿；

3. 热心公益事业，积极参加集体活动，支持协会工作。

第七条 会员入会的程序是：

1. 填写入会申请登记表，交协会秘书处；

2. 秘书处初审后，经理事会审核合格，方可加入。由秘书处发入会通知书。

第八条 会员享有下列权利：

1. 在本会内有选举权、被选举权和表决权；

2. 参加本会的活动；

3. 获得本会服务的优先权；

4. 对本会工作的批评权、建议权及监督权；

5. 入会自愿，退会自由；

6. 可通过本会向政府及有关部门提出建议和正当要求。

第九条 会员履行下列义务：

1. 遵守本会章程，执行本会的决议；

2. 维护本会的合法权益；

3. 承担本会委托的调查研究工作，积极参加本会举办的公益性活动，努力完成本会交办的各项任务；

4. 向本会反映情况，提出工作建议，提供各种有关资料；

5. 按时缴纳会费；

6. 会员所在村为本会活动提供力所能及的支持与帮助。

第十条 会员退会应书面通知本会，会员 1 年不缴纳会费或不参加本会活动的，视为自动退会。

第十一条 会员如果有严重违反本章程的行为，经理事会研究通过，予以除名。

第四章 组织机构和负责人产生、罢免

第十二条 本会的最高权力机构是会员大会。会员大会的职权是：

1. 制定和修改章程；

2. 选举和罢免理事；

3. 审议理事会的工作报告和财务报告；

4. 讨论通过本会所决定的工作任务和发展规划；

5. 决定其他重大事宜。

第十三条 会员大会须有 2/3 以上的会员出席方可召开，其决议须经到会会员半数以上表决通过方能生效。

第十四条 会员大会 4 年召开一次，因特殊情况须提前或延期换届的，由理事会表决通过，报县妇联审查，经县民政局批准同意。延期换届最长不超过 1 年。

第十五条 理事会是会员大会闭会期间的执行机构，负责本会开展日常工作。

第十六条 理事会的职权是：

1. 执行会员大会的决议；

2. 选举和罢免会长、副会长、秘书长；

3. 筹备召开会员大会；

4. 审议批准年度工作计划和工作报告；

5. 向会员大会报告工作和财务状况；

6. 决定会员的吸收和除名；

7. 决定有关机构主要负责人的聘任；

8. 制定内部管理制度；

9. 决定其他重大事项。

第十七条 理事会有 2/3 以上理事出席方能召开，其决议须经到会理

事 2/3 以上表决通过方能生效。

第十八条　理事会每年至少召开 4 次，情况特殊的，也可采用通信形式召开。

第十九条　本会会长、副会长、秘书长具备的条件是：

1. 拥护党的路线、方针、政策，政治素质好；

2. 工作业绩显著，在社会上有一定知名度；

3. 身体健康，能坚持正常工作；

4. 具有一定的议事决策能力；

5. 具有社会性别意识和较强的责任心，热心公益事业。

第二十条　本会会长、副会长、秘书长任期一届 4 年，可连任两届，因特殊情况须延长任期的，经会员大会表决通过，报县妇联审查，经县民政局批准同意，可继续任职。

第二十一条　本会会长或秘书长为本会法定代表人。

第二十二条　协会会长的职权是：

1. 召集和主持理事会、会长办公会议；

2. 检查会员大会、理事会、会长办公会议决议的落实情况；

3. 代表协会签署有关重要文件；

4. 主持制订年度工作计划和工作报告。

第二十三条　协会秘书长的职权是：

1. 在理事会领导下，主持开展协会日常工作；

2. 负责做好协会内外的联系联络工作；

3. 受会长委托，负责处理协会日常工作中的重大事项；

4. 处理其他日常事务。

第二十四条　本会经费来源：

1. 会员交缴的会费；

2. 有关组织及会员的资助和其他方面的捐赠；

3. 其他合法收入。

第二十五条　建立严格的财务管理制度，保证会计资料合法、真实、准确、完整。

第二十六条　本团体换届或更换法人代表之前，必须接受财务审计。

第五章　章程的修改程序

第二十七条　对本会章程的修改，经理事会表决通过后报会员大会审议通过后，经县妇联审查同意，报县民政局批准后生效。

第六章　附　则

第二十八条　本章程经 2011 年 4 月 10 日会员大会通过后，经县妇联审核同意，并报县民政局核准之日起生效。

第二十九条　本章程的解释权和修改权属于本会的理事会。

附录 5

合阳县 组织部 民政局 妇女联合会 文件

合组发〔2011〕27号

中共合阳县委组织部
合 阳 县 民 政 局
合 阳 县 妇 女 联 合 会
关于在全县村级党组织和第八次村民委员会换届
选举中做好妇女参选参政工作的意见

各镇党委、人民政府（办事处）：

全县村级党组织和第八次村民委员会换届选举工作将于今年十一月份开始。为了贯彻落实党的十七大精神和《中国共产党农村基层组织工作条例》、《中华人民共和国村民委员会组织法》以及《合阳县妇女发展规划》目标要求和陕组发[2011]15号文件精神，充分调动广大农村妇女参与基层管理的热情和积极性，不断提高农村妇女的参政水平，加大农村妇女参与村级事务管理的力度，促进男女平等基本国策的进一步落实，努力实现在全县村级换届选举中妇女当选村"两委"成员比例较上届有所提高，妇女参选参政的地位更加巩固。特提出如下意见：

一、充分认识农村妇女进村"两委"班子的重要意义

妇女是创造人类文明和推动社会发展的一支伟大力量。妇女的发展水平和妇女地位的提高，是社会发展的重要标志，也是衡量社会文明进步的尺度。随着农业产业结构调整和劳动力解放，农村妇女日益成为社会主义新农村建设的主力军，成为参与和发展基层民主的重要力量。实践证明妇女进入村"两委"班子，有利于完善村级事务管理和村级党组织建设；有利于促进农村社会稳定与和谐发展；有利于推动基层社会主义民主的进程；有利于社会主义新农村的加快发展。各镇党委、人民政府（办事处）要充分认识农村妇女积极有效参与基层民主自治实践的重要意义，着眼于保障妇女当选村"两委"成员比例，保障农村妇女的政治地位和各项民主权利，把妇女当选村"两委"成员作为妇女参选参政的重要内容，切实落到实处，使妇女在参与中受益，在参与中提高，在参与中权益得到保障。

二、农村妇女进入村"两委"班子指导思想和具体目标

（一）指导思想：

以邓小平理论和"三个代表"重要思想为指导，深入贯彻落实科学发展观，以提高妇女在村"两委"换届选举中的参政意识，千方百计落实每个村"两委"班子成员中各有1名女性为目标，村"两委"女性正职比例不断提高为目标，坚持男女平等、公平竞争、依法按程序办事的原则，通过政策措施创新，积极推行提高女性当选村"两委"成员比例的有效办法，鼓励具备条件的农村妇女通过选举进入村"两委"，担任领导职务，真正提高妇女的参政水平。

（二）具体目标：

1. 在村级党组织换届选举中，要重视选拔思想解放，热心为群众服务，有一技之长的农村妇女党员进入村党组织领导班子，每个村党支部班子至少有1名女党员，女村党支部书记比例较上届6%的基础上有所提高。

2. 在村委会换届选举的各个环节上，都应当体现妇女平等的基本要求。（1）村民委员会正式候选人中至少有1名女性候选人；（2）村民代表会议组成人员中女性村民代表的比例达到三分之一以上；（3）成立选举委员会时，至少有1名女性成员；（4）村民委员会成员中至少有1名女性成员；（5）每个镇（办）的女村委会主任数应达到村委会主任总数的5%以上。

三、认真做好农村妇女进入村"两委"班子的组织领导工作

1. 全县村级党组织和村委会换届选举工作政策性强，涉及面广，时间集中，任务繁重，各镇党委、人民政府（办事处）要把妇女参选参政工作列入议事日程，切实加强妇女参选参政工作的领导。坚持把妇女参选参政工作与村级换届选举工作同研究、同部署、同检查、同考核。各级村委会换届指导小组要吸收同级妇女组织参加，注意听取妇联组织的意见。要建立健全有效的沟通协调机制，及时研究并解决好换届选举中遇到的妇女参选参政问题。妇联组织要充分发挥广泛联系农村妇女的优势，认真做好"推优"工作。村党组织"两推一选"时，要积极推荐优秀女党员作为党组织成员候选人；村委会直接选举时，积极推荐政治素质好、群众口碑好、参与意识强、服务意识强、致富带动能力强的优秀妇女尤其是妇代会主任作为候选人；积极推荐更多优秀妇女担任村民代表，进入村民选举委员会、村民监督委员会、村民理财小组等村级组织，参加日常事务管理。要把农村妇代会换届纳入村级组织换届统一安排部署，配齐配强村级妇代会班子。注重从农村女党员、女致富带头人、女大学生村干部等优秀农村女性人才中选拔热爱妇女工作、有潜力的进入妇代会，不断优化村妇代会班子的年龄文化结构。要按照农村民主发展的要求，创新村妇代会产生方式，提倡由妇女投票选举村妇代会组成人员。

2. 坚持改革创新，为更多女性进入村"两委"创造良好的政策环境。要进一步解放思想，积极探索推进妇女参选参政、提高妇女当选比例的有效办法。要加强调查研究，认真总经实践经验，在国家法律和政策允许的范围内，制定出符合当地实际、有利于妇女人才脱颖而出、有利于妇女当选村"两委"成员的倾斜政策，探索实行女性候选人定位产生、妇女委员专职专选等办法。

在提名村委会成员候选人时，要引导村民提名符合条件的妇女；

在没有女性候选人的情况下以得票最多的女性为候选人；

在正式介绍候选人时，要引导村民选举委员会积极介绍女候选人的业绩，不得有任何歧视和不公正待遇；

-4-

　　村委会成员在5人（含5人）以上的，设立妇女委员，实行专职专选，确保至少有1名女性成员。

　　要采取有效措施，增强已定政策的实施保障力度，切实把那些政治素质好、工作能力强、作风过得硬、群众信得过的妇女选进村"两委"班子。

　　3. 加大宣传力度，为推动妇女参与村民自治营造良好的社会氛围。要充分利用广播、电视、报纸、网络、墙报等宣传手段，通过开展群众喜闻乐见、形式多样的活动，大力宣传男女平等基本国策，宣传妇女参与村级事务管理的重大意义，宣传妇女在新农村建设中的重要作用及优秀村"两委"女干部和妇女典型，为推动妇女参选参政营造良好的社会氛围。

　　4. 加强教育培训，为提高女性进村"两委"比例提供智力支持和人才保证。充分发挥教育培训对推动农村妇女参选参政的基础性作用，引导农村妇女依法正确行使民主权利。一是加强换届选举工作人员的教育培训。通过培训，进一步提高政策执行者的男女平等基本国策意识，把提高妇女当选村"两委"成员比例的目标政策，女性候选人定位产生、妇女委员专职专选等办法贯彻落实到换届选举的每一个环节当中。二是加强对农村妇女骨干的培训，提高她们的社会性别意识和在村民自治中的社会性别敏感度，激发她们参选参政的热情，帮助她们了解村"两委"换届选举程序和每个阶段将面临的困难及采取的对策，确保妇女参选参政目标的实现。

　　5. 抓好试点工作，示范带动全县农村妇女参与村民自治取得新突破。县上把甘井镇、路井镇、黑池镇、百良镇作为村级换届妇女参选参政工作试点镇，重点推进女性候选人定位产生、妇女委员专职专选等办法的实施和农村妇女进入村"两委"班子具体目标的落实。各镇（办）也要确定若干个村作为村级换届妇女参选参政工作联系点。要加强对各级联系点提高妇女当选村"两委"班子成员比例工作的指导，及时总结女性候选人定位产生、妇女委员专职专选等经验，并结合实际加以推广。要加强信息的沟通和报送，切实解决换届选举妇女参选参政工作中存在的问题。

中共合阳县委组织部　　　　　　　　合阳县民政局

合阳县妇女联合会

二〇一一年十月三十一日

抄送：市委组织部、市民政局、市妇联。

中共合阳县委组织部　　　　　　　　2011年10月31日印发

（共印40份）